普通高等学校物流管理专业系列教材

物流系统仿真
（第2版）

Logistic Systems Simulation
(Second Edition)

谢勇　王红卫　王小平　祁超　编著

Xie Yong　Wang Hongwei　Wang Xiaoping　Qi Chao

清华大学出版社
北京

内容简介

本书的内容按照物流系统对象、系统仿真原理及方法、物流系统可视化仿真工具及物流系统仿真案例等4个方面来组织。首先介绍了物流系统及仿真的基本原理和方法、现代生产物流系统及仿真的基本原理和方法；接着阐述了系统仿真的基本原理和方法，包括随机数产生、连续系统仿真、离散事件系统仿真、仿真输入数据分析及仿真输出数据分析方法；随后对物流系统可视化交互仿真方法和可视化交互仿真工具Flexsim进行了介绍；最后展示了利用Flexsim仿真平台实现的典型物流系统仿真案例，包括摘果式拣选系统仿真、半导体晶圆制造生产线仿真、港口集装箱物流系统仿真、物流配送中心仿真、智慧工厂仿真及数字孪生等。

本书可供物流工程、物流管理、自动化、工业工程、系统工程等专业作为本科生及研究生教材，也可供上述领域的工程技术人员和管理人员阅读参考。

版权所有，侵权必究。举报：010-62782989，beiqinquan@tup.tsinghua.edu.cn。

图书在版编目(CIP)数据

物流系统仿真/谢勇等编著.—2版.—北京：清华大学出版社，2020.8(2025.6重印)
普通高等学校物流管理专业系列教材
ISBN 978-7-302-56064-7

Ⅰ.①物… Ⅱ.①谢… Ⅲ.①物流—系统仿真—高等学校—教材 Ⅳ.①F253.9

中国版本图书馆CIP数据核字(2020)第126956号

责任编辑：冯　昕
封面设计：常雪影
责任校对：王淑云
责任印制：刘　菲

出版发行：清华大学出版社
网　　址：https://www.tup.com.cn，https://www.wqxuetang.com
地　　址：北京清华大学学研大厦A座　　　　邮　编：100084
社 总 机：010-83470000　　　　　　　　　　邮　购：010-62786544
投稿与读者服务：010-62776969，c-service@tup.tsinghua.edu.cn
质量反馈：010-62772015，zhiliang@tup.tsinghua.edu.cn

印 装 者：三河市龙大印装有限公司
经　　销：全国新华书店
开　　本：185mm×260mm　　　印　张：17　　　字　数：409千字
版　　次：2009年4月第1版　2020年9月第2版　　印　次：2025年6月第5次印刷
定　　价：49.00元

产品编号：060046-01

普通高等学校物流管理专业系列教材

编 委 会

顾　　问　　盛昭瀚（南京大学）
主　　任　　赵晓波（清华大学）
副 主 任　　赵道致（天津大学）
委　　员　　（按姓氏笔画排列）
　　　　　　马士华（华中科技大学）
　　　　　　王红卫（华中科技大学）
　　　　　　华中生（中国科技大学）
　　　　　　孙晓明（上海交通大学）
　　　　　　李　波（天津大学）
　　　　　　周跃进（南京大学）
　　　　　　赵忠秀（对外经济贸易大学）
　　　　　　徐瑞华（同济大学）
责任编辑　　张秋玲（清华大学出版社）

丛 书 序

物流业正在成为我国新兴的快速发展的行业,对物流人才的需求也急剧上升。据人才市场需求信息统计显示,物流被列为我国12类紧缺人才门类之一。业内专家认为,在未来7~10年里,随着经济的高速增长和物流业的快速发展,我国将进入物流人才需求的高峰期,人才缺口会持续扩大。

当前,与我国物流业的迅速发展不相协调的是我国物流人才培养体系的滞后,主要表现为以下两个方面:一是物流人才的培养速度跟不上物流业的发展速度;二是物流从业人员大多数没有受过系统的物流教育,与发达国家相比,我国物流从业人员的素质有很大的差距。(据有关统计资料显示,美国物流管理人员大约95%拥有学士学位、45%拥有研究生学位、22%获得了正式的从业资格证书。)

可喜的是,我国有关教育部门已认识到物流人才培养的紧迫性,在本科专业目录中设置了"物流工程"和"物流管理"两个专业,各专业人才培养的定位如下:

物流工程专业——从工程和技术的角度,对物流系统的硬件进行设计、制造、安装、调试等,同时也需要规划软件的能力。

物流管理专业——应用管理学的基本原理和方法,对物流活动进行计划、组织、指挥、协调、控制和监督,使物流系统的运行达到最佳状态,实现降低物流成本、提高物流效率和经济效益的目标。

现在有条件的大学已纷纷设立了物流相关专业,着力培养物流领域的人才。到目前为止,超过300所高校设置了物流专业,其中超过200所高校设置的是物流管理专业。

为了促进物流管理专业人才培养体系的规范和完善,2006年8月26—27日,清华大学工业工程系召开了"全国高校物流管理(暨工业工程)教学与实验室建设研讨会"。在这次会议上,教材建设问题是大家讨论的一个焦点。会上决定由清华大学和天津大学牵头组织国内一些在物流管理领域有丰富教学科研经验的专家学者编写一套体系合理、知识实用、内容完整的物流管理专业系列教材,以满足各兄弟院校本科人才培养的需求。

在此后的一个月,清华大学和天津大学进行了充分沟通,初步确定了教材定位与教材结构。为了使这套教材真正编出特色、编出水平,又进一步确定了南京大学、同济大学、上海交通大学、华中科技大学、中国科学技术大学、对外经济贸易大学等院校物流管理专业的教师组成"普通高等学校物流管理专业系列教材"编委会,共同完成这套教材的组织与编写工作。

2006年10月编委会正式成立,并于14—15日在清华大学召开了编委会第1次工作会议,进一步明确了本系列教材的具体编写任务和计划。2007年3月31日—4月1日,编委会第2次会议在清华大学召开,对教材大纲逐一进行了审查,并明确了编写进度以及编写过程中需要注意的问题,整个教材编写工作进展顺利。

这套教材主要定位为普通高等学校物流管理专业以及其他相关专业的本科生。共有

11本主教材和1本实验教材,分别是《物流导论》《物流网络规划》《现代物流装备》《交通运输组织基础》《库存管理》《采购与供应管理》《企业生产与物流管理》《物流服务运作管理》《物流信息系统》《国际物流与商务》《物流系统仿真》和《物流管理系列实验》。在内容的组织和编排上,与学生已学过的工程管理类专业基础课程的内容成先后关系,一般要求学生在进入本系列的专业课程学习之前,应先修诸如"工程经济学""概率论与应用统计学""运筹学"(数学规划、应用随机模型)、"数据库原理"等课程。

这套教材基本涵盖了物流管理专业的主要知识领域,同时也反映了现代物流的管理方法及发展趋势,不仅适用于普通高等学校物流管理、物流工程、工业工程、管理科学与工程、交通运输等专业的本科生使用,对研究生、高职学生以及从事物流工作的人员也有很好的参考价值。

因作者水平所限,加之物流工程与管理发展迅速,故教材中不妥之处在所难免,欢迎批评指正,以便再版时修改、完善。

盛昭瀚

2008年元月于南京大学

第 2 版前言

物流系统是指在一定的时间和空间里,由能够完成运输、存储、装卸搬运、包装、流通加工、配送及信息处理活动的若干要素构成的具有特定物流服务功能的有机整体。随着经济全球化和信息技术的发展,现代物流系统也越来越复杂,其构成要素及要素之间的关系错综复杂,通常很难用一种准确的数学模型来进行描述并加以分析,往往需要采用定性定量相结合的方法或采用计算机仿真的方法来进行处理。通过对物流系统的仿真,可以预演或再现物流系统的运行规律,对物流系统的规划、设计和运行中的科学管理与决策有重要的支持作用。物流系统仿真已成为研究物流系统的一种重要的方法和技术手段,在物流管理和物流工程领域中越来越重要。

作为物流管理系列教材之一,本书旨在让读者全面了解和掌握物流系统及仿真的概念、原理和方法,以及相关仿真工具。读者通过学习,不但能了解物流系统仿真的基本理论,而且能掌握仿真工具运用的技能并应用于实际物流系统的仿真。

目前有关物流系统仿真的书籍很多,一类主要是强调物流系统仿真的应用,介绍可视化物流系统仿真工具及在物流系统中的应用;另一类则是以介绍系统仿真原理和方法为主,同时穿插介绍物流系统仿真的案例,但两者没有很好地融合在一起。另外,在"中国制造2025"的大背景下,信息系统与物理系统逐渐融合,仿真技术的发展已经从纯粹的分析优化逐渐转变为可实时互动、反馈执行、科学指挥的集成决策支持工具,数字孪生的兴起正反映了这一时代发展潮流。数字孪生作为下一代建模、仿真和优化技术的新方向、新浪潮,建立了虚拟仿真系统和实际物理系统之间的实时信息交互和行为镜像,从而赋予了系统仿真更加丰富的科学内涵。

为主动适应新一轮科技革命与新工科建设的时代要求,本次改版在第 1 版的基础上作了大幅的修改和补充。在新版教材编写过程中,更加突出"重基础、盯前沿"的特点。内容编排上按照对象、方法、工具及案例的逻辑思路来组织,力图把物流系统对象、系统仿真原理及方法、物流系统可视化仿真方法及工具、物流系统仿真案例等内容循序渐进地有机融合起来。

在物流系统及仿真部分,着重概括一般物流系统的分类、特征、要素和结构,并对现代生产物流系统进行详细介绍,使读者对仿真对象能有深刻的认识。在第 1 版基础上,重点补充了系统仿真的框架模型(1.4.1 节),从系统、模型、计算机三要素的角度阐述系统仿真,并通过系统建模、仿真建模和仿真实验将三者联系起来,让读者更深刻地理解系统仿真的本质。同时,在系统仿真的分类部分,增加了系统模型按照模型的时间集合和模型的状态变量两个不同维度进行分类的内容(1.4.2 节),从而更加清晰、彻底地揭示连续系统仿真和离散事件系统仿真的本质区别。

在系统仿真原理与方法部分,着重介绍随机数产生、连续系统仿真、离散事件系统仿真、仿真输入数据分析及仿真输出数据分析等基本仿真原理和方法。在随机数产生部分，针对舍选法和离散的经验分布法这两种比较常用的方法，对方法过程描述和例子进行补充完善（3.3.2节和3.3.4节）；同时，考虑到蒙特卡罗方法在系统仿真、人工智能等领域的重要性，特别增加了蒙特卡罗方法的内容（3.5节）；在离散事件系统仿真部分，增加了离散事件系统建模方法阐述（5.2节），使内容体系更加完整。同时，补充和完善了下次事件时间推进机制的内容（5.3.2节），详细阐述了下次事件时间推进机制的原理以及仿真事件表的生成过程，为后面介绍事件调度法奠定基础；仿真输出数据分析部分，针对公用随机数法（7.3.1节），补充了随机数种子的概念阐述和例子，突出随机数产生这部分内容的实用性。

在物流系统可视化交互仿真方法和工具部分，主要介绍物流系统可视化交互仿真方法和物流系统可视化仿真工具Flexsim。考虑到数字孪生已经成为可视化交互仿真的发展前沿，新版教材着重补充了可视化交互仿真框架模型（8.3.1节）和面向对象的可视化交互仿真方法（8.3.2节），从方法论层面阐明可视化交互仿真的核心要素和基本原理，为数字孪生的建立提供理论指导；同时，为突出可视化仿真工具和可视化交互仿真方法之间的关联，在可视化仿真工具Flexsim的介绍中，增加了Flexsim模型体系的内容（9.2节）。另外，在Flexsim建模与仿真部分，增加了运用Flexsim进行建模仿真的步骤（9.3.1节），同时将第1版教材中第10章单服务台排队系统仿真的部分内容整合到单机器加工系统建模与仿真的案例中（9.3.2节），并大幅压缩和精简了对其他物流系统仿真工具的介绍（9.5节），从而使该章的重点更加突出、内容更加精炼。

在物流系统仿真案例部分，所有案例都是紧密结合"中国制造2025"国家战略和智能制造的发展趋势，从实际的科研项目中精选、提炼而来。考虑到第1版教材中第10章单服务台排队系统仿真的内容过于简单和基础，新版教材案例部分删除了这一章内容，特别增加了摘果式拣选系统仿真（第10章）和智慧工厂仿真及数字孪生（第14章）的前沿内容。仿真案例内容由浅入深，由易到难，循序渐进地进行组织安排。案例设计充分体现了前面的基础理论和方法，又适当瞄准前沿，这样既适合于教学参考，也兼顾到科学研究的需要。

全书共由14章组成，其中第1～2章主要介绍物流系统基本概念，包括物流系统及仿真的基本原理和方法、现代生产物流系统及仿真的基本原理和方法；第3～7章主要介绍系统仿真原理及方法，包括随机数的产生（第3章）、连续系统仿真（第4章）、离散事件系统仿真（第5章）、仿真输入数据分析（第6章）及仿真输出数据分析与评价（第7章）；第8～9章主要介绍物流系统可视化交互仿真方法和工具，包括物流系统可视化交互仿真方法（第8章）、物流系统可视化仿真工具Flexsim（第9章）；第10～14章主要介绍利用Flexsim仿真平台进行物流系统仿真的5个典型案例，包括摘果式拣选系统仿真（第10章）、半导体晶圆制造生产线仿真（第11章）、港口集装箱物流系统仿真（第12章）、物流配送中心仿真（第13章）和智慧工厂仿真及数字孪生（第14章）。

全书的内容和结构由谢勇、王红卫构思和确定，第1章由王红卫和谢勇完成，第2、6、10、12～14章由谢勇完成，第3、7章由王红卫完成，第4、5、9章由王小平完成，第8、11章由祁超完成。全书由谢勇、王红卫统稿和修改，并得到了其他作者的大力支持和帮助。在物流系统仿真的案例设计和实现过程中，实验中心吴计生老师以及硕士研究生王丰园、聂丹颖、任建伟、肖可、邓晨等同学也做了大量的工作,在此表示衷心感谢。

为了使读者更好地学习和掌握本教材的基础理论知识和专业技能,本教材提供了配套的仿真程序源代码和 Flexsim 仿真视频集锦,读者可通过扫描下方二维码获取。同时,为方便教师教学,还提供了教学大纲、教学课件以及部分习题答案,授课教师可登录清华大学出版社网站(www.tup.tsinghua.edu.cn)本书页面进行身份认证及下载。

在本书的编写过程中,编委会成员提出了一些宝贵的建议和意见,清华大学出版社给予了大力支持,在此表示衷心感谢。

由于作者的水平有限,本书一定还存在着许多不足之处,欢迎广大读者批评指正。

作者

2020 年 4 月于武汉喻家山

第 1 版前言

物流系统是指在一定的时间和空间里,由能够完成运输、存储、装卸搬运、包装、流通加工、配送及信息处理活动的若干要素构成的具有特定物流服务功能的有机整体。随着经济全球化和信息技术的发展,现代物流系统也越来越复杂,其构成要素及要素之间的关系错综复杂,通常很难用一种准确的数学模型来进行描述并加以分析,往往需要采用定性与定量相结合的方法或采用计算机仿真的方法来进行处理。通过对物流系统的仿真,可以预演或再现物流系统的运行规律,对物流系统的规划、设计和运行中的科学管理与决策有重要的支持作用。物流系统仿真已成为研究物流系统的一种重要的方法和技术手段,在物流管理和物流工程领域中显得越来越重要。

作为物流管理系列教材之一,本书旨在让读者全面了解和掌握物流系统及仿真的概念、原理和方法,以及相关仿真工具。读者通过学习,不但能了解物流系统仿真的基本理论,而且能掌握运用仿真工具的技能并应用于实际物流系统。

目前有关物流系统仿真的书籍很多,一类主要是强调物流系统仿真的应用,主要介绍可视化物流系统仿真工具及在物流系统中的应用;另一类则是以介绍系统仿真原理和方法为主,同时穿插介绍物流系统仿真的案例,但两者没有很好地融合在一起。

在本书的编写过程中,作者按物流系统、系统仿真原理、仿真工具及案例等内容进行组织,力图把物流系统、系统仿真原理及方法、可视化物流系统仿真工具及案例等三个方面的内容有机地融合在一起。在物流系统的阐述中,着重概括一般物流系统的分类、特征、要素和结构,并对现代生产物流系统进行详细的介绍,使读者对仿真对象能有深刻认识。在系统仿真原理的阐述中,除了介绍随机数产生、连续系统及离散事件系统仿真、仿真输入及输出分析方法等基本仿真原理和方法外,还着重介绍了可视化交互仿真方法,这样使仿真原理与仿真工具能够较好地衔接。仿真案例部分的案例都是从实际的科研项目中提炼和抽象出来的,并且由浅入深,由易到难,循序渐进地进行组织安排,案例的设计充分体现了前面的理论和方法,这样既适合于教学,也兼顾到研究的需要。

全书共13章,其中第1、2章主要介绍物流系统基本概念,包括物流系统及仿真的基本原理和方法、现代生产物流系统及仿真的基本原理和方法;第3~8章主要介绍了系统仿真原理及方法,包括随机数的产生(第3章)、连续系统及离散事件系统仿真(第4、5章)、仿真输入及输出分析方法(第6、7章)和物流系统可视化交互仿真(第8章);第9~13章主要介绍可视化物流系统仿真工具及案例,第9章主要介绍了几种主流的物流系统仿真工具,包括Flexsim、Witness、Arena、Extend等软件,第10~13章给出了利用Flexsim仿真平台进行物流系统仿真的4个典型案例,包括单服务台排队系统仿真(第10章)、半导体晶圆制造生产线仿真(第11章)、港口集装箱物流系统仿真(第12章)和物流配送中心仿真(第13章)。

全书的内容和结构由王红卫构思和确定,第1章由王红卫和谢勇编写,王红卫编写

第3、7章,谢勇编写第2、6、12、13章,王小平编写第4、5、9、10章,祁超编写第8、11章。全书由王红卫统稿和修改。在物流系统仿真的案例设计中,吴颖、涂琰、姚刘芳等研究生也做了大量的工作,在此表示衷心的感谢。

  在本书的编写过程中,编委会成员提出了一些宝贵的建议和意见,清华大学出版社给予了大力的支持,在此表示衷心的感谢。

  因为作者的水平有限,本书一定还存在着许多不足之处,欢迎广大读者批评指正。

作者

2008年10月于武汉喻家山

目　　录

第 1 章　物流系统及仿真 1
　1.1　物流系统概述 1
　　　1.1.1　系统的概念及思想 1
　　　1.1.2　物流系统的基本概念 3
　　　1.1.3　物流系统的分类 4
　　　1.1.4　物流系统的特征 5
　1.2　物流系统的要素 6
　1.3　物流系统的结构 10
　　　1.3.1　物流系统的层次结构 10
　　　1.3.2　物流系统的功能结构 11
　1.4　物流系统仿真 12
　　　1.4.1　系统仿真的概念 12
　　　1.4.2　系统仿真的分类 15
　　　1.4.3　物流系统仿真目的、内容及步骤 17
　小结与讨论 20
　习题 20

第 2 章　现代生产物流系统 21
　2.1　现代生产物流概述 21
　2.2　现代生产物流系统的组成 23
　2.3　现代生产物流系统的监控与管理 24
　　　2.3.1　现代生产物流系统的监控 24
　　　2.3.2　现代生产物流系统的管理 26
　2.4　自动化立库的工作原理 27
　　　2.4.1　概述 27
　　　2.4.2　自动化立库的分类 28
　　　2.4.3　自动化立库的工作原理 29
　　　2.4.4　自动化立库的作用 31
　2.5　现代生产物流系统的建模与仿真 31
　　　2.5.1　现代生产物流组织模式 31
　　　2.5.2　现代生产物流系统的模型 35
　　　2.5.3　现代生产物流系统仿真 40

  2.5.4 自动化立库的建模与仿真 ································ 41
 小结与讨论 ··· 43
 习题 ··· 43

第 3 章 随机数的产生 ·· **45**

3.1 [0,1)均匀分布随机数的产生 ·· 45
  3.1.1 [0,1)均匀分布 ·· 45
  3.1.2 产生均匀随机数的方法 ······································ 46
  3.1.3 线性同余法 ·· 48
  3.1.4 伪随机数发生器的联合使用 ·································· 49
3.2 [0,1)均匀分布随机数的统计检验 ···································· 50
  3.2.1 均匀随机数的随机性和均匀性检验 ···························· 50
  3.2.2 均匀随机数的独立性检验 ···································· 51
  3.2.3 矩检验 ·· 53
3.3 产生各种概率分布的随机数 ·· 53
  3.3.1 求逆法 ·· 53
  3.3.2 舍选法 ·· 54
  3.3.3 组合法 ·· 56
  3.3.4 经验分布法 ·· 57
3.4 常用分布类型的随机数产生 ·· 58
  3.4.1 正态分布 $N(\mu,\sigma^2)$ ·· 58
  3.4.2 指数分布 $\text{Exp}(\lambda)$ ·· 59
  3.4.3 威布尔分布 $\text{Weibull}(\alpha,\beta)$ ···································· 59
  3.4.4 泊松分布 $P(\lambda)$ ·· 59
3.5 蒙特卡罗方法 ·· 60
  3.5.1 蒙特卡罗方法基本原理 ······································ 60
  3.5.2 蒙特卡罗方法的应用 ·· 61
 小结与讨论 ··· 62
 习题 ··· 62

第 4 章 连续系统仿真 ··· **64**

4.1 连续系统仿真中的数学模型 ·· 64
  4.1.1 连续时间模型 ·· 64
  4.1.2 离散时间模型 ·· 65
  4.1.3 连续-离散混合模型 ··· 67
4.2 数值积分法 ··· 68
  4.2.1 数值积分法的基本概念 ······································ 69
  4.2.2 几种常见的数值积分法 ······································ 70
  4.2.3 数值积分法的稳定性分析 ···································· 76
4.3 连续系统仿真示例 ··· 77

        4.3.1 连续时间模型系统仿真示例 ················· 77
        4.3.2 离散时间模型系统仿真示例 ················· 79
    小结与讨论 ··· 80
    习题 ··· 80

第 5 章 离散事件系统仿真 ··· 81
    5.1 基本概念 ·· 81
        5.1.1 排队服务系统的描述 ························· 81
        5.1.2 离散事件系统的基本要素 ····················· 82
        5.1.3 离散事件系统的特点 ························· 83
    5.2 离散事件系统建模方法 ······································· 83
        5.2.1 实体流图法的建模思路 ······················· 83
        5.2.2 实体流图法实例分析 ························· 84
    5.3 仿真时钟的推进机制 ··· 86
        5.3.1 离散事件系统仿真模型的部件与结构 ········ 86
        5.3.2 下次事件时间推进机制 ······················· 87
    5.4 离散事件系统仿真策略 ······································· 91
        5.4.1 事件调度法 ···································· 91
        5.4.2 活动扫描法 ···································· 93
        5.4.3 进程交互法 ···································· 97
    小结与讨论 ··· 99
    习题 ··· 100

第 6 章 仿真输入数据分析 ··· 101
    6.1 仿真输入数据分析概述 ······································· 101
    6.2 数据的收集与处理 ·· 102
    6.3 数据分布的分析与假设 ······································· 103
        6.3.1 连续分布类型的假设 ························· 103
        6.3.2 离散分布类型的假设 ························· 107
        6.3.3 实验分布 ······································ 108
    6.4 参数的估计 ··· 110
        6.4.1 分布参数的类型 ······························ 110
        6.4.2 分布参数的估计 ······························ 111
    6.5 拟合优度检验 ·· 114
        6.5.1 χ^2 检验 ·································· 115
        6.5.2 柯尔莫哥洛夫-斯米尔洛夫检验(K-S 检验) ·· 116
    小结与讨论 ··· 117
    习题 ··· 118

第 7 章 仿真输出数据分析与评价 ····································· 119
    7.1 终态仿真的结果分析 ··· 120

- 7.1.1 重复运行法 … 120
- 7.1.2 序贯程序法 … 121
- 7.2 稳态仿真的结果分析 … 123
  - 7.2.1 批均值法 … 123
  - 7.2.2 稳态序贯法 … 125
  - 7.2.3 再生法 … 126
  - 7.2.4 重复运行-删除法 … 128
- 7.3 方差减小技术 … 130
  - 7.3.1 公用随机数法 … 130
  - 7.3.2 对偶变量法 … 132
  - 7.3.3 控制变量法 … 133
- 小结与讨论 … 133
- 习题 … 134

第8章 物流系统可视化交互仿真 … 135

- 8.1 可视化交互仿真基本概念 … 135
  - 8.1.1 可视化交互仿真的发展过程 … 135
  - 8.1.2 可视化交互仿真的基本概念和内容 … 135
  - 8.1.3 可视化交互仿真系统的功能 … 136
  - 8.1.4 可视化交互仿真的优点 … 137
- 8.2 可视化仿真建模的概念框架 … 138
  - 8.2.1 可视化仿真建模概念框架 … 138
  - 8.2.2 可视化仿真建模的特征 … 140
- 8.3 物流系统可视化交互仿真方法 … 141
  - 8.3.1 物流系统可视化交互仿真框架模型 … 141
  - 8.3.2 面向对象的可视化交互仿真方法 … 143
- 8.4 物流系统可视化仿真技术 … 145
  - 8.4.1 图形技术 … 145
  - 8.4.2 GIS技术 … 146
  - 8.4.3 虚拟现实技术 … 148
- 小结与讨论 … 149
- 习题 … 150

第9章 物流系统可视化仿真工具 Flexsim … 151

- 9.1 Flexsim 软件及特点 … 151
- 9.2 Flexsim 的模型体系 … 153
  - 9.2.1 对象 … 153
  - 9.2.2 连接 … 155
  - 9.2.3 方法 … 156
- 9.3 Flexsim 建模与仿真 … 156

  9.3.1 Flexsim 建模与仿真的步骤 ……………………………… 156
  9.3.2 单机器加工系统的建模与仿真 …………………………… 157
 9.4 Flexsim 软件的高级开发技术 ……………………………………… 161
 9.5 其他物流系统仿真工具 ……………………………………………… 163
  9.5.1 Witness ……………………………………………………… 163
  9.5.2 Arena ………………………………………………………… 164
  9.5.3 Extend ……………………………………………………… 166
 小结与讨论 ………………………………………………………………… 168
 习题 ………………………………………………………………………… 168

第 10 章 摘果式拣选系统仿真 **169**

 10.1 摘果式拣选系统概述与仿真目的 ………………………………… 169
  10.1.1 摘果式拣选系统概述 ……………………………………… 169
  10.1.2 摘果式拣选系统仿真的目的 ……………………………… 171
 10.2 摘果式拣选系统结构及作业流程 ………………………………… 171
  10.2.1 摘果式拣选系统模型 ……………………………………… 171
  10.2.2 摘果式拣选系统工作流程 ………………………………… 172
 10.3 摘果式拣选系统的仿真模型 ……………………………………… 173
  10.3.1 摘果式拣选系统的布局模型设计 ………………………… 173
  10.3.2 摘果式拣选系统的设备建模 ……………………………… 173
  10.3.3 摘果式拣选系统的仿真 …………………………………… 174
 10.4 仿真运行及数据分析 ……………………………………………… 179
  10.4.1 仿真运行及数据处理 ……………………………………… 179
  10.4.2 仿真数据结果分析 ………………………………………… 180
 小结与讨论 ………………………………………………………………… 183
 习题 ………………………………………………………………………… 183

第 11 章 半导体晶圆制造生产线仿真 **184**

 11.1 半导体制造系统概述与仿真目的 ………………………………… 184
  11.1.1 半导体制造系统概述 ……………………………………… 184
  11.1.2 半导体晶圆制造生产线仿真的目的 ……………………… 185
 11.2 仿真模型及实验设计 ……………………………………………… 187
  11.2.1 TRC 模型描述 ……………………………………………… 187
  11.2.2 仿真模型实现 ……………………………………………… 188
  11.2.3 生产控制策略实现 ………………………………………… 190
 11.3 实验结果分析 ……………………………………………………… 191
  11.3.1 投料策略对系统特性曲线的影响 ………………………… 191
  11.3.2 工件分派规则对系统特性曲线的影响 …………………… 193
 小结与讨论 ………………………………………………………………… 193
 习题 ………………………………………………………………………… 193

第12章 港口集装箱物流系统仿真 194

12.1 港口集装箱物流系统概述与仿真目的 194
- 12.1.1 港口集装箱物流系统概述 194
- 12.1.2 港口集装箱物流系统仿真的目的 197

12.2 港口集装箱物流系统的作业流程 198
- 12.2.1 港口集装箱物流系统的描述 198
- 12.2.2 港口集装箱物流系统的作业流程 199
- 12.2.3 港口集装箱物流系统的离散模型分析 200

12.3 港口集装箱物流系统的仿真模型 201
- 12.3.1 港口集装箱物流系统布局模型设计 201
- 12.3.2 港口集装箱物流系统的设备建模 202
- 12.3.3 港口集装箱物流系统的仿真 203

12.4 仿真运行及数据分析 208
- 12.4.1 仿真运行及数据处理 208
- 12.4.2 仿真数据的结果分析 210

小结与讨论 211

习题 211

第13章 物流配送中心仿真 212

13.1 物流配送中心概述与仿真目的 212
- 13.1.1 物流配送中心简介 212
- 13.1.2 物流配送中心仿真目的 213

13.2 配送中心的作业流程描述 214
- 13.2.1 配送中心功能 214
- 13.2.2 配送中心系统流程 215

13.3 配送中心的仿真模型 216
- 13.3.1 配送中心仿真的布局模型设计 216
- 13.3.2 配送中心的设备建模 217
- 13.3.3 配送中心的仿真 218

13.4 仿真运行及数据分析 222
- 13.4.1 仿真运行及数据处理 222
- 13.4.2 仿真数据结果分析 223
- 13.4.3 系统优化 224

小结与讨论 225

习题 226

第14章 智慧工厂仿真及数字孪生 227

14.1 智慧工厂及数字孪生的概念 227
- 14.1.1 智慧工厂 227
- 14.1.2 数字孪生 228

14.2　智慧工厂模型及作业流程描述 ·· 229
　　　14.2.1　智慧工厂的概念模型 ··· 229
　　　14.2.2　智慧工厂运作流程 ··· 231
　14.3　智慧工厂的仿真模型 ·· 232
　　　14.3.1　智慧工厂仿真的布局模型设计 ·· 232
　　　14.3.2　智慧工厂的设备建模 ··· 232
　　　14.3.3　智慧工厂的仿真 ··· 235
　14.4　智慧工厂数字孪生 ··· 239
　　　14.4.1　智慧工厂数字孪生模型 ·· 239
　　　14.4.2　智慧工厂数字孪生的信息交互 ··· 240
　　　14.4.3　智慧工厂数字孪生的实现 ··· 242
　14.5　智慧工厂数字孪生运行控制 ··· 244
　小结与讨论 ··· 246
　习题 ·· 246
参考文献 ·· 248

第 1 章 物流系统及仿真

随着人类社会发展的信息化、高科技化和全球化,物流已受到各国政府、学者和管理者的高度重视,并已成为当今社会经济活动的重要组成部分。

目前,国际上比较普遍采用的对物流的定义为:Logistics is that part of the supply chain process that plans, implements, and controls the efficient, effective flow and storage of goods, services, and related information from the point of origin to the point of consumption in order to meet customers' requirements.

对应地,我国对物流的定义为:物流是供应链的重要组成部分,是为了满足消费者需求,有效地计划、管理和控制原材料、中间仓储、最终产品及相关信息从起始点到消费地的流动过程。

由此可见,能够完成各项物流活动及信息处理的物流系统是一种非常复杂的系统,仿真已成为研究物流系统的一种重要的方法和技术手段,在物流系统分析、设计及运行中发挥着重要的作用。

1.1 物流系统概述

1.1.1 系统的概念及思想

"系统"一词源于古希腊语。系统论的创立者贝塔朗菲把系统定义为"相互作用的要素的综合体"。目前比较公认的系统的定义为:系统是为达到某种目的,由相互作用、相互关联的若干要素结合而成的具有特定功能的有机整体。因此,系统由两个或者两个以上要素组成,各要素间相互联系,使系统具有一定结构,保持系统的有序性,从而使系统具有特定的功能。

系统功能是系统与环境相互联系和作用的外在活动形式或外部秩序,它是系统与外部环境相互联系和相互作用过程的秩序和能力。任何一个系统功能的发挥,不仅取决于这个系统各组成部分或要素对该系统的作用大小,而且也取决于系统的各种关系对该系统所产生的影响大小。

系统是相对于外部环境而言的,外部环境向系统提供资源、能量、信息等,称为输入。系统应用自身所具有的功能,对输入的元素进行转换处理,形成有用产品,再输出到外部环境供其使用。输入、转换、输出是系统的三要素。另外,由于外部环境的影响,系统的输出结果可能偏离预期目标,所以系统还具有将输出结果的信息反馈给输入的功能。系统的一般模式如图 1.1 所示。

按照一般系统运作模式,一个完整的系统是由输入部分、输出部分、转换过程和系统运行过程中的信息反馈等环节构成的。在系统运行过程中,或当系统循环周期结束时,会有外界信息反馈回来,为原系统的完善提供改进信息,使下一次系统运行得到改进。如此循环往复,便可实现系统有序的良性循环。

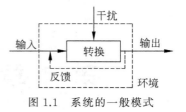

图 1.1 系统的一般模式

从系统的概念和模式中,可以看出系统具有以下几个主要特征:

(1) 整体性。系统的整体性是指系统必须是由两个或两个以上的既有一定区别又有一定联系的要素组成的整体,系统中任何一个要素的功能都不能代替系统的整体功能。

(2) 相关性。系统的相关性是指系统本身的构成要素之间存在着相互作用和相互依赖的内在联系,这种内在联系使系统内任一要素的变化都可能影响到其他要素也发生变化。

(3) 目的性。任何一个系统都是以实现某种功能为目的的,其行为具有极其明确的目标。

(4) 动态性。系统的动态性是指系统处于不断的变化和运动之中,即系统要不断输入各种能量、物质和信息,通过转换处理,输出满足人们某种期望的要求。人们也正是在系统的动态发展中实现对系统的管理和控制,以便充分发挥系统的功能。

(5) 环境适应性。系统总是处于一定的环境之中,受环境的约束和限制。当环境发生变化时,系统的功能就会受到影响,甚至会导致其目标也发生改变。因此,系统必须具有自我调节能力,以适应环境的各种变化,这种自我调节的应变能力就是系统的环境适应性。

(6) 约束性。系统受到外部环境的约束,对环境来说,它表现为功能。而系统内部则受结构的影响,形成了系统内部约束。所以,大多数系统既受到环境施加于它的外部约束,又受到自身固有的结构局限性而带来的内部约束。

要正确地运用系统的概念和思想方法必须要掌握几种基本的系统原理,它们分别是整体性原理、层次性原理、开放性原理和目的性原理。

(1) 系统的整体性原理。系统整体性原理是指系统是由若干要素组成的具有一定新功能的有机整体,各个作为系统子单元的要素一旦组成系统的整体,就具有独立要素所不具有的新的性质和新的功能,从而表现出整体的性质和功能并不等于各个要素的性质和功能的简单相加,即"整体大于它的各个部分的总和",这是对系统整体性原理的最精辟的阐述。

物流系统也是一个整体,利用整体性原理中的整体的有机构成、整体与部分之间的加和关系等原理,可以帮助我们深入研究物流系统的特征,并为物流系统的设计提供理论依据。由于组成部分相互作用的方向不同,它们相加后出现的结果也不一样,在物流系统的构成中,应该尽量消除组成部分之间的相互制约和反向影响,使其能够形成互相协同的整体,这样形成的物流系统的功能一定大于部分的功能。在物流系统论中还应该对物流系统整体的形成机制、系统出现整体大于部分之和的条件等方面进行深入研究,这对物流系统来说具有重要意义。

(2) 系统的层次性原理。系统层次性是系统的一种基本特征。由于系统组成要素在数量和质量以及结合方式等方面存在着差异,使得系统组织在地位与作用、结构与功能上表现出等级秩序,形成具有质的差异的系统等级。系统的层次具有相对性和多样性。任何一个要素也是一个系统，要素本身也包含很多低一层次的要素，因此系统相对于它所包含的要素而成为系统，对于比它高一层次的系统来讲，系统又是要素，所以系统和要素是相对的，随着所处的层次的不同而有所变化；另外，系统的层次具有多样性，可以按照不同的属性、特征或者目的来划分系统的层次，这种划分并不能改变系统要素本身的客观存在，但是我们可以从不同的侧面得到对系统的全面认识。由系统的层次性原理我们可以认识到，物流系统其实也是由许多不同层次的系统组成的，但物流系统是比运输系统、储存系统等高一个层次的系统，不能用运输系统、储存系统代替物流系统。

（3）系统的开放性原理。系统具有不断与外界环境交换物质、能量、信息的性质和功能，系统与环境的这种交换关系就是系统的开放性原理。系统之所以成为系统，是因为它有区别于环境的地方，因此系统与环境之间的联系和区别是由系统本身的目的、特性和竞争能力决定的，系统不能封闭但也不可能无限度的开放。

从开放性的角度来讲，物流系统所包含的运输系统、仓储系统、包装系统、信息系统等都应该是开放的，只有各子系统是开放的，才有可能将它们集成为一个物流系统，物流系统才有活力，效率才能提高。系统开放性原理要求在进行系统设计时的关键是必须设计好系统与环境的接口，这个接口应该既能保持系统与环境的动态交换，同时又能保持系统本身的整体性，有利于系统从环境吸取必要的物质、能量和信息，同时又能保证系统本身的有用物质、能量和信息得到控制和保护。

（4）系统的目的性原理。系统在与环境的相互作用中，在一定范围内受条件变化的影响，坚持表现出某种趋向预先确定的状态的特性就是系统的目的性原理。系统之所以存在就是为了实现某种目的，系统的目的是通过系统对环境产生的功能而实现的，系统通过实现功能来达到目的。因此设计一个系统时，应该事先确定系统的目的，然后根据这些目的来设计系统应该具有的功能，再根据要实现的功能来确定系统的结构。系统功能的设计受系统目的制约，系统功能必须满足目的要求。

理解系统论这一原理的关键是要合理地确定系统的目的。一个系统有多个目的，这些目的本身需要协调和优化，因为系统的目的最初可能是自相矛盾的，但最后必须化解这些矛盾，使系统的目的一致起来，同时还要对系统所包含的要素的目的进行优化。

1.1.2 物流系统的基本概念

从系统的观点看，物流系统是指在一定的时间和空间里，由能够完成运输、存储、装卸搬运、包装、流通加工、配送及信息处理活动的若干要素构成的具有特定物流服务功能的有机整体。物流系统的根本目标是实现物质实体的时间转移和空间转移，它们分别由储存和运输活动来完成。为了辅助储运功能的实现，物流系统还包括包装、装卸搬运、流通加工、配送以及信息处理等几项功能活动，配合储运以完成物质实体的时间转移和空间转移。

用系统的观点来研究物流活动，是现代物流科学的核心问题。物流活动的诸要素能否合理衔接，并取得最佳的经济效益，其关键是它们能否在一个共同的目标下经过权衡和协调达到较优的配合，组成一个科学合理的物流系统，从而使系统整体达到最优。物流系统作为一个多目标系统，通常要实现以下 5 个目标，简称为物流系统的 5S

目标。

(1) 服务(service)目标:物流系统是起桥梁、纽带作用的流通系统的一部分,它具体地联结着生产与再生产、生产与消费,因此要求有很强的服务性。物流系统采取送货、配送等形式,就是其服务性的体现。在技术方面,近年来出现的准时供货方式、柔性供货方式等,也是其服务性的表现。

(2) 快速、及时(speed)目标:及时性不但是服务性的延伸,也是流通对物流提出的要求。快速、及时既是一个传统目标,更是一个现代目标。随着社会化大生产的发展,这一要求更加强烈。在物流领域采取的诸如直达物流、联合一体运输等管理技术就是这一目标的具体体现。

(3) 节约(space saving)目标:节约是经济领域的重要规律,在物流领域中除流通时间的节约外,由于流通过程消耗大而又基本上不增加商品使用价值,所以通过节约来降低投入,是提高相对产出的重要手段。

(4) 规模优化(scale optimization)目标:以物流规模作为物流系统的目标,是以此来追求规模效益。在物流领域以分散或集中等不同方式建立物流系统,研究物流集约化的程度,就是规模优化这一目标的具体体现。

(5) 库存调节(stock control)目标:库存调节是服务性的延伸,也涉及物流系统本身的效益。在物流领域中正确确定库存方式、库存数量、库存结构就是这一目标的体现。

物流系统的5个目标中通常存在着矛盾,降低成本和提高服务方面存在的矛盾尤其突出,这需要进行权衡,及时将物流系统的目标确定下来。物流系统的作用就是采用系统的思想和处理方法来协调这些冲突的目标,制定一个物流系统的统一目标,最终实现整个物流系统的协调和优化。

1.1.3 物流系统的分类

可以从不同角度对物流系统进行分类,按照物流业务性质和物流功能来分类是较为常见的两种方法。

1. 按照物流业务性质分类

按照物流活动的范围和业务性质,可将物流系统分为社会物流系统和企业物流系统两种类型。社会物流系统又称为大物流系统,包括石油、天然气、粮食的储运系统,以及港口的储运系统、车站物资的调运系统等。社会物流系统对国民经济有比较重要的影响。企业物流系统又可再细分为生产企业物流系统、商业企业物流系统和物流企业物流系统。

1) 生产企业物流系统

生产企业物流系统一般由以下几个方面组成:

(1) 供应物流:包括原材料等一切生产要素的采购、进货、运输、仓储、库存管理和用料管理。

(2) 生产物流:包括生产计划和控制、厂内运输(搬运)、在制品仓储与管理等活动。

(3) 销售物流:包括产成品的库存管理、仓储、配送、运输、订货处理与客户联系等活动。

(4) 回收、废弃物流:包括废弃物资、边角余料等的回收利用,企业排放的无用物的运输、装卸和处理。

2）商业企业物流系统

商业企业物流系统因为没有涉及生产环节,所以商业企业物流系统相比生产企业物流系统而言要简单,它最重要的部分就是配送中心或物流中心。

3）物流企业物流系统

物流企业物流系统也就是第三方物流系统,基本上由运输系统、仓储系统、信息系统等组成。

2. 按照物流功能分类

按照物流功能的不同,物流系统可以分为以下不同的子系统:

(1) 仓储物流子系统：是承担商品储运、保管职能,通过时间变换帮助商品实现其价值甚至实现价值增值的物流系统。

(2) 运输物流子系统：是指承担着商品物流位移功能的系统,通过空间变换帮助商品完成市场价值交换并实现商品增值,完成商品由生产者向消费者转移的传递过程。

(3) 装卸搬运子系统：是指承担着货物装卸搬运职能的物流系统。装卸搬运子系统的装备水平和工作效率影响着企业的市场竞争力和经济效益。

(4) 包装及流通加工子系统：是指承担着货物包装和流通加工职能的物流系统。在物流领域对商品进行必要的加工和包装能够提高消费者满意度和对商品的认可度,在一定程度上可以起到促销的作用。

(5) 配送子系统：是指从客户的需要出发,依托现代信息技术,把选货、配货和送货结合起来,通过迅速、准确、周到的服务提高客户满意度并实现业务增值。

(6) 信息子系统：是整个物流系统的神经中枢和指挥中心,是提高整个物流系统运行效率的基础条件,也是各子系统之间衔接和配合的桥梁和纽带,是整合各种物流资源的关键所在。

1.1.4 物流系统的特征

物流系统具有系统的一般特征,同时它又是一个十分复杂的系统,其构成要素及要素之间的关系错综复杂,这使物流系统又具有其自身的特点,具体表现在以下几个方面:

(1) 物流系统是一个"人-机系统"。物流系统是由人和形成劳动手段的设备工具所组成。它表现为物流劳动者运用运输设备、装卸搬运机械、仓库、港口、车站等设施,作用于物资的一系列生产活动。在这一系列的物流活动中,人是系统的主体。因此,在研究物流系统的各个方面问题时,应把人和物有机地结合起来作为不可分割的整体,加以考察和分析,而且始终把如何发挥人的主观能动作用放在首位。

(2) 物流系统是一个大跨度系统。物流系统涉及面广、范围大,既有企业内部物流、企业间物流,又有城市物流、社会物流,同时还包括国际物流。物流系统的大跨度反映在两个方面,一是地域跨度大,二是时间跨度大。在现代经济社会中,企业间物流经常会跨越不同地域,国际物流的地域跨度更大,通常采取储存的方式解决产需之间的时间矛盾,这样时间跨度往往也很大。大跨度系统带来的主要问题是管理难度较大,对信息的依赖程度较高。

(3) 物流系统是一个多层次的可分系统。作为物流系统，无论其规模多么庞大，都可以分解成若干个相互联系的子系统，这些子系统的多少和层次的级数是随着人们对物流的认识和研究的深入而不断扩充的。系统与子系统之间，子系统与子系统之间，存在着时间和空间上以及资源利用方面的联系，也存在目标、费用以及运行结果等方面的相互联系。

(4) 物流系统是一个多目标系统。物流系统要素间有着非常强的"背反"现象，常称之为"效益背反"现象，在处理时稍有不慎就会出现系统总体恶化的结果。通常希望物流数量越大越好，物流时间越短越好，服务质量越高越好，物流成本越低越好。当然，要同时满足上述所有要求是很难办到的。例如，在仓储子系统中，站在保证供应、方便生产的角度，人们希望储存物资的数量大、品种多；而站在加速资金周转、减少资金占用的角度，人们则希望减少库存。又如，在运输中，选择最快的运输方式为航空运输，但运输成本高，时间效用虽好，但经济效益不一定最佳。因此，在处理物流系统中的问题时，必须要运用系统工程的思想和方法，否则往往会顾此失彼，得不偿失。

(5) 物流系统是一个动态的复杂系统。一般的物流系统总是联结多个生产企业和用户，随需求、供应、渠道、价格的变化，系统内的要素及系统的运行经常发生变化，这些变化都随时随地地影响着物流。物流系统是一个具有满足社会需要的动态系统，为适应经常变化的社会需要及环境变化，人们必须对物流系统的各组成部分经常不断地修改、完善，这就要求物流系统有足够的灵活性。另外，物流系统是一个非常复杂的系统，一方面，物流系统的对象和基础设施异常复杂，同时，物流系统的运行必须依托大量的基础设施和物流设备，而且种类各异、纷繁复杂；另一方面，物流系统的各个子系统间存在着普遍的复杂联系，各要素间的关系也较为复杂，同时，物流系统还受到外部环境条件的约束，而且这些约束条件多变、随机性强。

正是由于物流系统是一个动态的复杂系统，因此，通常很难用一个简单模型或方法来进行研究和分析，往往需要采用定性与定量相结合的方法或采用计算机仿真的方法来进行处理。近年来，物流系统的仿真越来越引起物流管理和物流工程领域的重视，并出现了很多性能优越的物流系统仿真软件，如 Flexsim、Witness、Arena、Extend 等，这为我们研究和分析物流系统提供了较好的技术手段。

在对物流活动进行研究时，应充分考虑物流系统的各种特征，并根据这些特征进行物流系统的分析和设计，制定科学、合理的实施方案，只有这样才能建立一个低成本、高效益的物流系统，实现系统的各种功能，并使系统的整体效益最优。

1.2 物流系统的要素

物流系统是由各物流要素所组成的，要素之间存在着各种有机联系使物流系统具有总体合理化功能。物流系统的基本要素包括资源要素、功能要素、流动要素、支撑要素和物质基础要素。

1. 物流系统的资源要素

物流系统的资源要素包括人的要素、财的要素和物的要素：

(1) 人的要素。人的要素是核心要素、第一要素。提高供应商、仓储商、运输商等人员的素质是建立一个合理化的物流系统并使之有效运转的根本。

（2）财的要素。财的要素很重要，首先，物流系统规划与建设本身就是一个资本投入的过程。另外，实现交换的物流过程实际上也是资金流动过程，同时物流服务本身也要以货币为媒介。在物流系统中重视财的因素主要指降低物流成本、提高经济效益等方面的内容，它是物流系统设计与管理的出发点，也是物流系统设计和管理的归宿。

（3）物的要素。物的要素既包括物流系统的劳动对象，即各种物，还包括劳动工具、劳动手段，如自动化仓库、货车等各种物流设施、工具等。在物流系统中，物的管理贯穿于物流活动的始终，它涉及物流活动的诸要素，如物的运输、储存、包装、流通加工等。

在物流系统中，除上述 3 个基本要素外，还有为完成物流过程所需要的管理技术和信息资源等要素。其中，管理技术是指各种物流技术的研究与推广普及、物流科学研究工作的组织与开展等。而信息是物流系统的神经中枢，只有做到有效地处理并及时传输物流信息，才能对系统内部的人、财、物、方法等要素进行有效的管理。

2. 物流系统的功能要素

物流系统的功能要素指的是物流系统所具有的基本能力，一般认为物流系统的功能要素有仓储、运输、包装、装卸搬运、流通加工、配送、物流信息等 7 大功能要素：

（1）仓储功能要素：包括堆存、保管、保养、维护等活动。对仓储保管活动的管理，要求正确确定库存数量，明确仓储以流通为主还是以储备为主，合理确定仓储保管制度和流程，对库存物品采取有区别的管理方式，力求提高仓储管理水平和保管效率，降低损耗，加速物资和资金的周转。

（2）运输功能要素：包括供应及销售物流中的车、船、飞机等运输方式，生产物流中的管道、传送带等运输方式。对运输活动的管理，要求选择技术经济效果最好的运输方式及联运方式。合理确定运输路线，以实现迅速、准时、价廉的要求。

（3）包装功能要素：包括产品的出厂包装、生产过程中的在制品、半成品的包装以及在物流过程中换装、分装、再包装等活动。材料包装活动的管理根据物流方式和销售要求来确定，以商业包装为主还是以工业包装为主，要全面考虑包装对产品的保护作用、促进销售作用、提高装运率的作用、包拆装的便利性以及废包装的回收及处理等因素。

（4）装卸搬运功能要素：包括对输送、保管、包装、流通加工等物流活动进行衔接的活动，以及在保管等活动中为进行检验、维护、保养所进行的装卸活动，伴随着装卸活动的小的搬运一般也包括在这一活动中。在全物流活动中，装卸搬运活动是频繁发生的，因而是产品损坏的重要原因。对装卸搬运活动的管理，主要是确定最恰当的装卸方式，力求减少装卸搬运次数，合理配置及使用装卸搬运机具，以做到节能、省力、减少损失、加快速度，获得较好的经济效益。

（5）流通加工功能要素：是指物品在生产地到使用地的过程中，根据需要施加包装、分割、计量、分拣、刷标志、拴标签、组装等简单作业的总称。流通加工是为了提高物流速度和物品的利用率，在物品进入流通领域后，按客户的要求进行的加工活动，即在物品从生产者向消费者流动的过程中，为了促进销售、维护商品质量和提高物流效率，需要对物品进行一定程度的流通加工。

（6）配送功能要素：是物流进入最终阶段，以配货、送货形式最终完成社会物流并最终实现资源配置的活动。配送活动一直被看作运输活动中的一个组成部分,看成是一种运输形式。以前未将其作为独立的功能要素,而是将其作为运输的末端对待。但是,配送作为一种现代流通方式,是集流通加工、社会集中库存、分拣、装卸搬运、运输于一身的综合化物流服务活动,配送是现代物流最重要的特征之一。

(7) 信息系统功能要素：它对物流系统起着融会贯通的作用,通过信息的指导,才能保证物流系统各项活动灵活运转。物流系统的设计越是有效,它对信息的准确性就越敏感,信息流反映了一个物流系统的动态,不准确的信息和作业过程中的延迟都会削弱物流表现。

上述功能要素中,运输及仓储分别解决了供给者与需要者之间场所和时间的分离,分别是物流创造空间效用及时间效用的主要功能要素,因而在物流系统中处于主要功能要素的地位。

3. 物流系统的流动要素

按照构成物流系统的"流"的性质划分,物流系统的构成要素包括流体、载体、流向、流量、流程、流速等六要素：

(1) 流体：物流的对象,即物流中的"物",一般它指物质实体。

(2) 载体：指流体借以流动的设施和设备,如运输设备、输送设备、包装材料及装卸搬运设备等,它是物流活动得以完成的物质基础。

(3) 流向：指流体从起点到终点的流动方向,包括正向和反向。当流向为反向时,即构成通常所说的逆向物流,如回收物流、废弃物流等。

(4) 流量：通过载体的流体在一定流向上的数量表现,是物流对象多少的反映。

(5) 流程：通过载体的流体在一定流向上行驶路径的数量表现,通常表现为物流经过的路径的长短,它直接影响物流的成本和效益。通常物流中的路线选择、路径优化等都是针对物流流程而言的。

(6) 流速：单位时间流体转移的空间距离大小,反映流体转移速度的大小。它在很大程度上影响物流的响应速度和服务质量,如物流里面的提前期在很大程度上受到流速的影响。

流体、载体、流向、流量、流程和流速这六要素在任何物流系统中都存在,它们之间有极强的内在联系。如流体的自然属性决定了载体的类型和规模,流体的社会属性决定了流向和流量,载体对流向和流量有制约作用,载体的状况对流体的自然属性和社会属性均会产生影响。物流六要素横跨整个供应链,存在于原材料采购、制造、销售、消费、废弃物回收等任何类型的物流环节中,也存在于运输、储存、包装、装卸、流通加工、物流信息等各种物流活动中,存在于公路运输、铁路运输、水路运输、航空运输以及管道运输等各种运输系统中。因此,分析物流六要素可以帮助我们更好地认识物流系统。从"流"的角度看,任何一个具体的物流业务可以分解为这六要素的结合,这种分类抽象掉了物流的具体特征,有助于把握物流的一般性质,从而可以研究出优化这种"一般物流"的方法和技术。

物流的六要素中的每一个要素都需要以物流系统作为一个整体进行总体集成和优化,任何一个要素的目标由物流系统的整体目标来确定,各要素达到的目标互相配合,使整体目标最优化。从流的角度来看,就是"流效"的最优化,即物流的效益最优,因此需要进行系统的整体集成和优化,所谓整体集成和优化就是从系统整体出发来确定各要素的目标,这样可能会使有些要素自身不是最优的,但最终系统的总目标是最优的。

4. 物流系统的支撑要素

物流系统功能的实现需要有许多支撑条件,尤其是物流系统处于复杂的社会经济系统中,要实现其功能,还必须协调与其他系统的关系,这些支撑要素是必不可少的,这些支撑要素构成了物流系统运行支撑环境。具体说来,物流系统的支撑要素主要包括:

(1) 体制和制度。物流系统的体制和制度决定物流系统的结构、组织、领导和管理方式,因此国家需要建立完善的物流体制和制度对其进行控制和指挥。有了体制和制度的支撑,物流系统才能有一个健康稳定发展的软环境。

(2) 法律和规章。物流系统的运行,都不可避免地涉及企业或消费者的权益问题。法律和规章一方面能够限制和规范物流系统的活动,使之与更高一层的系统协调;另一方面是对物流系统的运行给予保障,例如物流合同的执行、权益的划分、责任的确定等都需要依靠法律和规章来维系。

(3) 物流标准化体系。物流系统涉及多个行业和领域,建立物流标准化系统是保证物流环节协调运行、提高系统效率、保证物流系统与其他系统在技术上实现联结的重要支撑条件。标准化体系包括物流的统一性通用标准(如与物流相关的专业术语标准、物流的计量单位标准)、相关行业的分系统的标准(如包装标准、运输标准、装卸搬运标准、仓储标准、流通加工标准、信息技术标准等)以及与环境和资源相配套的标准。目前我国这些标准有的已经建立;有的虽已建立但不够全面,还需要进一步完善;还有更多的标准尚未建立,这需要在标准的建立中引进国外最先进的思想和管理方法,制定相关标准以保证物流系统的高效率和协调运行。

5. 物流系统的物质基础要素

现代物流系统的建立和运行,需要有大量基础设施和技术装备手段,这些设施和技术装备对现代物流系统的运行有决定意义,物流系统的物质基础要素包括:

(1) 物流基础设施。它是组织现代物流系统运行的基础物质条件,包括物流站、场、港、物流中心、配送中心、物流线路等。

(2) 物流系统设备。物流系统设备又包括物流装备、物流工具和信息及网络设备。物流装备是保证现代物流系统得以存在和维系的前提和基础,包括仓库货架、进出库设备、加工设备、运输设备、装卸机械等;物流工具是现代物流系统运行的物质条件,包括包装工具、维护保养工具、办公设备等;信息及网络设备是掌握和传递物流信息的手段,根据所需信息水平不同,包括通信设备及线路、传真设备、计算机及网络设备等。

物流系统要完成各种物流活动,必须要借助于各种物流系统设备。物流系统设备按功能作用可划分为运输设备、装卸搬运设备、集装化设备、仓储设备、包装设备、流通加工设备、信息及网络设备等:

(1) 运输设备。运输设备是指用于较长距离输送货物的设备。根据运输方式不同,运输设备主要分为铁路运输设备、公路运输设备、水路运输设备、航空运输设备和管道运输设备等5种类型。

(2) 装卸搬运设备。装卸搬运设备是用来搬移、升降、装卸和短距离输送物料或货物的机械设备。装卸是在指定地点以人力或机械将物品装入运输设备或从运输设备内卸下的作业活动,装卸是一种以垂直方向移动为主的物流活动,包括物品装入、卸出、分拣、备货等作业行为。搬运则是指在同一场所内,对物品进行的水平方向移动为主的物流作业。装卸搬运设备的分类方法很多，根据物料运动方式，可分为水平运动方式、垂直运动方式、倾斜运动方式、垂直及水平运动方式、多平面运动方式等几类装卸搬运设备。

(3) 集装化设备。集装单元化装备是指用集装单元化的形式进行储存、运输作业的物流装备，主要包括集装箱、托盘、滑板、集装袋、料箱等。

(4) 仓储设备。仓储设备是指用于物资储藏、保管的设备，常用的储存设备有货架、托盘、计量设备、通风设备、温湿度控制设备、养护设备和消防设备等。

(5) 包装设备。包装设备即包装机械，是指完成全部或部分包装过程的机器设备，包装过程包括充填、裹包、封口等主要工序，以及与其相关的前后工序，如清洗、堆码和拆卸等。根据不同的标准，包装机械可进行不同的分类。如按照包装设备功能标准可分为灌装机械、充填机械、裹包机械、封口机械、集装机械、拆卸机械、多功能包装机械以及完成其他包装作业的辅助包装机械。

(6) 流通加工设备。流通加工设备是指用于物品包装、分割、计量、分拣、组装、价格贴附、标签贴附、商品检验等作业的专用机械设备。流通加工设备种类繁多，按照不同的分类方法，可分成不同的种类。例如，根据加工对象的不同，流通加工设备可分为金属加工设备、水泥加工设备、玻璃加工设备、食品加工设备及通用加工设备等。

(7) 信息及网络设备。信息及网络设备是指用于物流信息的采集、传输、处理等的物流设备，主要包括计算机及网络、信息识别装置、信息传递装置、通信设备等，是物流信息化的基础和前提。

物流系统设备作为物流系统组织并实施物流活动的重要手段，是整个物流系统得以有效运作的基础。因此，在物流系统的建模和仿真过程中，物流系统设备建模和仿真也成为物流系统仿真的重要内容。

1.3 物流系统的结构

系统结构是指系统内部各组成要素之间的相互关系、相互作用方式或秩序，即各要素之间在时间和空间排列组合的具体形式。与系统结构概念相对应，系统功能是指系统与外部环境相互作用所反映出来的能力。它体现了一个系统与外部环境之间的物质、能量和信息的输入输出的转换关系。例如运输系统中，给运输系统输入一定的物质、能量和信息后，经过系统内部的运动，就能将产品从一个地点转移到另一个地点。

系统结构是系统功能的基础，结构决定功能。系统结构说明了系统内部状态和内部作用，而系统功能说明了系统的外部状态和外部作用，它是系统内部固有能力的外部表现，是由系统结构所决定的。系统结构具有相对的独立性，系统功能则具有易变性和相关性，它对系统结构具有绝对的依赖性，它的发挥受环境变化和系统结构的决定和制约。

1.3.1 物流系统的层次结构

物流系统按层次结构可分为3个层次：战略层、战术层和作业层，它反映了物流系统不同层面要素之间的相互制约、相互协调的关系,在物流系统的分析和设计过程中具有重要的作用。物流系统的层次结构如图 1.2 所示。

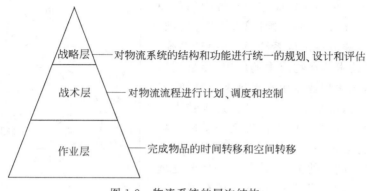

图 1.2 物流系统的层次结构

战略层主要对物流系统的总体结构和功能进行统一的规划、设计和评估,其核心内容是物流系统战略规划、供应链物流设计和物流系统评价等。战略层的作用是对从总体上长期影响物流系统服务水平和总成本的因素进行计划和控制,包括物流网络规划、供应链设计等,并对物流系统进行评估和改进,以提高物流系统总体科学和合理化水平。

战术层在总体战略规划的前提下对物流系统流程进行计划、调度和控制,主要包括订货处理和顾客服务、用料管理、采购计划、仓储和库存计划的生成及相关流程管理,战术层的目标是通过科学合理的物流资源调度,使物流系统以尽可能低的成本进行高效的运作,从而最大限度地创造出可观的物流绩效。

作业层是按照战术层的计划和调度规则来完成物品的时间转移和空间转移,从而创造出时间效用和空间效用。作业层主要工作包括采购、订单处理、仓储、运输、装卸搬运、包装、流通加工、配送及相应的信息处理工作。作业层是物流活动得以实现和运作的载体,作业层的目标就是通过作业的规范化、自动化和信息化,提高每一环节物流作业活动的效率,并通过系统化的管理和协调措施提高整个物流作业系统的运行绩效。

1.3.2 物流系统的功能结构

物流系统的功能指的是物流系统所具有的完成基本物流活动的能力。1.2 节介绍了物流系统的基本功能要素有:仓储、运输、包装、装卸搬运、流通加工、配送、物流信息系统 7 大功能要素。这些要素按照一定的相互关系和作用方式组合在一起,就可形成物流系统。物流系统功能要素之间相互作用和组合的方式就是物流系统的功能结构。物流系统功能要素按照不同的功能结构进行组合,可以形成具有不同功能目标的物流系统。如仓储、装卸搬运、物流信息系统组合在一起,可以形成一个典型的仓储物流系统,完成基本的出入库和仓储管理功能;运输、包装、装卸搬运、物流信息系统组合在一起,可以形成一个典型的运输物流系统,完成基本的装车、运输和卸货管理功能。在 7 大功能要素中,物流信息系统处于一个非常特殊、非常重要的地位,它在整个物流系统中始终处在一个进行总体指挥、协调的地位,而其他的功能要素都是在物流信息系统的支持下承担各自的物流活动,正因为如此,物流系统从功能结构上可分为物流信息系统和物流作业系统两个子系统。物流系统的功能结构如图1.3所示。

物流信息系统包括对物流作业系统中的各种活动下达命令、实时控制和反馈协调等信息活动。计算机、网络、全球卫星定位系统、地理信息系统、射频技术、条码技术等在物流中的应用，使物流系统的自动化、信息化和智能化水平越来越高，物流信息系统在整个物流系统中发挥的作用也越来越大，物流信息系统也成为现代物流区别于传统物流的最重要的特征之一。物流作业系统中各活动是相互牵制、相互制约的关系，任何一个环节处理不好，将影响整个物流作业的效益。只有通过物流信息系统，从整体上对各活动作统筹安排，实时控制，并根据反馈信息作出迅速调整，才能保证物流作业系统的高效、畅通和快捷。

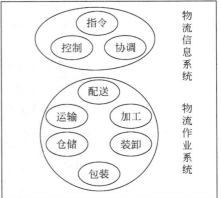

图1.3 物流系统的功能结构

物流作业系统是指运输、储存、包装、装卸搬运、流通加工、配送等物流各项作业职能的系统。它是通过各项作业功能的有机结合增进物流效率化的统一体。物流作业系统中最重要的就是运输系统和仓储系统。运输在传统物流和现代物流中都具有非常重要的地位，因为它是连接供求的桥梁和纽带，通过运输系统才能实现物资的传递。现代物流系统中的运输系统更加注意了服务成本、服务速度和服务的持续一致性。在设计物流系统时，要使运输速度和成本趋向平衡。仓储系统主要涉及仓库管理和存储控制，它是协调供求时间差的技术纽带。仓储系统关注的重点是确定合理仓储保管制度和作业流程，通过合理的库存控制和作业安排，降低库存成本，加速物资和资金的周转。

目前，计算机技术、通信技术和网络技术等先进的科学技术正逐步运用于物流作业系统，它们的应用大大提高了物流作业系统的运作效率，同时也使物流作业系统与物流信息系统的联系更加紧密。物流信息系统和物流作业系统之间存在一定的层次关系，表现为物流信息系统对物流作业系统下达指挥和控制指令，物流作业系统将各种信息采集设备采集的作业信息反馈给物流信息系统，物流信息系统处在物流作业系统的上层，起着调控管理的作用，它们之间密不可分，相互依赖，互相配合，相互协调，最终实现整个物流系统的功能目标。

1.4 物流系统仿真

1.4.1 系统仿真的概念

系统仿真是利用系统模型在仿真环境和条件下，对系统进行研究、分析和试验的方法。现代系统仿真是这样一个过程，它为了分析与研究已经存在的或尚未建成的系统，先建立该系统的模型,再将其在计算机上进行实验,系统仿真的重点包括模型和实验两个方面。

1984年,Oren提出系统仿真是一种基于模型的活动,并认为系统仿真包括了3个基本要素:对仿真问题的描述、行为产生器、模型行为及其处理。图1.4表示了以上3个要素及相互关系。

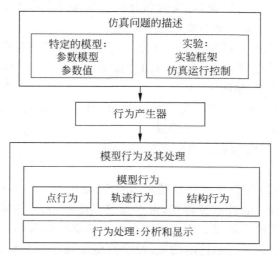

图 1.4 系统仿真的基本要素

1. 对仿真问题的描述

任何一个仿真问题都由模型与实验两部分组成,而任何一个数学模型又都由两部分组成:一个参数模型及一组参数值。当我们给定了一个参数模型,同时又赋予它具体的参数值后,就形成一个特定的模型。另外,实验也可分为两部分:实验框架及仿真运行控制。一个实验框架可以定义为一组条件,在该条件下,系统可被观测或被进行实验。具体地讲,实验框架可由5部分组成:可观测变量、输入值的调度、初始值的设置、终止条件、对数据的采集及压缩的具体说明。

2. 行为产生器

行为产生器是一套对模型进行实验的软件,比如连续系统仿真中的仿真计算程序。由它可以产生一组随时间变化的系统状态变量的数据(称为模型行为)。

3. 模型行为及其处理

模型行为有3种类型:点行为、轨迹行为及结构行为。

(1) 点行为是指模型行为的一种特定属性,如最小值、最大值、振荡次数、上升时间、稳定时间等。一般来讲,常规的仿真软件并不产生点行为,它是对数据进行压缩处理后才能产生出来的。

(2) 轨迹行为通常被表示为一组系统中各种描述变量随时间转移而变化的数据。轨迹行为描述了系统状态在一段时间内的变化情况和规律,在各种类型的仿真中都可以获得轨迹行为,它也常常是系统仿真结果分析中关注的重点。

(3) 结构行为只可以从可变结构系统模型中获得,即这种系统模型的静态结构(指定义描述变量及其属性)及动态结构(指状态变量之间的动态关系)是可变的。

行为处理包括对上述各种行为进行分析及显示。

根据以上分析,可以清楚地看出,整个仿真过程包含了建模、实验和分析3个主要步骤,它们分别对应于上述3个要素。这种规范化的认识形成了系统仿真的基本概念框架,即建模—实验—分析三段式。因此,建模、实验和分析是系统仿真的3个核心要素,一个完整的系统仿真过程必须具有这3个基本要素。

从上述分析可以看出,系统仿真是基于系统模型,通过在计算机进行仿真实验,达到研究真实系统的目的。因此,系统、系统模型和计算机构成了系统仿真的框架模型,如图1.5所示。

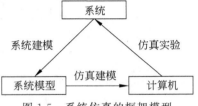

图1.5 系统仿真的框架模型

其中,系统是研究的对象,模型是系统的抽象,计算机则是进行仿真实验的技术平台和手段。它们三者之间通过系统建模、仿真建模和仿真实验三项基本活动紧密联系起来:

(1) 系统建模。系统建模是对系统特性及变化规律进行抽象描述的过程。通过系统建模,可以得到系统模型,一般可分为:物理模型、概念模型和数学模型。物理模型是以实物或图像直观表达系统对象的特征;概念模型是对现实世界及其活动进行概念抽象与描述的结果;数学模型是描述系统要素之间及系统与环境之间相互关系的数学表达式。系统建模是系统仿真的前提和基础,对系统仿真的结果具有重要影响。在进行系统建模时,通常会根据系统的不同特性采用不同的系统建模方法,如对于排队服务系统这类离散事件系统,可采用实体流图法、活动循环图法等进行系统建模;对于连续库存系统,则可采用数学建模方法,如微分方程、状态方程等进行建模。

(2) 仿真建模。仿真建模是将系统模型转化为计算机可执行程序及算法流程的过程。如果说系统建模是一次建模,则仿真建模可称为二次建模。仿真建模的核心在于仿真策略和仿真算法设计,即怎样来实现仿真。如对于排队服务系统,可以采用事件调度法或活动扫描法来进行仿真;而对于连续库存系统微分方程模型,则可用数值积分方法如欧拉法、梯形法等进行仿真。

(3) 仿真实验。仿真实验是利用实验框架定义的条件和规则,将一系列实验数据输入到仿真模型并运行,收集实验结果并进行对比、验证的过程。仿真实验包括输入数据的采集和分析、仿真实验设计、仿真输出数据分析等重要内容。

系统仿真作为一种研究系统的间接的方法,具有一系列的优点,因而得到广泛的应用。系统仿真的主要优势和作用如下:

(1) 可以将复杂问题简化,利用仿真模型可将复杂事物抽象为简单的模型,分析其机理并检验理论的正确性,寻求解决问题的途径。

(2) 利用仿真可避免在实际系统上实验时间过长、资源消耗大的弊病,节省人力、物力。特别是对于一些社会经济系统、具有污染和危害的系统,既不能用实际实验方法,又不能用解析方法时,这种情况下必须借助系统仿真方法进行研究处理。

(3) 避免对实际系统进行破坏性和危害性的实验。在这种情况下,仿真方法的优点更为突出。仿真可以研究单个变量或参数变化对系统整体的影响,并且可以多次重复实验,这在真实系统中是困难或不可能的。

（4）仿真方法用来检验理论分析所得的结果的正确性和有效性，其基本方法较易掌握，仿真的结果直观，便于理解。

（5）通过系统仿真，能启发新的思想或产生新的策略，还能暴露出原系统中隐藏着的一些问题，以便及时解决。

1.4.2 系统仿真的分类

由于系统仿真是基于模型的，模型的特性也直接影响着仿真的实现。系统模型通常可以按照模型的时间集合和模型的状态变量两个不同维度进行分类，如图 1.6 所示。

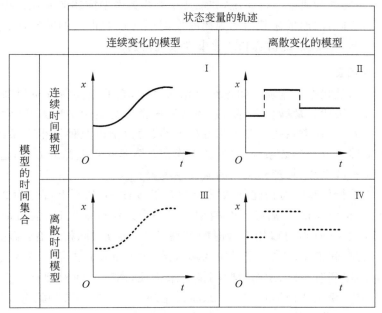

图 1.6　系统模型的分类

（1）按照模型的时间集合：可分为连续时间模型和离散时间模型。连续时间模型中，时间在整个时间轴上是连续的，系统的状态可以在任意时刻点获得；离散时间模型中，时间在整个时间轴上是离散的，而且这些离散的时间点是确定的（通常为采样间隔时间点），因此，系统的状态只能在确定的时刻点获得。

（2）按照模型的状态变量：可分为连续变化模型和离散变化模型。连续变化模型中，系统的状态变量是随时间连续变化的；而在离散变化模型中，系统的状态变量的变化是不连续的，它只在某些特定的时刻发生变化，两个特定的时刻之间系统状态保持不变。特别值得注意的是，这些状态发生变化的时刻可以是确定的时刻，也可以是不确定的时刻。

按照上述方法对模型进行分类，各类模型状态变量的变化轨迹如图 1.6 所示。由图可见，第Ⅰ类模型系统状态随时间连续变化，且在任意时刻点均可获得系统状态变量值，此类系统为真正意义上的连续系统，此类模型通常为常微分方程模型或偏微分方程模型；第Ⅱ类模型系统状态仅在离散时间点上变化,系统状态变量值是离散的,且任意时刻点均可获得系统状态变量值,此类模型为离散事件模型,通常用实体流图来表示;第Ⅲ类模型系统状态随时间连续变化,但只能在确定的离散时间点获得系统状态变量值,通常为离散采样系统,此类模型通常为系统动力学模型或差分方程模型;第Ⅳ类模型在系统状态变化和时间集合上都是离散的,此类模型通常为差分方程模型、马尔科夫链模型。

从上述四类模型的特点可以看出,Ⅰ、Ⅲ、Ⅳ类模型都可以表示为数学方程的形式,而Ⅱ类离散事件模型通常不能用数学方程来描述,这也使得离散事件模型的仿真方法与其他三类模型有了本质的不同。用方程形式描述的数学模型均可采用连续系统仿真的方法如数字积分法进行求解,而离散事件模型则需要采用离散事件系统仿真方法来进行处理。因此,从仿真实现的角度来看,系统可分为两大类:一类称为连续系统,如图 1.6 中Ⅰ、Ⅲ、Ⅳ类模型描述的系统;另一类称为离散事件系统,如图 1.6 中Ⅱ类模型描述的系统。由于这两类系统固有运动规律的不同,因而描述其运动规律的模型形式也有很大差别,相应地,系统仿真技术也分为两大类:连续系统仿真和离散事件系统仿真。

1. 连续系统仿真

连续系统指的是状态变量随时间连续变化的系统,它的主要特征可以通过常微分方程或者偏微分方程来描述。常微分方程描述的系统通常称为集中参数系统,它的数学模型常常是一组常微分方程,这类系统一般包括各种电路、动力学以及种群生态系统;偏微分方程描述的系统通常称为分布参数系统,它的数学模型常常是一组偏微分方程,这类系统包括工程领域内的对流扩散系统、物理领域内的流体系统等。

对连续系统进行仿真时所构建的数学模型有很多种,但基本上可分为 3 类:连续时间模型、离散时间模型以及连续-离散混合模型。当一个系统的输入量、输出量及其内部状态变量是时间的连续函数时,可以用连续时间模型描述,连续时间模型有:微分方程模型、传递函数模型、状态空间模型。当一个系统的输入量、输出量及其内部状态变量是时间的离散函数,即为一时间序列时,可以用离散时间模型来描述,离散时间模型有:差分方程、z 传递函数、离散状态空间模型 3 种形式。一个系统的诸环节中有的环节的状态变量是连续变量,有的环节的状态变量是离散变量,比如用数字计算机控制连续对象而组成的计算机控制系统就是属于这一类系统,对于这类系统,它的离散部分可用离散时间模型来描述,而它的连续部分则可用连续时间模型来描述,这时系统模型则称连续-离散混合模型。

连续系统进行数字仿真时,首先要建立被仿真系统的数学模型,并将此模型转换成计算机可接受的、与原模型等价的仿真模型;然后编制仿真程序,使模型在计算机上运转。如何将连续系统的数学模型转换成计算机可接受的等价仿真模型,采用何种方法在计算机上解此模型,这是连续系统数字仿真算法要解决的问题。在物流系统领域,用得最多的连续系统模型是微分方程模型,将微分方程模型转换成等价的差分方程的过程,这在数学上就称为数值积分。常用的数值积分方法有:欧拉法、梯型法、龙格-库塔法、线性多步法以及变步长法等。

2. 离散事件系统仿真

离散事件系统是指状态仅在离散的时间点上发生变化的系统,而且这些离散时间点一般是不确定的。这类系统中引起状态变化的原因是事件,通常状态变化与事件的发生是一一对应的。事件的发生没有持续性，可以看作在一个时间点上瞬间完成，事件发生的时间点是离散的，因而这类系统称为离散事件系统。离散事件系统的基本组成要素有：实体、属性、状态、事件、活动、进程、仿真时钟和规则。

对离散事件系统进行仿真首先需要建立离散事件系统仿真模型，离散事件系统仿真模型构成部件一般有：系统状态、仿真时钟、事件表、统计计数器、定时子程序、初始化子程序、事件子程序、仿真报告子程序、主程序。

对任何动态系统进行仿真时，都需要知道仿真过程中仿真时间的当前值。因此，必须要有一种随着仿真的进程将仿真时间从一个时刻推进到另一个时刻的机制，即时间推进机制。离散事件系统仿真有两种基本的时间推进机制：固定步长时间推进机制和下次事件时间推进机制，在实际的离散事件系统仿真中，绝大多数的时间推进机制是采用下次事件时间推进机制。

离散事件系统仿真中仿真进程的推进方法是十分重要的，如何选择"下一事件"，以便执行相应的程序模块来修改系统状态，进行各种统计计算，这是离散事件系统仿真建模方法学重要内容之一，有时称之为仿真算法或仿真策略。离散事件系统的仿真策略一般有：事件调度法、活动扫描法、三段扫描法和进程交互法等。

由上述的分析可知，连续系统仿真与离散事件系统仿真方法有很大不同，主要表现为：

（1）离散事件系统中的变量大多数是随机的，例如实体的"到达"和"服务"时间都是随机变量。仿真实验的目的是力图用大量抽样的统计结果来逼近总体分布的统计特征值，因而需要进行多次仿真和较长时间仿真。

（2）离散事件系统模型只是一种稳态模型，无需研究状态变量从一种状态变化到另一种状态的过程。而对于连续系统，主要是研究其动态过程，连续系统模型一般要用微分方程描述。

（3）连续系统仿真中采用均匀步长推进仿真时钟的原则，而离散事件系统仿真中时间的推进是不确定的，它取决于系统的状态条件和事件发生的时刻和可能性。

另外，对于复杂系统的研究，目前兴起了一种新的研究方法——基于 Agent 的建模与仿真方法，这种方法是一种由底向上的建模与仿真方法，它把智能 Agent 作为系统建模的基本单位，用智能 Agent 来描述由智能主体组成的系统，如供应链系统、经济系统等。目前，圣塔菲研究所已开发出一个基于多 Agent 系统的开放式建模与仿真平台——Swarm，在计算机科学、经济学、物流与供应链管理等许多领域中都得到广泛的应用。不过，由于基于 Agent 的建模与仿真方法目前还不是物流系统仿真的主流方法，因此，本书也不会对此内容作过多的介绍，有兴趣的读者可以参考其他相关文献和资料。

1.4.3 物流系统仿真目的、内容及步骤

物流系统仿真就是借助计算机仿真技术，对物流系统建模并进行实验，得到各种动态活动及其过程的瞬间仿效记录，进而研究物流系统性能的方法。对于物流系统这类复杂系统，由于难以单纯用数字方程式来表达，因此很难用传统的解析法加以研究。利用计算机进行各种复杂物流过程的模拟和控制已越来越受到关注和重视，物流系统仿真已成为研究物流系统的一种重要的方法和技术手段。

物流系统仿真在物流系统分析、设计及运行的整个过程中都起着重要的作用,针对物流系统不同的运行阶段,物流系统仿真也具有不同的目的和内容。

1. 物流系统仿真的目的

(1) 面向物流系统规划设计的仿真。这类仿真的对象一般是处于规划设计中的物流系统,仿真的目的通过仿真模型的运行,评价物流系统规划设计方案的优劣和合理性,并对设计方案提出修改意见,使规划设计方案更加合理、可行,从而降低方案实施风险和成本。

在物流系统设计方案出台但实际系统没有建成的情况下,往往先把设计方案中的物流系统转换成仿真模型,并通过运行模型,评价系统方案的优劣并修改方案,从而可以在系统建成之前,对不合理的设计和投资进行修正,避免资金、人力和时间的浪费。物流系统仿真能准确地反映出未来物流系统在有选择的改变各种参数时的运行效果,从而使设计者全面掌握规划与设计方案的预期效果。为物流系统规划设计提供分析和评价手段,为最终规划与设计方案提供决策支持,这是物流系统仿真最有效的应用之一。

(2) 面向物流系统运行分析的仿真。这类仿真的对象一般是处于实际应用和运行中的物流系统,仿真的目的通过仿真模型的运行,观察在实际物流系统中难以观察和监控的物流环节,分析物流系统中的瓶颈和不合理环节,并提供改进意见,以对原有的物流系统进行优化和改进。

2. 物流系统仿真的内容

不论物流系统仿真的目的是为系统规划设计提供决策支持,还是为系统运行分析提供技术手段,物流系统仿真的内容大致可以分为如下几个层面:

(1) 物流管理调度策略仿真。管理调度策略是物流系统设计和运行中的重要环节,直接影响到物流系统的作业效率和效益,是物流系统优化的重要指标。在复杂的物流系统中存在着很多管理调度问题,如订单的拣选策略、库存策略、堆垛机调度策略、货位分配策略等,这些策略的制定往往受到很多因素的影响,很难通过理论分析得到令人满意的结果,这时候就必须借助仿真手段进行处理,通过比较在不同管理调度策略下的仿真运行结果就可以比较管理调度策略的优劣,从而实现对物流系统的优化调度。

(2) 物流作业流程仿真。物流作业流程是物流系统为实现特定的物流目标而进行的一系列的有序物流活动的整体,它直接反映了物流系统运行过程中物料的流动、设备的工作及资源的消耗情况。对于比较复杂的物流系统,物流作业流程在时间和空间上跨度都比较大,要想全面地了解和观察物流系统的作业情况,对物流系统进行全面的分析和诊断,是一件非常不容易的事。使用系统仿真模型后,通过仿真可以全面直观地模拟物流系统各环节物料处理作业流程以及物流设备的运行情况,生成快速、流畅与专业的模型动画,并提供物流系统的各项作业性能指标,帮助确定物流作业的"瓶颈"所在,报告资源利用率,从而实现物流系统作业流程的优化和改进。

(3) 物流设备布局及配置仿真。这类仿真的目的是通过仿真模型的运行,对物流系统的设备选型、设备配置的合理性和性价比进行比较和评估,从而尽可能降低物流系统的设备配置成本,并提高物流系统设备的利用率。这类仿真关注的重点是物流系统设备类型及数量安排的合理性,特别是物流设备之间的协调性,这是在设计阶段很难发现的问题,但往往通过仿真运行可以观察出来。例如,一个复杂的物流系统由自动化立体仓库、AGV、缓冲站等组成,系统设计面临的问题经常是:如何确定自动化立体仓库的货位数,确定AGV的速度、数量,确定缓冲站的个数,确定堆垛机的装载能力,以及如何规划物流设备的布局,设计AGV的运送路线等。这里生产能力、生产效率和系统投资常常都是设计的重要指标,而它们又是相互矛盾的,需要选择技术性与经济性的最佳结合点。通过物流系统仿真就可以观察不同的设备配置方案下的仿真运行结果,从而判断设备布局及配置的合理性。

3. 物流系统仿真的步骤

物流系统仿真是研究物流系统的一种重要的技术手段,具有极强的实用性,在实施过程中应该遵循一定的步骤,以保证仿真过程能顺利进行并得到合理的仿真数据和结果。物流系统的仿真过程一般可按如下步骤进行:

(1) 系统描述及问题定义。由于系统仿真是面向问题的而不是面向整个实际系统的,因此首先要在分析调查的基础上,明确要解决的问题以及仿真的目标。

(2) 概念建模。物流系统仿真的前提是要对仿真对象即现实或假想的物流系统有一个清晰的认识和描述,确定系统的每个组成部分及其相互关系,并对系统运行过程有清晰的描述,即要建立系统的概念模型。建立清晰的概念模型是建立正确的仿真模型的重要基础。

(3) 选择合适的物流系统仿真软件。目前用于物流系统仿真的软件平台很多,如Flexsim、Witness、Arena和Extend等,这些仿真软件平台各有特点,如有的图形化、可视化功能强,有的数据处理和分析方便,具体要根据仿真对象的实际情况和仿真目标及需要进行合理选择。

(4) 建立物流系统仿真模型。选定物流系统仿真软件平台后,可依据物流系统的概念模型,结合物流系统的实际需求和运作流程建立物流系统的仿真模型。一般来说,这一过程包括仿真布局及场景建立、设备对象建模、仿真流程建模等环节。另外,为了进行系统仿真,除了要有必要的仿真输入数据外,还必须收集与仿真初始条件及系统内部变量有关的数据,这些数据往往是某种概率分布的随机变量的抽样结果。因此,需要对真实系统的这些参数作必要的统计调查,通过分布拟合、参数估计以及假设检验等步骤,确定这些随机变量的概率密度函数,以便输入仿真模型实施仿真运行。

(5) 运行仿真系统。建立的物流系统仿真模型经过编译后即可运行,仿真运行时间可以根据实际物流系统的生产班次或最大物流量进行模拟。通过设置不同的初始条件和仿真参数,可以对仿真模型进行多次独立重复运行以得到一系列输出数据和系统性能参数,便于进行对比分析。

(6) 仿真结果输出和数据分析。这是系统仿真非常重要的一步,需要根据流程运行结果和输出数据进行必要的统计分析和判断,如系统是否存在"瓶颈",流程是否畅通,物流量能否满足需求。如果系统运行后,结果有不理想之处,要分析具体的原因和影响因素,并调整方案或者改变参数,直至满足物流系统的需求和仿真的目标。仿真结果也可以生成三维动画输出并形成仿真报告,提交给物流系统的管理者和设计者,进行进一步优化和完善。

以上所述是物流系统仿真的一般步骤,在实施仿真的具体过程中,这几个步骤紧密联系,相互关联。当然,针对不同的具体问题和仿真方法,仿真的步骤也不是一成不变的。从系统描述和定义开始,通过建立概念模型、建立仿真模型、收集输入数据、仿真模型运行直到结果输出分析,这是一个辩证、迭代的过程,需要不断地调整和重复运行,直到提供满意的结果为止。

物流系统仿真作为研究物流系统的一种重要的方法和技术手段,在物流系统分析、设计及运行的整个过程中都起着非常重要的作用。随着物流仿真技术的发展和进步,物流系统仿真软件平台的功能也会逐步完善和强大,物流系统仿真必将在物流领域发挥越来越重要的作用。

小结与讨论

系统是为达到某种目的,由相互作用、相互关联的若干要素结合而成的具有特定功能的有机整体。从系统的观点看,物流系统是指在一定的时间和空间里,由能够完成运输、存储、装卸搬运、包装、流通加工、配送及信息处理活动的若干要素构成的具有特定物流服务功能的有机整体。物流系统是由各物流要素所组成的,物流系统的基本要素包括资源要素、功能要素、流动要素、支撑要素和物质基础要素。物流系统按层次结构可分为3个层次:战略层、战术层和作业层。按功能结构可分为物流信息系统和物流作业系统两个子系统,物流信息系统对物流作业系统下达指挥和控制指令,起着调控管理的作用;物流作业系统将各种信息采集设备采集的作业信息反馈给物流信息系统。

物流系统是一种非常复杂的系统,物流系统仿真已成为研究物流系统的一种重要的方法和技术手段,在物流系统分析、设计及运行中都发挥着重要的作用。物流系统仿真的目的有两种:为系统规划设计提供决策支持和为系统运行分析提供技术手段,不论出于何种目的,物流系统仿真的内容大致都包括物流管理调度策略仿真、物流作业流程仿真和物流设备布局及配置仿真等几个方面。物流系统的仿真的一般步骤为:系统描述及问题定义、概念建模、仿真平台选取、仿真模型建立、仿真运行及仿真结果分析。

习题

1. 什么是物流系统?它如何进行分类?
2. 物流系统的特征有哪些?
3. 物流系统的基本要素有哪些?各包括哪些内容?
4. 物流系统的功能结构是怎样的?它的子系统之间关系如何?请举例说明。
5. 什么是系统仿真?系统仿真的基本要素是什么?
6. 连续系统仿真和离散事件系统仿真的特点是什么?有何区别?
7. 什么是物流系统仿真?物流系统仿真的目的和内容有哪些?
8. 物流系统仿真的一般步骤是怎样的?

第 2 章　现代生产物流系统

现代生产物流系统是生产过程的重要组成部分,是联系生产制造各环节并使之成为有机整体的纽带。同时,现代生产物流系统作为物流系统的典型代表,涉及的物流功能环节多,综合性强,因此,作为典型的物流系统研究对象,引起众多物流专家学者的广泛关注和重视。

2.1　现代生产物流概述

生产物流是企业在生产过程中所发生的物流,一般是指原材料、外购件投入生产后,经过下料、发料、运送到各加工点和存储点,以在制品的形态,从一个生产单位(仓库)流入另一个生产单位,按照规定的工艺过程进行加工、储存,借助一定的运输装置,在某个点内流转,又从某个点内流出,始终体现着物料实物形态的流转过程,这样就构成了企业内部物流活动的全过程。因此,生产物流的边界起于原材料、外购件的投入,止于成品仓库,贯穿生产全过程。物料随着时间进程不断改变自己的实物形态和场所位置,物料不是处于加工、装配状态,就是处于储存、搬运和等待状态。对生产物流的含义可以从 3 个角度来理解:

(1) 从工艺角度看,生产物流与整个生产工艺流程相伴而生,生产物流就是原材料、半成品以及成品随着依次进行的生产工序而不断流动。

(2) 从物流范围角度看,生产物流存在于企业的边界内,它贯穿于企业范围内的车间、工段、工作地、仓库等场所。

(3) 从物流属性角度看,生产物流包含生产所需物料在时间和空间上运动的全过程,因此,生产物流系统是由物流活动连接的各独立生产环节所组成的系统。

不论从以上哪个角度看,生产物流都具有以下特征:

(1) 连续性。生产过程的连续性具体表现为物料在流动过程中空间上的连续性和时间上的连续性,生产物流要求生产环节在空间布置上合理、紧凑,在时间上尽量减少物料的等待时间。

(2) 协调性。协调性是指在每个工序的生产能力上要保证比例协调,如果出现某一生产环节能力过剩或不够,必然会出现局部或者整体的等待时间。

(3) 节奏性。节奏性要求生产环节在短期时点上保持同一生产速度,不能出现时紧时松的情况。此外,在规定的时间内应该生产出所需要的数量。

(4) 柔性。柔性是指生产不同产品的转换成本比较小,从而使加工制造具有灵活性、可变性和可调节性。柔性的要求是顺应市场多样化、个性化要求所产生的。

现代生产物流担负运输、储存、装卸物料等任务,物流系统是生产制造各环节组成有机整体的纽带,又是生产过程维持延续的基础。传统的生产物流设备比较落后,物流设备是以手工、半机械化或机械化为主的,效率低,人工劳动强度大。传统的物流信息管理也十分落后,物流信息分散、不准确、传送速度慢。随着生产制造系统规模的不断扩大,生产的柔性化水平和自动化水平日益提高,这就要求生产物流也要相应地适应现代生产制造系统的发展。因此,现代生产物流出现如下的新特征:

(1) 现代生产物流是生产工艺的一个组成部分。物流过程和生产工艺过程几乎是密不可分的,它们之间的关系有许多种,有的是在物流过程中实现生产工艺所要求的加工和制造,有的是在加工制造过程中同时完成物流,有的是通过物流对不同的加工制造环节进行链接。它们之间有非常强的一体化的特点,联系非常紧密。

(2) 现代生产物流有非常强的"成本中心"的作用。在生产过程中,物流活动对资源的占用和消耗是生产成本的重要组成部分。由于在生产过程中物流活动比较频繁,因此,对成本的影响也很大。

(3) 现代生产物流是专业化很强的定制物流。它必须完全适应生产专业化的要求,面对的是特定的物流需求,而不是面对社会上的、普遍的物流需求。因此,生产物流具有专门的适应性而不是普遍实用性,可以通过定制取得较高的效率。

(4) 现代生产物流是小规模的精益物流。由于生产物流只面向特定对象,物流规模主要取决于生产企业的规模,由于规模有限,并且在一定时间内规模固定不变,这就可以实行准确、精密的策划,可以运用各种有效的管理和技术手段,使生产过程中的物流可进行无缝衔接,实现物流的精益化。

现代生产物流的发展主要体现在以下几个方面:

(1) 现代化的物流设备。生产物流现代化的基础是采用自动化的物流设备。最典型的现代化物流设备就是自动化立库。自动化立库作为现代生产物流系统的重要标志,在现代生产物流系统中的作用也越来越突出。

(2) 计算机管理。与现代化生产制造相适应的物流系统,一般都具有结构复杂、物流节奏快、物流路线复杂、信息量大、实时性要求高等特点。传统的凭主观经验管理物流的方法已无法适应。采用计算机可以对物流系统进行动态管理与优化。同时,通过计算机与其他系统实时联机,发送和接收信息,使物流系统与生产制造、销售等系统有机地联系,可以提高物流系统的效益。

(3) 系统化与集成化。传统的生产物流是分散的、割裂的和相互独立的,缺乏集成化和系统化。如果说传统生产物流设备落后,搬运效率低下是影响生产整体效益提高的主要原因之一,那么传统生产物流的分散化和个体化则是牵制生产发展的另一主要原因。现代生产物流是把物流系统有机地联系起来,看成一个整体,从系统化、集成化的概念出发去设计、分析、研究和改进生产物流系统,不追求系统内个别系统的高效和优化,而是力求整体系统的优化和高效。现代生产物流系统的另一特点是把物流系统与生产制造系统融为一体,使之形成完整的生产物流系统,以提高生产的整体效益。

2.2 现代生产物流系统的组成

现代生产物流系统由管理层、控制层、执行层3部分组成,其层次结构如图2.1所示。

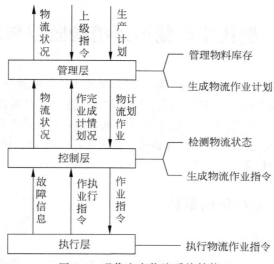

图 2.1 现代生产物流系统结构

1. 管理层

管理层是一个计算机物流管理软件系统,是生产物流系统的指挥管理中枢,它主要完成以下工作:

(1) 接收上级系统的指令并将此指令下发。

(2) 调度运输作业:根据运输任务的紧急程度和调度原则,决定运输任务的优先级别。根据当前运输任务的执行情况形成运输指令和最佳运输路线。

(3) 管理仓库库存:库存管理、入库管理、出库管理和出/入库协调管理。

(4) 统计分析系统运行情况:统计分析物流设备利用率、物料库存状态设备运行状态等。

(5) 进行物流系统信息处理。

2. 控制层

控制层是物流系统的重要组成部分,它接收来自管理层的指令,控制物流设备完成指令所规定的任务。控制层本身数据处理能力不强,主要是接收执行层的命令。控制层的另一任务是实时监控物流系统的状态,例如物流设备情况、物料运输情况、物流系统各局部协调配合情况等,将监测的情况反馈给管理层,为管理层的调度决策提供参考。

3. 执行层

执行层由自动化的物流设备组成,它们是具体物流活动的承担者和执行者,物流设备的控制器在接收到监控层的指令后,会根据指令和调度规则控制物流设备执行各种物流操作,以完成各种物流活动。

根据管理层、控制层和执行层的不同分工,物流系统对各个层次的要求是不同的。对于管理层,要求有较强的数据处理能力和一定程度的智能性。对于控制层,并不要求数据处理能力很强,但要求有较高的实时性,具有较快的反应能力和处理速度。对于执行层,则要求较高的可靠性,减少物流系统的故障率。

2.3 现代生产物流系统的监控与管理

现代生产物流系统相对于传统生产物流系统,在管理层、控制层和执行层都有实质性的改进。除了在执行层面采用了很多自动化、智能化的物流设备以提高物流作业效率外,现代生产物流系统的优势更多地表现在监控和管理层面,依托计算机网络技术、通信技术及各种监控技术,实现全面的信息化管理和优化调度,实现管控一体化和协调化,从而全面提升现代生产物流系统的综合性能。

2.3.1 现代生产物流系统的监控

1. 现代生产物流系统的控制结构

一个复杂的物流系统要搬运成千上万种不同种类的零件,其设备多种多样,目前几乎各种物流的典型设备都由计算机系统进行控制,如何将这些控制系统联系起来,进行协调、有序的工作,递阶控制是一个有效的控制结构。一般来讲,递阶控制由不同层次、不同功能的各种计算机控制系统组成,递阶控制一般采用3层结构:管理层、控制层和执行层,图2.1所示的现代生产物流系统结构就是典型的递阶控制结构。采用这种结构有以下4个方面的优势:

(1) 资源共享。通过这种共享连接,上层管理系统可以协调来自各方的信息,使整个系统有序的工作。

(2) 响应速度快。这种分布式的递阶控制系统可以将任务分派给各子系统,它们可以并发地完成各自的任务。

(3) 可靠性提高。由于子系统的故障仅对自身产生影响而不会影响其他子系统,因此整个系统的可靠性增强。

(4) 通信方便。由于所有的子系统都连在网络上,因此所有设备间都可以进行信息交换。

另外,在工业应用领域现场总线控制方式应用也越来越广,在物流设备的控制上采用现场总线控制结构也正在引起关注和重视。

2. 现代生产物流监控系统的功能

现代生产物流监控系统主要完成以下监控功能:

(1) 采集物流系统状态数据。物流系统状态的信息主要有两个来源:一是物流系统设备的控制计算机或控制器在执行每一次操作时都要向上级报告物流系统状态,即发回状态报告,所发回的状态报告包括操作命令的当前执行情况,运输设备当前状态,操作命令的完成、修正、操作故障情况等,根据报告可随时掌握物流系统运行的状态;二是通过各种传感器、检测元件得到的,例如缓冲站的状态是通过安装在缓冲站上的传感器检测得到的,立体仓库堆垛机叉取货物的高度和宽度等也是通过安装在货叉上的传感器检测得到的。

(2) 监视物流系统状态。对所发回的报告进行分类、整理。在屏幕上用图形显示各缓冲站状况、立库货位状况和运输设备状况。

(3) 处理异常情况。检查判别物流系统状态中的不正常信息,根据不同情况提出处理方案。

(4) 人机交互。供操作人员查询当前系统状态数据(库存数据、生产计划、设备状态、生产状况等),人工直接干预系统的运行以处理异常情况。

(5) 接受管理层下发的计划和任务,并控制执行机构完成这些计划和任务。在控制执行机构时,监控系统并不产生新的指令,而只是对管理层的命令加以分解并下发。当存在多项任务时,监控系统则需要负责协调任务的下发,在有些情况下,监控系统与管理层共同完成计划和控制,这时它们之间分工没有严格的界限。

3. 现代生产物流系统的监控方式

物流系统的监控一般有集中式控制和分布式控制两种:

集中式控制方式如图 2.2(a)所示,它由一台主控计算机完成物流系统的管理和控制功能,存储所有的物料信息及物流设备信息,并向所有的物流设备发送指令。集中式控制方式具有结构简单便于集成的优点;但集中式控制方式的缺点是不易扩充,并且一旦某一局部发生故障将严重影响整体运行。

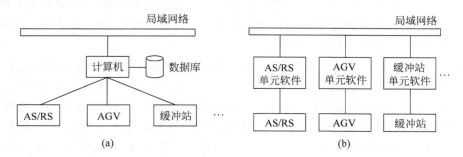

图 2.2 现代生产物流系统监控方式
(a) 集中式控制方式;(b) 分布式控制方式

分布式控制方式如图 2.2(b)所示,是将物流系统划分为若干单元,每一单元独立监控几台设备,单元之间相互平等和独立。每一单元都可以向另一单元申请服务,同时也可以接受其他单元的申请并为之服务。分布式监控方式的优点是扩充性好,可以方便地增加新的单元,当某一单元发生故障时不会影响其他单元的正常运行;它的缺点是网络传输的数据量大,单元软件设计及相互协调比较复杂。

为了发挥集中式与分布式各自的优点,在实际应用中往往采用两者相结合的控制方式,称之为集中-分布式控制方式。实践证明,集中-分布式的控制方式对于特别复杂的物流系统非常有效,表现出如下优点:

(1) 各单元本身具有较强的独立性,其间的协调运行由生产线本身的节奏来决定。因而单元之间没有频繁的数据交换,不会增加网络的负担。如果只采用分布式方案,各单元之间的协调运行会很复杂,网络数据流量会很大,难以保证系统的实时性。

(2) 与集中式比较,每单元都配置有主控计算机,减轻了处理大量实时数据的运行负担,便于提高系统的可靠性,保证实时性。

(3) 系统具有良好的可扩展性和稳定性。

2.3.2 现代生产物流系统的管理

为了适应现代生产的要求,生产物流管理需要更加系统化和柔性化,其管理职能也要相应地发生转变:

(1) 分散管理变为集中管理。传统的生产物流是分散的、个体化的、孤立的,每一个物流操作完全是简单地按照需要执行命令。例如,把原材料从仓库运送到加工机床旁,操作工人往返完成着同一操作。在分散管理中,物流系统没有统一的计划和协调,物流系统各部分独立运作,相互间没有信息沟通。现代生产物流则要求实行集中管理,物料在物流网络上运行,到达各设备(物流网络的节点)后,物料流动不因网络的节点而中断,从而使物流系统构成一个有机的整体。

(2) 执行型管理变为包括执行在内的决策型管理。传统的物流管理只是依附于生产加工的一种执行型管理,当机床需要物料时,物流系统负责提供,而提供物料的数量和时间完全由机床需要来决定,物流系统的目标仅仅是完成生产加工所提出的任务。现代生产追求的是企业的整体效益,管理者不再单纯地追求加工过程的快速与高效,而是把加工制造与物流作为一个整体来计划、组织和控制以提高物流系统的整体效益,物流系统的目标从执行型管理变为包括执行在内的决策型管理。

(3) 封闭型管理变为开放型管理。分散、独立的个体化生产物流采用的是一种封闭型的管理模式,生产物流系统仅仅完成生产加工所提出的各个单项任务,市场需求的变化和生产计划的变更无法及时反映到生产物流中来。现代生产以多品种小批量为主要特点,柔性化生产、大规模生产要求生产应有较强的应变能力和较快的响应速度,只有这样,才能保证企业在竞争中立于不败之地。这就要求生产物流的管理与企业的经营计划、产品生产计划乃至产品的销售计划都紧密相关,因此,封闭型的管理模式必需转变为开放型的管理模式。

(4) 人工管理变为信息化管理。现代生产物流管理的基础是大量的物流信息,它们反映物流过程的输入、输出、流向、流量、费用等。物流信息处理应能迅速、正确、完整地反映物流作业状况,以便及时掌握物流进程并进行正确决策,协调物流各业务环节,从而有效地计划和组织物资的流通。显然,依靠人工方法是不可能完成上述工作的,在网络和数据库环境支持下的计算机技术成为现代生产物流信息处理的有效工具。

伴随着现代生产物流管理职能的转变,现代生产物流管理的内容也发生了相应的改变。现代生产物流管理的具体内容如下:

(1) 物料管理:管理生产中所需要的各种物料,如毛坯、工具、半成品、废品和成品等。物料管理具体体现为库存管理,即对入库和出库进行管理,以保证有足够的物料供应生产。

(2) 自动化立库的管理控制,具体包括:
① 库存管理:根据立体仓库原库存情况和出入库完成情况更新库存信息。
② 入库管理:决定各种入库申请的响应顺序,根据控制层发来的入库申请或入库条形码信息为物料分配货位,形成入库任务。
③ 出库管理:根据缓冲站(加工缓冲站和工位缓冲站)发来的需料申请,结合当前库存情况,形成出库任务,也可根据生产的出库安排形成出库任务。
④ 出入库协调:对出库任务与入库任务进行优化组合,把满足条件的出库任务和入库任务组合成出/入库联合作业任务。
(3) 运输作业的调度:根据运输任务的紧急程度和调度原则,决定运输任务的优先级别,根据当前运输任务的执行情况形成运输指令和最佳运输路线。
(4) 状态监控:监测生产物流系统进行过程中的物流状态。生产物流系统一般都设置了各种检测装置,对系统的物流设备状态、物料状态、物流路线等进行检测,并通过各种显示屏实时显示各种状态,以掌握物流实际运行的情况。
(5) 信息管理:对生产物流系统的各种信息进行采集、处理、传输、统计和报告。
上述主要的管理功能并非截然分开的,它们之间有着密切的联系,其中信息管理是现代生产物流管理的核心和基础,无论是物料管理、状态监控还是作业管理都离不开物流信息。生产物流过程实际上是物料流动和信息流动紧密联系和相互作用的过程。物料流动过程中,物料的数量、物理位置和品种的变化是按照实际加工需要来进行的,物质实体的流动是目的。信息流动过程中,信息的采集、处理和传输则服务于物料流动和管理的需要。

2.4 自动化立库的工作原理

2.4.1 概述

一般来讲,仓储系统是物流系统的子系统,它是供应和消费之间的中间环节,起到缓冲和平衡作用。仓储技术的发展经历了从人工仓储、机械化仓储、自动化仓储、集成自动化仓储、智能自动化仓储等几个发展阶段。现在,智能自动化仓储正在成为仓储技术新的发展趋势,具有广阔的应用前景。

自动化立库是指在不直接进行人工处理的情况下,能自动地存储和取出物料的系统,它使用多层货架、能在巷道内的任何货位存储和取出货物的搬运车以及计算机控制和通信系统。自动化立库一般由高层货架、物料搬运设备、控制和管理设备及土建公用设施等部分组成,它不再是过去那种只有建筑物的简单仓库,很多工作需要人工参与。自动化立库可以在计算机的控制和自动化设备的支持下,自动进行物料存储和取出,并可以直接与其他生产物流系统相连,不需要或很少需要人工干预,因此,大大提高了生产自动化水平。

自动化立库的出现和发展是第二次世界大战以后生产技术发展的结果。20世纪50年代初,美国出现了采用桥式堆垛起重机的仓库,20世纪50年代末到60年代初出现了司机操作的巷道式堆垛起重机,1963年美国首先在仓库业务中采用计算机控制,建立了第一座计算机控制的立体仓库。1980 年我国自行研制的第一座自动化立库投入使用，随后自动化立库在我国得到了迅速发展，并广泛应用在机器制造、电器制造、航空港口、商业仓储等行业。目前，国内对自动化立库的需求不断增加，自动化立库也面临着空前的发展机遇。

2.4.2 自动化立库的分类

自动化立库是一个复杂的综合自动化系统，作为一种特定的仓库形式，一般有以下几种分类方式：

1. 按建筑形式可以分为整体式仓库和分离式仓库

整体式仓库是指货架除了储存货物以外，还可以作为建筑物的支撑结构，构成建筑物的一部分，即库房和货架形成一体化结构。分离式仓库是指储存货物的货架独立存在，建在建筑物内部，它可以将现有的建筑物改造为自动化立库，也可以将货架拆除，使建筑物用于其他目的。

2. 按货物存取形式可以分为单元货架式仓库、移动货架式仓库和拣选货架式仓库

单元货架式仓库是一种最常见的结构形式，货物先放在托盘或集装箱内，再装入单元货架式仓库的货架货格中。移动货架式仓库采用的是电动货架，货架可以在轨道上行走，由控制装置控制货架的合拢和分离。作业时货架分开，在巷道中可进行作业，无作业时可将货架合拢，只留一条作业巷道，从而节省仓库面积，提高空间的利用率。拣选货架式仓库里的货物虽然是以单元化方式入库和储存，但不是整个单元一起出库，而是根据出库提货单的要求从货物单元中拣选一部分出库，这种拣选方式又分为两种：一种是拣选式堆垛机或叉车到货格前，从货物单元中拣选必要数量的货物出库，这种方式叫人到货前拣选；另一种方式是用巷道堆垛机将所需要的货物单元整个搬出巷道，到拣选区选取必要的数量，然后再将剩余的货物重新送回到原处，这种方式叫货到人处拣选。

3. 按货架构造形式可分为单元货格式仓库、贯通式仓库、水平循环式仓库和垂直循环式仓库

单元货格式仓库是适用性较强的一种仓库形式，其特点是货架沿仓库的宽度方向分成若干排，每两排货架为一组，中间有一条巷道供堆垛机或其他起重机作业。每排货架沿仓库纵向分为数列，沿垂直方向又分若干层，从而形成大量货格，用以储存货物。贯通式仓库取消了单元式货架中位于各排货架之间的巷道，将货架合并在一起，使同一层、同一列的货物互相贯通，形成能依次存放多货物单元的通道。在通道一端，由一台入库起重机将货物单元装入通道，而在另一端由出库起重机取货。水平循环式仓库的货架可以在水平面内沿环形路线来回运行，每组货架由数十个独立的货柜组成，用一台链式输送机将这些货柜串联起来，每个货架下方有支承滚轮，上部有导向滚轮。垂直循环式仓库与水平循环式仓库相似，只是把水平面内的环形旋转改为垂直面内的旋转。

4. 按所起的作用可以分为生产性仓库和流通性仓库

生产性仓库是指工厂内部为了协调工序和工序、车间和车间、外购件和自制件之间物流不平衡而建立的仓库，它能保证各生产工序间进行有节奏的生产。流通性仓库是一种服务性仓库，它是企业为了调节生产厂和用户间的供需平衡而建立的库，这种仓库进出货物比较频繁，吞吐量较大，一般都和销售部门有直接联系。

5. 按自动化立库与生产联接的紧密程度可分为独立型、半紧密型和紧密型仓库

独立型仓库也称为"离线"仓库,是指操作流程相对独立的自动化立库。这种仓库一般规模和存储量都较大,仓库具有自己的计算机管理、监控、调度和控制系统,配送中心一般属于这一类仓库。半紧密型仓库是指操作流程、仓库管理、货物的出入与其他厂有一定关系,而又未与其他生产物流系统直接相联的自动化仓库。紧密型仓库也称为"在线"仓库,是指那些与工厂内其他部门或生产物流系统直接相联的大体仓库,两者间的关系比较紧密。

2.4.3 自动化立库的工作原理

自动化立库是物料搬运、仓储科学的一门综合科学技术工程,它的特点在于以高层立体货架为主要标志,以成套先进的搬运设备为基础,以先进的计算机控制技术为主要手段,高效率地利用空间、时间和人力进行入出库处理。自动化还体现在对仓库内物品的管理上,仓库内一般具有仓库管理系统,用它对库存及出入库作业进行管理,另外它还可与其他系统进行数据交换。图 2.3 是一种典型的自动化立库系统的实景图,中间是巷道和堆垛机,两侧为高层货架。

图 2.3　自动化立库

一般自动化立库系统主要由以下几部分组成:

(1) 基本设备为货架和堆垛机。
(2) 各种链式和辊式输送机。
(3) 各种输送及辅助设备,如升降台(机)、码垛机器人、AGV 小车等。
(4) 管理与监控系统,各种数据采集终端。
(5) 库房及设施(消防、供电、防盗设施等)。

自动化立库的结构在不同企业和行业具有不同的特点,从功能层次上看可以将自动化立库系统分为 3 个层次:管理层、监控层、执行层,如图 2.4 所示。

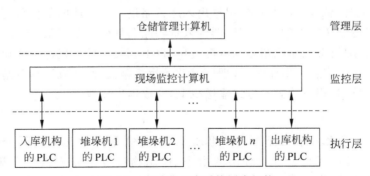

图 2.4　自动化立库系统层次机构

1. 管理层

管理层是自动化立库系统的神经中枢,负责管理和协调整个自动化立库的作业活动,并提供各种汇总统计信息。管理层的主要功能如图 2.5 所示。

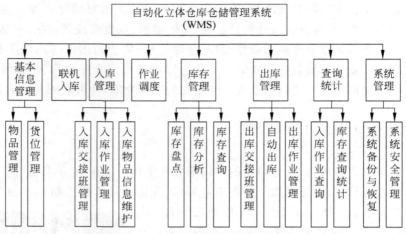

图 2.5　自动化立库管理层系统功能

（1）联机入库：通过条码扫描器、手持终端录入方式记录入库货物的相关信息，通过入库存储策略进行入库货位分配，生成入库作业信息。

（2）入库管理：负责对入库物品进行维护，进行入库作业管理、入库交接班管理等。

（3）作业调度：将出入库作业解析为出入库输送小车、堆垛机的指令，并根据作业任务进行设备调度。

（4）库存管理：完成货物在库过程的管理，包括库存盘点、库存积压断档分析、库存预警分析、库存作业误差分析、库存误差分析、多功能数据库查询和报表生成等。

（5）出库管理：完成出库单管理、自动分配出库货位、出库作业管理、电子屏显示出库货物信息、发货确认、发货批次追踪和倒库等。

（6）查询统计：包括出入库作业查询统计、库存查询统计和各种报表生成等。

（7）系统管理：实现对系统基本资料的管理，主要包括初始基本数据库管理、权限管理、数据库备份与恢复、系统安全管理等。

仓库管理员要设定出入库策略，根据出入库策略进行出入库的货位分配及设备的调度。入库时，装于辊道输送机上的条码阅读器读入货物品名规格等条码信息，入库员键入货物数量、货物类型，管理机按入库原则自动分配货位，再由相关的堆垛机进行作业，将货箱送至指定货位上，完成入库作业。出库时，管理机自动寻找货箱位置，并发送指令给相应的堆垛机，由堆垛机取货后送到相应的出库链式输送机上，完成出库作业。

2. 监控层

监控层是自动化立库系统的重要组成部分，是联系自动化立库系统管理层和执行层的桥梁和中介，它接受来自管理层的指令，控制物流设备完成指令所规定的任务；另一方面，它实时监控物流系统的状态，将监测到的信息反馈给管理层，为管理层调度决策提供参考。

3. 执行层

执行层由各种自动化的物流设备组成，物流设备都有相应的控制器，这些控制器可接受

监控层的指令,并根据指令控制物流设备执行各种操作,自动化立库的执行层一般包括:

(1) 自动存储/提取系统:包括高层货架、堆垛机、出/入库台、缓冲站和仓库周边输送设备4部分,如各种有轨输送车、传输辊道和皮带输送机等,用于连接自动存储/提取系统的各个通道和缓冲站。

(2) 输送车辆:如自动导引车(AGV小车)和空中有轨自动车。

(3) 各种缓冲站:缓冲站是临时储存物料,以便交接或移载的装置。在装配线上的缓冲站,一般称为工位缓冲站,在加工系统中的附属于各种加工中心的缓冲站称为加工缓冲站,此外,还有装配缓冲站和测量缓冲站等。

2.4.4 自动化立库的作用

总体而言,自动化立库的作用主要表现在如下几个方面:

(1) 节约空间,增加库容:由于自动化立库采用高层货架存储货物,存储区可以大幅度地向高空发展,充分利用仓库地面和空间,增加了仓库库容量,提高了空间利用率。

(2) 自动存取,提高效率:使用机械和自动化设备,运行和处理速度快,提高了劳动生产率,降低操作人员的劳动强度。

(3) 微机控制,准确稳定:计算机能够准确无误地对各种信息进行存储和管理,因此能减少货物处理和信息处理过程中的差错。同时,借助于计算机管理还能有效地利用仓库储存能力,便于清点和盘库,加快储备资金,节约流动资金,从而提高仓库的管理水平。

(4) 信息集成,全面管理:自动化立库的信息系统可以与企业的生产信息系统集成,促进企业的科学管理,保证均衡生产。仓储信息管理及时准确,便于企业领导随时掌握库存情况,根据生产及市场情况及时对企业规划作出调整,提高了生产的应变能力和决策能力。

2.5 现代生产物流系统的建模与仿真

生产物流系统仿真是通过对生产物流系统的建模,建立一个能够反映生产物流系统本质的模型,通过对生产物流系统仿真模型的运行,观察、记录系统模型相关状态量的变化,并根据模型运行结果对生产物流系统进行分析和评价。

2.5.1 现代生产物流组织模式

1. 制造方式分类

现代生产物流组织模式及策略取决于生产企业所采用的制造方式。根据产品的定位及订单响应策略,制造方式可以大致分为按计划存货制造、按订单制造、按订单装配和按订单设计4种模式,其中按订单装配和按订单设计可以被视为是按订单制造的两种特殊形式。

1) 按计划存货制造

计划存货制造(make-to-stock,MTS)模式属于连续重复性的制造过程,是根据市场需求预测,制订需求计划,规划人员再据此排定生产计划、主生产排程及物料与产能计划,生产现场依生产排程进行生产。MTS通常适合产品规格、工艺规程、材料规格标准化的大批量连续制造,例如标准材料和标准零件的生产。

2)按订单制造

按订单制造(make-to-order,MTO)模式针对顾客的不同需求作适应性调整,根据顾客订单设计并制造顾客所定产品。由于针对每一批的订货进行生产,没有长期的零件库存和产品库存,这是部分制造业采用的重要原因。MTO适用于产品客户化程度高的产品(例如计算机服务器)和产品库存成本昂贵(例如飞机制造)的制造行业,目前,高端汽车制造也有采用MTO的趋势。

然而,MTO并非适用于所有生产环境,制造商在决定采取MTS或MTO模式时需要考虑以下因素:①商品客户化的价值:如果商品被客户化后能够取得更多的收益或吸引更多的顾客则更有可能考虑MTO;②客户等待到货的耐心:如果客户不能够接受等待产品生产和送货的时间,若采用MTO则会损失商品的边际效益,并会损失客户满意度和将来的潜在订单,将客户推向其他竞争者;③缺货(stock-outs)成本:若客户可以接受预设的送货时间,MTO则消除了MTS模式下可能发生的缺货情况,如果缺货成本相对较高,MTO则更值得考虑;④库存储备成本:商品的贬值和损坏速度,以及客户订单的多样性与产品库存储备成本成正比,库存储备成本越高,MTO越值得考虑;⑤生产准备成本(setup cost):MTO将可能带来更多的生产准备成本,自动化柔性生产物流系统可以帮助减少准备成本。

3)按订单装配

在按订单装配(assemble-to-order,ATO)模式中,装配零件和组件采用计划存货的模式组织生产物流,产品的最终装配直到接到客户订单后实行,订单可以组装不同的零组件,例如计算机制造商Dell所面对的由不同显示器、硬盘、键盘等配件需求构成的订单。ATO适用于零部件制造时间比组装时间相对较长,而且订单中零部件具有较强的共享性的生产环境。ATO模式使制造者利用低库存水平保证多产品种类和迅速的订单响应时间。

4)按订单设计

在大规模客户定制生产中,按订单设计(engineer-to-order,ETO)模式从最大程度上满足了客户个性化的产品需求,需要针对每一批次的订货进行设计和制造,对企业的产品设计管理能力的要求很高,其优点是没有长期的零件库存和产品库存。ETO模式通常适用于非标准设备制造、高度客户化的通信行业、军事行业的高端产品等。

图2.6总结了以上所述的制造模式所适应的生产环境特征。

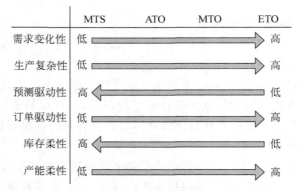

图2.6 各制造模式相应的生产环境特征

2. 生产物流组织策略及方法

20世纪50年代,日本Toyota的JIT(just-in-time)生产管理系统的成功迅速掀起了制造业中生产物流组织策略的讨论,并由JIT之父大野耐一提出了Pull策略和Push策略的概念。

1) Push策略

当企业根据历史数据对客户需求水平作出预测,从而来组织生产物流的策略被称为Push策略。最为典型的Push策略的应用就是被生产商广泛采用的物料需求计划(material requirements planning,MRP)系统。通常,Push策略与MTS制造模式相对应,在组织生产物流的过程中,除了MRP中最为重要的主生产排程(master production schedule)的制定外,各类库存模型(例如EOQ、(Q,R)、(s,S)、Base Stock模型等)也被学术界及制造业进行了深入的研究,并被广泛应用。然而,Push策略却有如下的局限性:①适应需求波动及系统不确定性的局限性;②由安全库存引起的过高的库存成本;③需求波动引起库存产品积压和过时;④对服务水平的局限。

2) Pull策略

与Push策略形成对比的是Pull策略,代替Push策略中以预测的需求来驱动物料组织和投放的方式,Pull策略是以客户的实际需求作为生产物流组织的驱动因素,以减少在制品及成品库存,缩短生产周期,从而节省成本,提高服务水平。因此,Pull策略通常应用于MTO的生产模式中。JIT是Pull策略的典型应用,JIT也被称为精益生产或零库存生产,其原则是在生产过程中,以最少的库存水平完成所需的物料移动。Kanban意为看板,它上面通常记录了产品名称、零件号码、制造编号、容器形式、容器容量、发出看板编号、移往地点、零件外观等信息,是Toyota用以实现JIT控制现场生产流程的重要工具,用以产生及运送工作指令,防止过量生产和过量运送,并进行可视化管理。JIT中通常有多种Kanban类型,其中有两类最为普遍:提取看板(withdrawal Kanban)和生产看板(production ordering Kanban)。图2.7为看板工作原理示意图,图中所示的生产物流系统中,工件首先在工作站1完成操作,进入在制品储存区,之后被运送到工作站2进行操作,图中圆形表示工件,可以

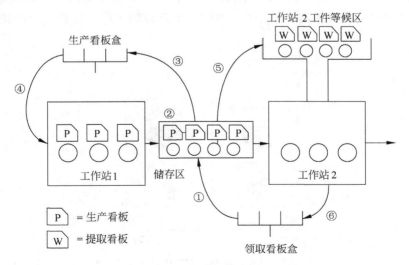

图2.7 看板工作原理

是单个工件,也可以是批量生产。具体操作过程为:①当提取看板盒中的看板数量达到某个预定值时,将这些提取看板运送到储存区;②比较储存区内生产看板数量与提取看板数量;③如果两种看板数量相当,则将生产看板运送到生产看板盒,将提取看板放入储存区;④当生产看板盒内的看板积累到一定数量后,工作站 1 开始生产;⑤将工件从储存区运送到工作站 2 的等候区;⑥当等待区的工件进入工作站 2 进行操作时,该工件所持有的提取看板被运送至提取看板盒。

虽然 Pull 策略能够有效减少库存水平,提高系统的可控性,然而也具有一定的局限性,表 2.1 对 Pull 策略的优缺点进行了比较。

表 2.1　Pull 策略的优缺点

特　征	优　点	局　限　性
在制品库存水平低	降低库存成本; 提高生产效率; 及时发现质量问题	可能产生操作人员及设备的闲置时间; 可能降低生产率
生产信息由看板传达	有效的工件跟踪; 有效实现 JIT; 通过调整看板数量可以控制在制品库存水平	不能对需求变化作出迅速反应; 不考虑未来客户需求的已知信息
整合库存与采购	减少库存; 提高不同职能系统的整合性; 改进与供货商的关系	减少了多原料来源的可能性; 供货商必须作出更快的反应; 对供货商更高的依赖性

3) Push-Pull 混合策略

Push-Pull 混合策略的目的是为了能够发挥 Push 策略与 Pull 策略的优点,并克服其局限性。制造业生产实践往往可以发现在组织生产物流的过程中,一部分生产过程更适合采用 Push 策略,而剩下的生产过程更适合采用 Pull 策略。例如采用 ATO 生产模式的环境中,对于标准规格的零部件和组件可以采用 Push 策略进行生产,而对于客户化程度较高的成品装配则采用 Pull 策略,延迟差异化生产;或者对不确定性低的生产环节采用 Push 策略,对不确定性高的环节采用 Pull 策略。图 2.8 示意说明了产业特性和生产物流组织策略的关系。

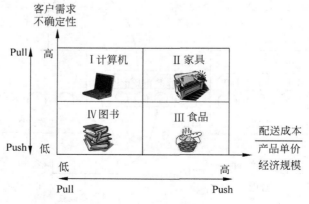

图 2.8　行业特征相应的生产物流组织策略

另外,众多学者针对各种生产环境提出了 Push-Pull 混合模型。例如 Hopp 和 Spearman 提出一种名为 CONWIP(constant work-in-process)的生产物流组织方法。CONWIP 方法的原则是将在制品(WIP)总数量控制在一个目标数量。此目标在制品数量的设定取决于系统目标生产率、系统不确定性和成本因素。每当有产品完成生产,CONWIP 将投放一个新工件进入生产线。CONWIP 采用 Pull 策略对物料投放进行控制,之后则采用 Push 策略,从而结合了 Pull 的低库存水平和 Push 的高生产率的特点。

2.5.2 现代生产物流系统的模型

1. 排队模型

排队系统是生产物流系统建模中的一个重要组成部分,任何一个生产物流系统都离不开排队的现象,在生产物流系统中排队决定了生产的次序和加工的工艺流程。一般说来,当某一时刻生产物料数量超过生产设备的加工处理能力时,企业生产出现不平衡,生产物料处于等待加工状态,这是生产物流系统中一种常见的排队现象。排队模型是生产物流系统模型中的主要模块之一。在实际的各种排队系统中,生产物料到达系统的时刻与加工处理的时间往往都是随机的,随着不同时机与条件而变化,因此排队系统在某一时刻的状态也是一种随机的状态。这种随机状态一般难以用一种确定的函数关系来表述系统的特征。因此,往往需要通过仿真手段对生产排队系统进行分析和研究。

一个典型的排队系统有 3 个基本组成部分:输入过程、排队规则和服务规则,图 2.9 给出了排队系统的一般结构。

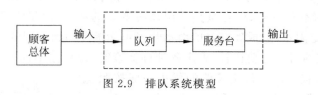

图 2.9 排队系统模型

(1) 输入过程:指顾客到达排队系统的规律,可用到达时间间隔或单位时间内顾客到达数的概率分布来描述。按到达的时间间隔,可分为确定性到达和随机性到达;按顾客到达的方式,可分为单个到达和成批到达;按顾客源总体,可分有限源总体和无限源总体。

随机性到达采用概率分布来描述,最常采用的是泊松到达。平稳泊松过程可描述为:在 $(t, t+s)$ 区间内到达的实体数 k 的概率为

$$P\{N(t+s) - N(t) = k\} = \frac{e^{-\lambda s}(\lambda s)^k}{k!}$$

式中,$N(t)$ 表示在 $(0, t)$ 区间内到达顾客的个数;$t \geq 0$;$s \geq 0$;$k = 0, 1, 2, \cdots$;λ 为到达率。

若实体到达满足平稳泊松过程,则到达时间间隔服从指数分布,其密度函数为

$$f(t) = \lambda e^{-\lambda t} = \frac{1}{\beta} e^{-1/\beta}$$

式中,$\beta = 1/\lambda$ 为到达时间间隔的均值。

(2) 排队规则:排队规则一般分为等待制、损失制和混合制。等待制是指顾客到达系统时,如果服务台没有空闲,则顾客排队等候服务。等待制服务的方式有:先到先服务、后

到先服务、优先权服务、随机服务。损失制是指顾客到达系统时,如果服务台没有空闲,则顾客离去,另求服务。混合制是介于等待制和损失制之间的形式,具体有:队伍长度有限、等待时间有限和逗留时间有限 3 种形式。

(3) 服务规则:指排队系统中服务台的个数、排列及服务方式。排队系统中服务台的个数可以是一个或多个。当系统中有多个服务台、多个队列时,服务台如何从某一个队列中选择某一个实体服务则称为服务流程问题,它包括各队列之间的关系,如实体可否换队以及换队规则等。

排队系统的性能指标主要有:

(1) 单位时间内到达的顾客数的期望值,即单位时间内的平均到达率,记作 λ。而 $1/\lambda$ 表示相邻两个顾客到达的平均间隔时间。

(2) 单位时间内服务的顾客数的期望值,即单位时间内顾客的平均离去率,记作 μ。同样,$1/\mu$ 表示每个顾客的平均服务时间。

(3) 在时刻 t 时排队系统中恰有 n 个顾客的概率 $P_n(t)$,显然 $P_0(t)$ 为系统空闲率。

(4) 系统内的平均顾客数称为队长,记作 L。

(5) 系统内排队等待服务的平均顾客数称为等待队长,记作 L_q。

(6) 顾客从进入系统到接受完服务后离开系统的平均时间称为平均逗留时间,记作 W。

(7) 顾客在系统内排队等待服务的平均时间称为平均等待时间,记作 W_q。

2. 库存模型

库存系统是生产物流系统的另一个重要组成部分,库存系统与排队系统一样,同属于离散事件系统。在生产库存系统中,物料的需求和库存的补充(即订货)是两个最基本的概念。由于需求和订货的不断发生,库存量呈现出动态变化的特性,由于需求与订货都是不确定的,因此这种不确定因素,造成库存量的波动是不可能提前预测得到的。

研究库存系统的目的是要比较、确定各种订货策略,即根据不同的需求情况,确定何时订货和订多少货为宜。评价订货策略的优劣一般按照仓库发生的综合费用高低来衡量,所考虑的费用包括订货费、库存费和缺货损失费的总和。库存系统的模型如图 2.10 所示。

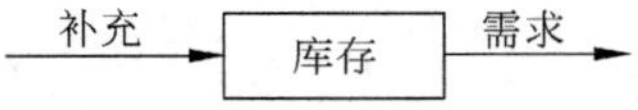

图 2.10 库存系统模型

最简单的库存模型为基本经济订货批量(economic order quantity,EOQ)模型,其假设条件为:市场需求率恒定,无订货提前期,即发出订货请求后货物立即补充到位;不允许缺货,即当库存量降到零时,就应进行订货,所以无缺货损失费。库存管理要确定两个决策量:一是订货时机,另一是订货批量。由于不允许缺货,所以只要库存量降到零就必须进行补货。因此,基本 EOQ 模型只需要确定一个决策量,即每次进行订货时的订货批量。基本 EOQ 模型的库存量变化情况如图 2.11 所示。设 K 为订货启动费用,c 为订货单价,Q 为订货批量,λ 为需求率,h 为库存持有成本系数。

系统长期运行的单位时间总成本为

$$C(Q) = \frac{1}{T}\left[K + cQ + \frac{hQ^2}{2\lambda}\right] = \frac{\lambda}{Q}K + \lambda c + \frac{Q}{2}h \tag{2.1}$$

式(2.1)中,第 1 项相当于单位时间分摊的订货启动费用;第 2 项相当于单位时间分摊的订货可变费用;第 3 项相当于单位时间的库存持有成本。

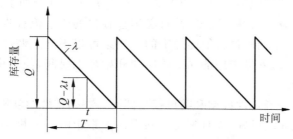

图 2.11 基本 EOQ 模型的库存量变化

订货批量决策问题就是式(2.1)的极值问题,其基本经济订货批量 Q^* 为

$$Q^* = \sqrt{\frac{2\lambda K}{h}}$$

在基本经济订货批量 Q^* 的条件下,由式(2.1)可得库存系统最优总成本为

$$C(Q^*) = \sqrt{2\lambda Kh} + \lambda c \tag{2.2}$$

上述的库存模型是最基本的单节点确定性库存模型,实际的库存系统往往要复杂得多,主要体现在两个方面:一方面是库存系统结构由单节点向多节点扩展,形成了多级库存系统,如串行系统、组装系统和分销系统,相应的库存模型也要复杂得多;另一方面,如考虑随机因素,库存系统变成随机性库存系统。对于随机性库存系统,需求发生时间可能是随机的,每次需求量也可能是随机的,另外,订货时间、订货量及订货提前期也可能是随机的,如果再考虑不同库存策略,如连续性观察(r,Q)策略、周期性观察(s,S)策略以及一些特殊的约束条件,如资源约束、时间约束等,库存系统模型就变得非常复杂。

由于实际库存系统的模型结构复杂,并存在众多不确定性因素,采用解析方法分析有一定的困难。而系统仿真方法可以在不同的层次上,分析不同约束条件和输入下的系统的动态响应,有助于系统分析,有利于解决随机因素的影响。实践证明,系统仿真是一个行之有效的方法,并被认为是库存系统研究中最有应用前景的方法之一。在库存系统仿真研究中,系统仿真主要有 3 种不同的作用和目的:

(1) 验证库存系统模型及不同算法的正确性。主要是通过仿真方法对所建立模型能否正确反映实际系统的特征和运作情况进行检验,同时,也可通过仿真对各种优化算法的结果进行验证和对比分析。

(2) 对库存系统进行绩效评估。对于复杂的库存系统,其运行绩效方面的指标众多,如库存水平、库存周转率、成本、服务水平等,而且受不确定因素影响大,通过传统方法往往很难进行全面正确的评估。系统仿真在这方面则表现出明显的优势。通过仿真可以较容易得到各种不同情况下的指标值,便于发现系统"瓶颈"、分析资源利用情况,给出较为客观、可信的综合评价。

(3) 对库存控制策略进行优化求解。这是基于仿真的优化方法,是目前热点关注的一种优化方法。通过仿真优化,既优化库存系统的协作模式,又优化库存系统的结构以及订货策略,从而实现供应链的集成优化。

3. 生产调度模型

生产调度,也称排时或排程,是生产过程中对于资源的分配过程,是生产物流组织的重要环节。典型的生产调度包括一个要加工的工件集,每个工件的加工由一个工序集组成,各工序的执行需要占用设备或其他资源,并且必须按各自的工艺流程进行加工。每台设备可加工若干工序,并且在不同的设备上能加工的工序集可以不同。调度的目标是将工序合理的安排给各设备,并合理安排工序的加工顺序和开始加工时间,使约束条件被满足,同时优化一些特定的性能指标。

调度模型可以分为确定性模型和随机模型两类。在确定性调度模型中,操作时间、设备整定时间以及工件优先级已知,而且不受不确定性因素影响。随机调度模型则假设操作时间、设备整定时间或者其他系统参数为随机变量,通常采用一定的分布函数表示这些参数。确定性调度问题可以进一步分为静态问题和动态问题。在静态问题中,所有待分派的工件在 $t=0$ 时准备进行分派;而在动态问题中,工件可以在 $t \geqslant 0$ 的不同时间点插入待分派的工件队列中。

1) 调度问题的描述

调度问题的描述通常考虑 3 个方面:设备情况、工件特性和加工特性、优化目标。根据设备情况的不同,调度的分类如图 2.12 所示。

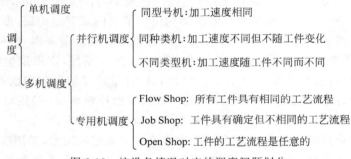

图 2.12 按设备情况对应的调度问题划分

工件特性是用来描述加工是否允许中断、对设备以外的其他资源的要求、工件之间的先后约束关系、设备整定时间、投料日期、工件组、批加工等约束指标的。调度问题通常考虑的优化目标函数有最小化最大完工时间、最小化完工时间和、最小化加权完工时间和、最小化最大误工时间、最小化误工工件数等。

2) 调度问题的建模和求解

调度问题的建模和求解过程中最常使用的工具包括:分派规则(dispatching rule)、数学规划方法、启发式优化算法。

(1) 分派规则也称为优先级规则(priority rule),是生产调度实践中得到广泛采用的调度方法。根据分派规则,可以为待加工的工件计算优先级,当设备可以进行加工的时候,选择优先级最高的工件进行加工。最常用的分派规则有:

① 先进先出(first in first out, FIFO):优先级取决于工件等待加工的时间,等待时间越长的工件优先级越高。

② 最早截止时间(earliest due date, EDD):离交货期越近的工件具有越高的优先级。

③ 最短处理时间(shortest processing time, SPT):加工时间越短的工件具有越高的优先级。

④ 加权最短处理时间(weighted shortest processing time,WSPT)：(工件权重÷加工时间)的值越大,工件的优先级越高。

⑤ 关键比率(critical ratio,CR)：关键比率＝(交货期－当前时间)÷剩余加工时间,关键比率越小的工件优先级越高。

⑥ 最小松弛时间(least slack time,LST)：松弛时间＝(交货期－当前时间)－剩余加工时间,松弛时间越小的工件优先级越高。

根据是否与时间有关,工件分派规则可以分为静态规则和动态规则,例如 FIFO、EDD、SPT 是静态规则,而 CR 和 LST 是动态规则。对于某些最为简单的调度问题,可以通过分派规则最优化特定的性能指标。例如,对于无工件和加工约束的单设备调度问题,SPT 可以最小化完工时间和,WSPT 可以最小化加权完工时间和,EDD 可以最小化最大误工时间。另外,还可以通过加权将不同的分派规则整合在一起,形成混合分派规则。工件分派规则的优点是使用方便,对系统适应性强,因此在实践中得到广泛使用。然而,对于大部分调度问题,分派规则无法得到最优解。

(2) 数学规划方法可以有效地对生产调度问题进行数学建模,这些方法包括线性规划、非线性规划、整数规划、混合整数规划等。通过传统的优化算法,例如单纯形法、分支界定法、割平面法、动态规划法等,可以对规模较小的模型求出最优解。单设备调度和 Job Shop 调度是典型的生产调度问题,例 2-1 和例 2-2 说明了如何采用数学规划方法对该类调度问题进行建模。

例 2-1 单设备调度问题：有 n 个工件在单设备上进行加工,设备对工件的加工需要逐个完成,每个工件 j 具有已知权重 w_j,调度问题是确定工件的加工顺序以最小化加权完工时间和。定义决策变量 x_{kj} 为 0-1 变量,如果工件 k 先于工件 j 加工,则 $x_{kj}=1$；否则 $x_{kj}=0$。对于所有工件 j, $x_{jj}=0$。工件 j 的完工时间可以表达为 $\sum_{k=1}^{n} p_k x_{kj} + p_j$,其中 p_j 为工件 j 的加工时间。可以采用整数规划方法对此调度问题建立如下模型：

$$\min \sum_{j=1}^{n} \sum_{k=1}^{n} w_j p_k x_{kj} + \sum_{j=1}^{n} w_j p_j$$

$$\text{s.t.} \quad x_{kj} + x_{jk} = 1 \qquad j,k=1,\cdots,n, j \neq k$$

$$x_{kj} + x_{lk} + x_{jl} \geq 1 \qquad j,k,l=1,\cdots,n, j \neq k, j \neq l, k \neq l$$

$$x_{jk} \in \{0,1\} \qquad j,k=1,\cdots,n$$

$$x_{jj} = 0 \qquad j=1,\cdots,n$$

例 2-2 Job Shop 调度问题：有 n 个工件,m 台设备,工件 j 在设备 i 上的加工时间为 p_{ij},每个工件的加工顺序已知,并允许重入加工(即一个工件在加工过程中可能多次在同台设备上进行加工),如果工件 j 在设备 i 上的工序 (i,j) 必须在该工件在设备 h 上的工序 (h,j) 开始前完成,则此加工顺序约束表达为 $(i,j) \rightarrow (h,j)$, A 代表所有的加工顺序约束的集合。定义决策变量 x_{ijt} 为 0-1 变量,如果工序 (i,j) 在时间 t 完成,则 $x_{ijt}=1$,否则 $x_{ijt}=0$。定义 H 为最大完工时间 $C_{\max}$ 的上限,这样的上限比较容易确定,比如 H 设定为所有工件所有工序的加工时间的总和。则工序 (i,j) 的完工时间可以表达为 $C_{ij} = \sum_{t=1}^{H} t x_{ijt}$,最大完工时间 $C_{\max}$ 也是决策变量之一。则此调度问题可以建立如下整数规划模型：

$$\min C_{\max}$$

$$\text{s.t.} \quad \sum_{t=1}^{H} t x_{ijt} - C_{\max} \leqslant 0 \qquad i=1,\cdots,m; j=1,\cdots,n$$

$$\sum_{t=1}^{H} t x_{ijt} + p_{ij} - \sum_{t=1}^{H} t x_{hjt} \leqslant 0 \quad (i,j) \rightarrow (h,j) \in A$$

$$x_{ijt} \in \{0,1\} \qquad i=1,\cdots,m; j=1,\cdots,n; t=1,\cdots,H$$

部分确定性调度问题被证明可以采取多项式时间算法求出最优解,例 2-1 就可以证明采用 WSPT 的工件分派规则即可最小化加权完工时间和。然而,多数调度问题却无法找到相应的多项式时间算法,这些问题被称为 NP-Hard 问题,对于 NP-Hard 问题,往往采用启发式优化算法获得近似最优解。

(3) 大量的研究采用启发式优化方法求解复杂调度问题,其中包括智能计算方法(例如禁忌搜索算法、模拟退火算法、遗传算法)和群体智能方法(例如蚁群优化算法、粒子群优化算法等)。

3) 生产调度与仿真

仿真是研究生产调度问题最常用的工具之一,对于可以用数学模型建模和求解的调度问题,仿真常用来对数学模型进行验证,对于复杂系统的调度问题,例如半导体制造系统中的许多调度问题,往往很难用数学方法进行分析,在这种情况下,常采用仿真方法来评价和比较调度规则和算法的有效性,考察调度算法对于系统扰动的响应。另外,仿真也可以成为优化算法的一部分,在搜索过程中,利用仿真模型来计算目标函数,对可行解进行评价。

2.5.3 现代生产物流系统仿真

对现代生产物流系统进行仿真,其目的是通过仿真了解物料运输、存储过程的各种性能指标,如各种设备的处理能力配套是否满足实际需求,运输设备的利用率是否合理,输送路线是否通畅,物料流经系统的周期是否过长等。但由于现代生产物流系统具有突出的离散性、随机性的特点,因此需要通过对生产线的结构布局、装配过程以及物流系统进行仿真,验证结构布局的科学性及先进性,验证生产计划及作业调度方案的合理性和可操作性,评估生产线能力及生产效率,分析设备的利用率,平衡设备负荷,解决瓶颈问题,为工厂、车间或生产线的规划、资源配置与布局以及生产调度计划制定,提供可靠的科学依据。现代生产物流系统仿真的主要内容包括:

1. 生产车间布局规划仿真

生产车间布局规划是指工厂范围内,各生产手段的位置确定、各生产手段之间的衔接及以何种方式实现这些生产手段。这些问题往往错综复杂,通过数学优化方法很难得到令人信服的结果。通过系统仿真,设计人员可以将生产车间的整体布局配置及运行过程呈现出来,找到设计存在的问题,寻求优化的设计方案,以减少投资风险。

2. 生产调度策略仿真

生产调度策略是生产过程中的重要环节,直接影响到生产组织的合理性和生产效能的优化。在复杂的生产过程中存在着很多的生产调度问题,如生产设备任务分配、堆垛机出入库调度策略、AGV 小车的路径规划及调度等,这些调度问题往往有多种调度策略来解决,但通过理论分析很难比较调度策略的优劣。而通过在不同调度策略下运行仿真模型,可以预测不同调度策略下的生产运行结果,并根据调度目标修改调度策略,直到满意为止。因此,仿真能帮助生产调度者评价、比较生产调度策略的优劣,从而选取合理的生产调度策略。

3. 生产工艺流程仿真

生产工艺流程是技术加工过程、化学反应过程与物流过程的统一体。多工序组成的生产加工系统,各工序生产节奏一般是不协调的,可通过对生产工艺过程的仿真,全面直观地模拟生产各环节物料处理作业流程以及设备的运行情况,找到生产瓶颈所在,调整设备,调配人力,采取相应措施对生产流程进行优化和改进,使系统发挥最大潜力,达到协调高效生产。

除此之外,运用系统仿真技术还可以对生产系统进行可靠性分析,对生产过程的资金进行分析与预测,对产品市场进行分析与预测等。

2.5.4　自动化立库的建模与仿真

自动化立库是现代物流系统的枢纽和核心,它作为生产物流的重要组成部分,在生产物流系统中的作用和地位也越来越重要,正因为如此,自动化立库的建模与仿真也特别引人关注。自动化立库的仿真对自动化立库的规划、设计、运行起着十分重要的作用。在自动化立库的规划设计阶段,可以对自动化立库的设备布局及配置进行模拟仿真,以便尽早发现系统布局、配置方面存在的问题,调整和改进系统设计方案,使其更加科学、合理。在自动化立库的使用运行阶段,可以全面直观地模拟物流系统各环节物料处理作业流程以及物流设备的运行情况,分析、诊断物流作业的瓶颈所在,以便对物流系统作业流程进行优化和改进。另外,通过仿真也可以对自动化立库各种关键设备如堆垛机、AGV 小车的调度策略进行仿真,同时,也可以对货位分配策略、拣选策略等进行仿真,通过分析、对比不同策略下的仿真运行结果,管理决策者可以方便地选取较优的策略,从而提高整个自动化立库系统的运行效率和效益。

一般来讲,衡量一个自动化立库系统综合性能的优劣,主要通过如下的性能指标来评价:

(1) 仓库总体利用率:衡量仓库面积和空间的利用程度,用仓库的平均堆放面积占总面积的比例和平均空间堆放体积占库房总容积的比例来衡量。

(2) 仓库货位利用率:衡量仓库货位的利用程度,用平均货位占用数量占总货位数量的比例来衡量。

(3) 仓库吞吐能力:衡量仓库出入库作业最大作业能力,可用系统一定时间期限内的最大吞吐能力和平均吞吐能力来衡量。

(4) 设备利用率:分为设备的能力利用率和时间利用率两个方面,分别用设备的平均载荷量占额定载荷量的比例或一定时间内设备的实际工作时间占额定工作时间的比例来衡量。在自动化立库的仿真过程中,堆垛机的利用率、AGV 小车的利用率及轨道输送机的利用率往往都是关注的重点,一般都用时间利用率来衡量。

(5) 物流周转速度:可以用物料在库位中的平均存储时间,或者一定时间内仓库的平均周转次数来衡量。

(6) 作业差错率:可用作业过程中发生的误操作笔数占总操作笔数的比例来衡量。

(7) 系统响应能力:衡量系统对出入库任务的响应速度,这与系统的调度策略密切相关,通常用出入库任务的平均等待时间来衡量,是系统非常重要的性能指标。

(8) 系统运输能力:用来考察 AGV 小车运输系统和其他运输系统的运输能力的指标,可用系统在一定时间内的运输总量和运输长度来反映。运输能力通常受到运输设备数量、任务调度策略及运输路径规划等多个因素的影响,因此,在仿真中也是关注的重点和难点。

(9) 分拣能力:用来衡量自动分拣系统的处理能力,可以用系统单位时间内完成的分拣单位的数量来衡量。

在自动化立库系统中,自动存取系统、自动分拣系统、AGV 小车运输系统是最为重要的 3 个标志性子系统,因此,自动化立库的仿真也往往围绕这 3 个子系统展开,仿真分析的目的就是提高系统的效率、优化系统设计。围绕上述性能指标,自动化立库仿真的目的和内容如下:

(1) 总体布置仿真。自动化立库作为企业整个物流系统的重要子系统,其角色和功能定位必定受到总体物流系统设计的影响和约束,需要根据企业物流系统的总体设计,确定自动化立库的平面布置及其在整个物流系统中的位置,确定高层货架和作业区的衔接方式及货物单元出入高层货架的形式,这是一个复杂的系统问题,仿真可以提供可靠的分析手段,可以通过对不同的系统布置进行仿真对比,为确定合理的系统布局提供科学的决策依据。

(2) 设备配置及运行参数调试仿真。自动化立库的设备选型、数量安排及参数设置等是否能满足需求,这是系统设计面临的核心问题之一。通过仿真分析,可以观察不同的设备配置方案下的仿真运行结果,对设备布局及配置方案进行有效的验证和评价,并通过优化配置来提高设备利用率,合理安排人员及岗位。另外,设备的运行参数设置和调试是一件非常复杂、耗时的工作,通过仿真完成对系统运行参数的调试将大大缩减工期,节约调试成本。

(3) 堆垛机调度策略仿真。自动化立库面临大批量、高频率的出入库作业,而且出入库作业往往是并行存在的。由于堆垛机是执行出入库的主要设备,因而制定堆垛机调度策略非常重要。堆垛机通常有单一作业和复合作业两种方式,无论哪种方式,制定合理的调度策略都非常重要,这不仅能平衡出入库操作需求,而且能提高堆垛机的作业效率。对于并发的多个出入库作业任务,如何优化堆垛机调度策略,提高出入库效率和系统响应能力,这往往需要借助系统仿真的方法来进行分析和处理。

(4) 货位分配策略仿真。自动化立库在进行大批量高频率的出入库作业时,必须要为入库的货物分配合理的存储货位,并选择适当货位的货物进行出库。货位分配策略直接影响堆垛机的调度和系统的响应能力。系统仿真能够通过实验的方法为系统提供动态优化的解决方案。

(5) AGV 小车调度策略仿真。AGV 小车调度主要是系统产生搬运任务时,如何将这些任务指派给 AGV 小车来完成。任务的分配和叉车的调度直接影响到系统的工作效率和叉车的利用率。由于这是十分复杂的优化问题,往往很难通过解析方法求得最优解。

通过系统仿真,可以事先模拟各种可能出现的任务分配情况,按照就近原则、最先原则、指定小车原则等调度策略进行仿真,从而可以得到不同策略下的仿真结果,进行对比分析,从而确定不同情况下的优化调度策略。

(6) AGV 小车路径规划仿真。AGV 小车路径规划主要是确定最短路径或最佳路径。路径管理涉及路径求解算法的结果分析、执行监督和调整。路径规划得到的路径在执行的过程中,往往会出现拥挤、甚至堵塞的情况,因此,执行监督和调整就非常重要。通过系统仿真,可以事先模拟可能出现的各种拥挤、堵塞,并进行路径调整和优化,做好调整预案,这样,在实际运行过程中若出现拥堵情况时,就可以及时作出反应。

(7) 分拣方式和拣选策略仿真。分拣方式和拣选策略极大地影响自动分拣系统的运作效率,因此,仿真的一个重要内容就是通过仿真来分析和优化分拣方式和拣选策略,确定适当的订单分割、货物分区及批量订单拣选后的货物分类等策略。

小结与讨论

现代生产物流系统是生产过程的重要组成部分,是联系生产制造各环节并使之成为有机整体的纽带。现代生产物流系统由管理层、控制层、执行层 3 大部分组成。管理层负责协调和管理整个生产物流系统;控制层接收来自管理层的指令,控制物流设备完成指令所规定的任务;执行层根据指令和调度规则执行各种物流操作,完成各种物流活动。现代生产物流的监控与管理在现代生产物流的运作中起着至关重要的作用,这也是现代生产物流整体性能优于传统物流的根本原因。自动化立库作为现代生产物流的重要组成部分,是生产物流现代化的重要标志,本章也对自动化立库的分类、工作原理及作用进行了阐述。现代生产物流的组织模式及策略取决于生产企业所采用的制造方式,而制造方式包括 4 种模式:按计划存货制制造、按订单制造、按订单装配和按订单设计,而生产物流组织策略分为 3 种:Push 策略、Pull 策略和 Push-Pull 混合策略。生产物流系统的基本模型包括:排队模型、库存模型和生产调度模型,这些模型通过各种逻辑关联和组合,会形成复杂的生产物流系统模型。对于复杂的生产物流系统,往往需要通过系统仿真的方法来分析和研究,生产物流系统仿真的主要内容包括:生产车间布局规划仿真、生产调度策略仿真和生产工艺流程仿真等。由于自动化立库在现代生产物流系统中的作用和地位越来越重要,自动化立库的仿真也特别引起重视,自动化立库的仿真对自动化立库的规划、设计、运行起着十分重要的作用。在自动化立库的规划设计阶段,可以对自动化立库的设备布局及配置进行模拟仿真;在自动化立库的使用运行阶段,可以辅助分析作业流程以及物流设备的运行情况,以便对物流作业流程进行优化和改进。

习题

1. 怎样理解现代生产物流?现代生产物流系统的组成结构是怎样的?
2. 自动化立库的工作原理是怎样的?它在现代生产物流系统中起什么作用?

3. 现代生产企业所采用的制造方式有哪几种？它们对生产物流的组织方式有什么影响？
4. 现代生产物流的组织策略有哪些？各有什么特点？
5. 现代生产物流系统的基本模型有哪些？
6. 现代生产物流系统仿真的目的和内容是什么？
7. 自动化立库系统仿真的内容是什么？

第3章 随机数的产生

对于物流系统或物流过程的仿真,在具有内在随机因素时,往往需要一种能够产生或获得在某种意义上为随机数字的方法。例如,在生产物流中的排队模型就有到达时间、服务时间、等待时间等变量,它们服从某些特定的概率分布。在本章中,我们将讨论如何方便而又有效地产生仿真模型所需要的随机数。

3.1 [0,1)均匀分布随机数的产生

理论上说,具有连续分布的随机数,通过函数变换、组合、舍取技巧或近似等方法,可以产生其他任意分布的随机数。由于[0,1)区间上的均匀随机数是一种最简单、最容易产生的随机数,因此,在计算机上产生其他任何随机数时,几乎都使用[0,1)上的均匀随机数。

3.1.1 [0,1)均匀分布

如果随机变量 X 在[0,1)区间上服从均匀分布,则其概率密度函数为

$$f(x) = \begin{cases} 1, & 0 \leqslant x < 1 \\ 0, & \text{其他} \end{cases}$$

它的概率分布函数是

$$F(x) = \begin{cases} 0, & x < 0 \\ x, & 0 \leqslant x < 1 \\ 1, & x \geqslant 1 \end{cases}$$

其数学期望和均方差是

$$EX = \frac{1}{2}$$

$$\sigma = \frac{1}{2\sqrt{3}}$$

[0,1)均匀分布的概率密度函数和概率分布函数如图 3.1 和图 3.2 所示。

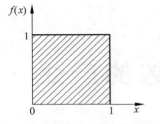
图 3.1 概率函数[0,1)的均匀分布

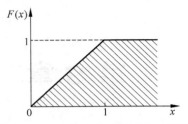
图 3.2 [0,1)均匀分布概率分布函数

3.1.2 产生均匀随机数的方法

1. 产生均匀随机数的一般方法

由于计算机仿真的发展和需要,对于在计算机上产生均匀随机数的问题,近几十年人们做了许多研究工作。归纳起来,大致如下:

(1) 随机数表法。这种方法是将事先准备好的随机数输入到计算机的内存或外存储器中,在需要用时,直接从存储区中读取。这种方法的缺点是需要大量的存储单元,而放在外存储器中,又会降低运行速度。所以在使用大量的随机数时,一般不采用这种方法。

(2) 在计算机中附加一个产生随机数的硬设备,亦即从真实的物理现象的随机因素中产生随机数。例如,附加一个某种放射粒子的放射源,由于它在单位时间内放射出的粒子个数是均匀随机的,所以可以用一个计数器将其记录下来,以此来形成均匀随机数。这种方法需要有专门的硬设备,这必然会带来一些其他的负担,而且这种随机数是客观实际现象的真实反映,所以无法重复再现,无法对仿真的问题进行复算和检查。

(3) 用移位寄存器产生均匀随机数。这种方法利用计算机的移位寄存器的移位操作来产生均匀随机数。例如,给出一个 8 位整数 I,首先将它右移 3 位,进行不进位的按位加运算,然后将和左移 4 位,再进行按位加,这样便得到一个新的整数 I'。

$$
\begin{array}{ll}
I = 25066178 & \text{原整数} \\
+\,00025066 & \text{右移 3 位} \\
\hline
25081134 & \text{按位加} \\
+\,11340000 & \text{左移 4 位} \\
\hline
I' = 36321134 & \text{按位加}
\end{array}
$$

这种运算在计算机中是以二进制形式进行的。由于移位操作简单而迅速,所以此种方法受到人们的重视。实际中,它一般与下面讲的数学公式方法结合起来使用。

(4) 利用数学公式产生均匀随机数。这种方法对于计算机来说,既经济方便又迅速简单,下面将予以重点介绍。

2. 产生均匀随机数的要求

用数学公式或移位寄存器的移位操作来产生的随机数,称为伪随机数。因为随机数只能从客观的现实的随机现象中产生出来,所以产生理想的伪随机数数列并不是一件容易的事。一个"优良"的随机数发生器应当具有几个特征:最重要的是所产生的随机数应当有较理想的随机性,并且数与数之间不应当出现任何相关性;从实用观点来看,我们希望发生器有较快的速度和不需要很大的存储空间;最后,我们要求能够重复完全一致的给定随机数数列,这可使程序的调试更为方便和能实现在不同的仿真运行中重复使用相同的随机数。

大多数常用的随机数发生器运行很快,需要的内存很少并能方便地复制给定的随机数数列,遗憾的是,并不是所有的随机数发生器都能满足随机性和独立性的准则。

3. 用数学公式产生均匀随机数

1) 平方取中法

该方法由 Von Neumann 提出,也是早期在计算机上使用的一种方法。任取一个 b 进制 $2K$ 位的数,将它自乘后,一般会得到一个 $4K$ 位的乘积,将此乘积去头截尾,取其中间的 $2K$ 位,则得到第一个伪随机数;再把第一个伪随机数自乘,从其乘积中去头截尾,取出 $2K$ 位,便得到第二个伪随机数;以此类推,就可以得到一个随机数数列。

平方取中法对于原子弹和反应堆等的蒙特卡罗仿真,曾经起过重要的作用。但是由于此方法容易导致退化现象,并且同均匀分布的差异显著,所以目前很少使用。

2) 倍积取中法

该方法与平方取中法相类似,它用一个常数来乘种子数,从其乘积中间截取 n 位作为第一个伪随机数;用第一个伪随机数再乘上那个常数,从新的乘积中间又可以截取 n 位数码,便得到第二个伪随机数;如此循环,就可以得到一个伪随机数列,其公式是

$$S_{i+1} = [kS_i]$$

式中,k 为常数;$[kS_i]$ 表示 kS_i 中间的 n 位数码。此方法目前也很少使用。

3) 同余数法

这是近来在计算机上应用的最广泛的一种方法,一般有下面几种形式:

(1) 加同余法

公式如下:

$$X_{i+k} = (X_i + X_{i+1} + \cdots + X_{i+k-1}) \bmod M$$

式中,初值 $X_0, X_1, \cdots, X_{k-1}$ 为任意正整数。在实际应用中,人们比较重视的是 $k=2$ 的情况。设 $X_0=1, X_1=1, M=100$,此时,产生的随机数列为:1,1,2,3,5,8,13,21,34,55,89,44,33,77,10,87,97,84,81,65,46,11,57。

由于加同余法的统计性能较差,所以在实际中已很少使用。

(2) 二次同余法

公式如下:

$$X_i = (dX_{i-1}^2 + aX_{i-1} + c) \bmod M$$
$$X_{i+1} = (dX_i^2 + aX_i + c) \bmod M$$

式中,d、a 和 c 都是常数。由于此方法计算复杂,速度慢,所以实际中也使用较少。

(3) 线性同余法

公式如下:

$$X_i = (aX_{i-1} + c) \bmod M$$

该方法又称混合同余法;当 $c=0$ 时,称为乘同余法。这是目前备受重视的两种产生伪随机数的方法。

3.1.3 线性同余法

线性同余法的公式如下：
$$X_i = (aX_{i-1} + c) \bmod M$$
式中，a 为乘子；X_0 为种子；c 为常数；M 为模。

求取随机数列的迭代步骤如下：

(1) 设定 a、c、M 值，并给定初始种子 X_0；

(2) 令 $i = 1$；

(3) $X_i = (aX_{i-1} + c) \bmod M$；

(4) $\xi_i = X_i / M$；

(5) $i = i + 1$，转入步骤(3)；

从代数的角度来看，由于 X_i 是 $aX_{i-1} + c$ 的余数，所以线性同余法还可以表示为
$$X_i = aX_{i-1} + c - Mk_i$$
其中
$$k_i = [(aX_{i-1} + c)/M]$$
即 k_i 是不超过 $(aX_{i-1} + c)/M$ 的最大正整数。

若给出初值 X_0，可推出以下各式：
$$X_1 = aX_0 + c - Mk_0$$
$$X_2 = a^2 X_0 + c(1+a) - M(k_2 + k_1 a)$$
$$X_3 = a^3 X_0 + c(1+a+a^2) - M(k_3 + k_2 a + k_1 a^2)$$
$$\vdots$$
$$X_n = a^n X_0 + c(1+a+\cdots+a^{n-1}) - M(k_n + k_{n-1}a + \cdots + k_1 a^{n-1})$$
$$= \left(a^n X_0 + c \left(\frac{a^n - 1}{a - 1} \right) \right) \bmod M$$

由此可见，只要给定 a、c、M 和 X_0，就可以完全确定数列 $\{X_i\}$。尽管如此，只要恰当地选取 a、c、M 和 X_0，由此产生的数列 $\{\xi_i\}$ 在其特性上，仍然非常近似于真正的均匀随机数数列。

可以从数学上证明，序列 $\{X_i\}$ 是按照某个周期循环的，若用 p 来表示这个周期，一般 $p \leq M$。我们希望 p 越大越好，也就是使点集 $\{\xi_i\}$ 在 $[0,1)$ 区间中越稠密越好。下面来推导周期 p 所服从的规律。

当 $i = p$ 时，有
$$X_p = X_0 \equiv \left(a^p X_0 + c \left(\frac{a^p - 1}{a - 1} \right) \right) \bmod M$$
$$MK = (a^p - 1)\left(X_0 + \frac{c}{a - 1} \right)$$
其中
$$K = \sum_{i=1}^{p} K_i a^{p-i}$$

因而有

$$(a^p - 1)\left(X_0 + \frac{c}{a-1}\right) \equiv 0 \pmod{M}$$

伪随机数数列的周期 p 就是满足此式的最小的数。

令 $M=2^s$，s 为计算机位数。根据数论的一个定理，如果 c 与 M 互素，$c=2\mu+1$，$a=4k+1$，其中 μ 和 k 为正整数，X_0 取正整数，则混合同余法的随机数数列可以达到周期 $p=2^s$，称之为混合同余法的完全周期。根据数论的另一个定理，若 $M=2^s$，令 $a=8k\pm3$ 或者 $a=4k+1$，X_0 为奇数，其中 k 为正整数，则乘同余法产生的伪随机数的周期 $p=2^{s-2}=M/4$，称之为乘同余法的最大周期。由此可见，乘同余数法不能达到完全周期。在这里，最重要的是关于 a 的选取问题。根据经验，a 的选取应当尽量地接近 M，同时，它的二进制表示应无明显的规律性。

令 M 是 $1\sim2^s$ 中的最大素数，数论表明，若 a 是 M 的原根，则乘同余法随机数发生器的循环周期 $p=M-1$，也就是说，这样的随机数发生器达到了完全周期，而且其中不包括零。在这里，原根定义为满足 $a^{M-1} \bmod M = 1$ 且与 M 互素的数 a，例如对于 $s=32$，$M=2^{31}-1$，可取 $a=16\,807$ 或 $a=630\,360\,016$。

综上所述，为一个伪随机数发生器选择理想的参数值是一个复杂的问题，除涉及利用抽象代数、数论等有关理论知识外，还要依靠在计算机上进行实验，因而参数的选择也就是半经验性的。在许多资料或有关文献中推荐了具体参数值或参数选择的原则，下面直接引用一些结论。

结论 1 若 $M=2^s$（s 为计算机位数），c 与 M 互素，且 $a=4k+1$；则 $\{X_i\}$ 的周期为 M，$p=M$。

结论 2 当 $c=0$ 时（即乘同余法），有：①$M=2^s$，$a=8k\pm3$ 或者 $a=4k+1$，X_0 为奇数；则 $p=2^{s-2}$。②令 M 取 $1\sim2^s$ 中的最大素数，a 是 M 原根；则乘同余法的循环周期 $p=M-1$。

3.1.4 伪随机数发生器的联合使用

单独用一种伪随机数发生器所产生的伪随机数序列，往往有它明显的规律性。如果将不同的发生器联合使用，其统计性能可以得到明显的改善。下面介绍几种应用较广的随机数发生器联合使用的方法。

1. 乘同余法与移位寄存器法联合使用

首先用乘同余数法产生一个伪随机数，将其用二进制表示，然后进行移位操作，并进行浮点化，便可以得到一个 $[0,1)$ 区间中的伪随机数。例如用 $X_i=(69\,069X_{i-1})\bmod 2^{32}$ 产生一个随机数，假若 $X_i=715\,827\,883$，它的二进制表示为：00101010101010101010101010101011，将其右移 15 位，将移位后的数与 X_i 进行按位加，由此得到 W_i；再将 W_i 左移 17 位，将移位之后的数再与 W_i 按位加；最后便得到 Y_i；将 Y_i（11010101010101101111111111111110）浮点化，便得到一个 $[0,1)$ 区间中的随机数 X_i'。

2. 线性同余法和移位寄存器法联合使用

如果用线性同余法和移位寄存器法分别产生两个 $[0,1)$ 区间上的随机数序列 $u_1,u_2,\cdots$

和 $v_1, v_2, \cdots$，即用一个数组，如 $C(100)$ 来存储 100 个伪随机数 $u_i, i=1,2,\cdots,100$；接着根据已产生的一个伪随机数 v，计算 $1+100v$，取不超过 $1+100v$ 的最大整数作为下标 J，这样就选定了 $C(J)$，将 $C(J)$ 中所存的随机数 u_j 作为被选用的随机数；然后，再产生一个新的随机数 u；将它放入 $C(J)$ 单元中去更新其中的内容。每次需要使用一个随机数时，都要执行上述的运算过程。

3. 等间隔地跳跃选用或几个伪随机数发生器轮换使用

假若伪随机数发生器的周期很长，而需使用的随机数又不多时，可以每间隔一定的距离选用一个，其余的都丢掉。

有时候，为了提高随机数的统计性能，可用几个随机数发生器（或者不同参数的发生器）轮换产生随机数，然后把它们掺合起来使用。

上述几种联合使用的方法，都可以提高随机数序列的统计性能。但是这将增加计算量，从而增加了计算机的运行时间。所以究竟选用什么样的伪随机数发生器，应根据需要的随机数数目、发生器的特点、计算机的条件、经济上是否合算以及仿真的具体要求来确定。

3.2 [0,1) 均匀分布随机数的统计检验

一个随机数序列的统计性能是否理想，可以通过统计检验来鉴定。统计检验的方法很多，但都会有一定的风险，因此，最好能多作几种检验，以便有较大的把握，保证所使用的随机数序列有较好的统计性能。一旦其中一种检验方法失败了，就应拒绝接受这批随机数。

统计检验在数理统计中称为假设检验，它依据的是小概率原理，即在一次实验或观察中，概率很小的事件可认为是实际上不可能发生的事件，假设检验的一般步骤如下：

(1) 提出需要检验的假设，称为原假设，记作 H_0。
(2) 建立用于检验的统计量，称为检验统计量，并明确其分布或渐进分布。
(3) 给定显著性水平或置信度 $\alpha(0<\alpha<1)$。
(4) 确定 H_0 的否定域，即根据 H_0 和 α 从有关分布表中查出使 H_0 不成立的区域。
(5) 根据样本观察值计算检验统计量之值。
(6) 进行统计推断。若检验统计量之值不落入否定域，即接受 H_0；否则，否定 H_0。

3.2.1 均匀随机数的随机性和均匀性检验

1. 粗略统计检验

假若 $r_1, r_2, \cdots, r_N$ 是随机变量 X 的 N 个独立观测值，当下式

$$\frac{1}{N}\sum_{i=1}^{N} r_i \approx \frac{1}{2}$$

或者

$$\frac{1}{N}\sum_{i=1}^{N} r_i^2 \approx \frac{1}{3}$$

成立时，则认为 X 服从于均匀分布的可能性很大。这种方法非常简单而且迅速，但是比较

粗略,所以一般用在统计检验之前。如果用这种粗略的方法就被否定了,那么再作统计检验也就不必要了。

2. 频率检验

把$[0,1)$区间分为n个等区间,以$\left[\frac{i-1}{n},\frac{i}{n}\right)(i=1,2,\cdots,n)$表示第$i$个小区间,如果$r_i$是$[0,1)$上均匀分布随机变量$X$的一个抽样值,则它落在任一个小区间的概率均等于$1/n$,故$N$个抽样值$r_i$落在任一小区间的理论频数$m_i=N/n$,且实际频数$n_i$为第$i$个小区间实际测到的频数,则统计量

$$\bar{c}=\sum_{i=1}^{n}\frac{(n_i-m_i)^2}{m_i}$$

由皮尔逊定理可知,该统计量渐近服从χ_{n-1}^2分布($N/n\gg 5$)。若采用α(如5%)的置信度(即显著性水平),查χ_{n-1}^2分布表得到$\chi_{\alpha,(n-1)}^2$,若$\bar{c}<\chi_{\alpha,(n-1)}^2$,则认为这批随机数在统计性能上是$1-\alpha$(如95%)可信,否则拒绝。

例 3-1 假定有在$[0,1)$区间中的1000个均匀随机数,先将$[0,1)$区间划分为10个等长的小区间,根据这1000个随机数在10个小区间中的归属,将它们分为10组。每组的实际频数和理论频数列于表3.1中。

表3.1 1000个均匀随机数

分组	0~0.1	0.1~0.2	0.2~0.3	0.3~0.4	0.4~0.5	0.5~0.6	0.6~0.7	0.7~0.8	0.8~0.9	0.9~1.0
实际频数	103	105	95	100	86	117	109	92	97	96
理论频数	100	100	100	100	100	100	100	100	100	100

解:可以求得$\bar{c}=\sum_{i=1}^{n}\frac{(n_i-m_i)^2}{m_i}=7.14$,如果采用5%的置信度,查$\chi_{n-1}^2$分布表得到$\chi_{0.05,9}^2=16.919$,显然$\bar{c}<\chi_{0.05,9}^2$,所以认为这1000个随机数在均匀性上95%是可信的。

3.2.2 均匀随机数的独立性检验

1. 相关系数检验

两个随机变量的相关系数反映了它们之间的线性相关程度。若两个随机变量相互独立,则它们的相关系数必为零(反之不一定),所以相关系数为零是两个随机变量独立的必要条件,但是可以通过相关系数取值的大小,了解它们之间线性相关的强弱情况,故可用来检验随机数的独立性。

给定N个服从相同分布的随机数$r_1,r_2,\cdots,r_N$,我们计算前后距离为j的两个随机数样本的相关系数

$$R_j=\left[\frac{1}{N-j}\sum_{i=1}^{N-j}r_i r_{i+j}-(\bar{r})^2\right]\bigg/s^2,\quad j=1,2,3,\cdots$$

式中

$$\bar{r}=\frac{1}{N}\sum_{i=1}^{N}r_i,\qquad s^2=\frac{1}{N}\sum_{i=1}^{N}(r_i-\bar{r})^2$$

如果各 r_i 相互独立,则相关系数 $R_j=0$。在原假设 $R_j=0$ 之下,当 N 充分大(如 $N-j>50$)时,统计量

$$u_j = R_j\sqrt{N-j}$$

渐进地服从正态分布 $N(0,1)$。具体应用时可对若干个不同的 j 值进行检验。

2. 联立表检验

先把一单位正方形分成 k^2 个相等的小正方形,如图 3.3 所示。把随机数数列 $r_i(i=1,2,\cdots,N)$ 按其出现的先后次序组成:

$$(r_1, r_{e+1}), (r_2, r_{e+2}), \cdots, (r_{N-e}, r_N), (r_{N-e+1}, r_1), \cdots, (r_N, r_e)$$

其中 $0<e<N$ 为整数,这样可以把它们看成平面上的 N 个点。记落入第 (i,j) 个小正方形的频数为 $n_{ij}(i,j=1,\cdots,k)$,并记 $n_{i\cdot}=\sum_{j=1}^{k}n_{ij}$, $n_{\cdot j}=\sum_{i=1}^{k}n_{ij}$。于是若 $\{r_i\}$ 是相互独立的,则落入第 (i,j) 个小正方形的理论频数应当是 $n\left(\dfrac{n_{i\cdot}}{N}\right)\left(\dfrac{n_{\cdot j}}{N}\right)$。作统计量

$$\bar{c} = \sum_{i,j=1}^{k} \frac{\left(n_{ij} - \dfrac{n_{i\cdot}n_{\cdot j}}{N}\right)^2}{\dfrac{1}{N}n_{i\cdot}n_{\cdot j}}$$

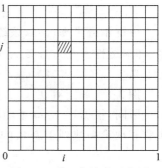

图 3.3 联立表检验示意图

当 N 充分大时,统计量服从自由度为 $(k-1)^2$ 的 χ^2 分布。这样,可以应用 χ^2 来检验 $\{r_i\}$ 的独立性。

例 3-2 假定有在 $[0,1)$ 区间中的 $128(N=128)$ 个均匀随机数,先将一个单位正方形划分为 $16(K=4)$ 个等面积的小正方形,设 $E=5$,将随机数数列按其出现的先后次序组成:

$$(r_1, r_6), (r_2, r_7), \cdots, (r_{123}, r_{128}), (r_{124}, r_1), \cdots, (r_{128}, r_5)$$

把它们看成平面上的 128 个点,则落入各个小正方形的频数如表 3.2 所示。

表 3.2 128 个均匀随机数

分组	0.00~0.25	0.25~0.50	0.50~0.75	0.75~1.00
0.00~0.25	12	6	10	11
0.25~0.50	10	9	9	5
0.50~0.75	8	8	5	6
0.75~1.00	11	9	2	7

解:可以求得 $\bar{c} = \sum_{i,j=1}^{4} \dfrac{\left(n_{ij} - \dfrac{n_{i\cdot}n_{\cdot j}}{128}\right)^2}{\dfrac{1}{128}n_{i\cdot}n_{\cdot j}} = 7.9036$,如果采用 5% 的置信度,查 χ^2 分布表得到 $\chi^2_{0.05,9}=16.919$,显然 $\bar{c}<\chi^2_{0.05,9}$,所以认为这 128 个随机数在独立性上 95% 是可信的。

3.2.3 矩检验

矩检验是检验随机数的观测值各阶矩与理论值的差别是否显著。
在产生 N 个随机数 $r_1, r_2, \cdots, r_N$ 之后,可以给出观测值的各阶矩

$$\overline{m_k} = \frac{1}{N} \sum_{i=1}^{N} r_i^k$$

根据假设,不难计算

$$E(\overline{m_k}) = \frac{1}{k+1}$$

$$D(\overline{m_k}) = \sigma_{k,N}^2 = \frac{1}{N}\left(\frac{1}{2k+1} - (\overline{m_k})^2\right)$$

根据中心极限定理,统计量

$$u_{k,N} = \frac{\overline{m_k} - E(\overline{m_k})}{\sigma_{k,N}}$$

渐进服从 $N(0,1)$ 分布。所以当给定置信度后,即可根据正态分布表确定临界值。如果 $u_{k,N}$ 大于临界值,则拒绝假设;否则接受假设。

3.3 产生各种概率分布的随机数

3.3.1 求逆法

求逆法基于概率积分反变换法则。若 X 为一随机变量,它的分布函数为 $F(x)$,记 $F_x^{-1}(y)$ 为 $F(x)$ 的反函数,U 为 $[0,1)$ 上均匀分布的随机变量,则随机变量 $Y = F_x^{-1}(U)$ 与 X 具有相同的分布函数。事实上,有

$$P(Y < y) = P(F_x^{-1}(U) < y) = P(U < F_x(y))$$
$$= F_x(y) = P(x < y)$$

利用这个定理,首先产生 $[0,1)$ 上均匀分布随机变量 U,然后令 $Y = F_x^{-1}(U)$,则 Y 就是一个服从给定分布 $F(x)$ 的随机变量,现在的问题是能否找到一个形式简单、计算也不复杂的反函数 $F_x^{-1}(y)$,下面举例说明。

例 3-3 产生服从负指数分布的随机数 x。

解:负指数分布密度函数为 $f(x) = \lambda e^{-\lambda x} (x \geqslant 0)$,其分布函数由下式算得

$$F(x) = \int_0^x \lambda e^{-\lambda x} dx = 1 - e^{-\lambda x}, \quad x \geqslant 0$$

易得 $F(x)$ 的反函数为 $x = -\frac{1}{\lambda} \ln(1 - F(x))$。设 u 为 $[0,1)$ 均匀分布,则

$$x = -\frac{1}{\lambda} \ln(1 - u)$$

即为所求的随机数。又因 u 是 $[0,1)$ 上均匀分布的随机数,所以 $1-u$ 也是 $[0,1)$ 上均匀分

布的随机数,故上式可简化为

$$x = -\frac{1}{\lambda}\ln u$$

这样,就得到了负指数分布的随机数。

例 3-4 产生服从几何分布的随机数 x。

解:几何分布的密度函数为

$$f(x=k) = pq^{k-1}, \quad p+q=1, \quad k=1,2,\cdots,n$$

其分布函数为

$$F(x) = \sum_{k=1}^{x} pq^{k-1} = 1-q^x$$

设 u 是$[0,1)$上均匀分布的随机数,令

$$F(x) = \sum_{k=1}^{x} pq^{k-1} = 1-q^x = u$$

可求得

$$x = \ln(1-u)/\ln q$$

又因 $1-u$ 也是$[0,1)$上均匀分布的随机数,上式可简化为 $x=\ln u/\ln q$,再对 x 取整,就得到了几何分布的随机数。

求逆法的优点显而易见,但是在实际应用时往往会遇到一些困难。问题在于分布函数的反函数难于求得,或者计算反函数的工作量过大,以致无法实现。

3.3.2 舍选法

舍选法的实质是从许多均匀分布的随机数中选出一部分,使其成为具有给定分布的随机数,它可用于产生任意有界的随机变量。设某一随机数变量的密度函数 $f(x)$ 满足

$$\begin{cases} f(x) = 0, & x \leqslant a \text{ 或 } x \leqslant b \\ 0 \leqslant f(x) \leqslant M, & a < x < b \end{cases}$$

用舍选法产生该随机数的方法可归纳为如下几个步骤:

(1) 产生两个在$[0,1)$上服从均匀分布的随机数 r_1, r_2;

(2) 令 $x = a+(b-a)r_1$,并计算函数值 $f[a+(b-a)r_1]$;

(3) 检验是否符合下面的判别准则:

$$Mr_2 \leqslant f[a+(b-a)r_1]$$

式中,M 为 $f(x)$ 的极大值。若此不等式成立,则选取 $x=a+(b-a)r_1$ 为随机变量的一个抽样值;否则,转入步骤(1)重新进行。

这种方法的直观意义如下:如图 3.4 所示,在边长为 M 和 $(b-a)$ 的矩形内,随机地投掷点 P。若随机点落在 $f(x)$ 曲线下方,如图 3.4 中 P_1 点,则以该点的横坐标 x_1 作为随机变量的一个抽样值;如果 P 点落在曲线上方,如图 3.4 中 P_2 点,则舍弃之;如此反复进行。

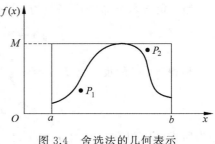

图 3.4 舍选法的几何表示

这一抽样方法的依据是下面的定理。

定理：设 R_2 为 $[0,1)$ 上均匀分布的随机变量，R 为 $[a,b)$ 区间上的均匀分布的随机变量，R 与 R_2 相互独立。$f(x)$ 是 $[a,b)$ 区间上的某一随机变量的密度函数，取一正常数 $G=1/M$，使得 $0 \leqslant Gf(x) \leqslant 1, x \in [a,b)$ 成立，则有

$$P\{R \leqslant x \mid Gf(R) \geqslant R_2\} = \int_a^x f(x)\mathrm{d}x$$

证明：$P = \{R \leqslant x \mid R_2 \leqslant Gf(R)\} = \dfrac{P\{R \leqslant x, R_2 \leqslant Gf(R)\}}{P\{R_2 \leqslant Gf(R)\}}$

$$= \frac{1}{b-a}\int_a^x \int_0^{Gf(R)} \frac{\mathrm{d}R\,\mathrm{d}R_2}{\dfrac{1}{b-a}} \bigg/ \int_a^b \int_0^{Gf(R)} \mathrm{d}R\,\mathrm{d}R_2 = \frac{\int_a^x f(R)\mathrm{d}R}{\int_a^b f(R)\mathrm{d}R}$$

$$= \int_a^x f(R)\mathrm{d}R$$

定理得证。

由上面可以看到，舍选法不能每次都得到一个随机数，究竟多少次才能求得一个符合判别准则的随机数呢？注意到：

$$P\{MR_2 \leqslant f[a+(b-a)R_1]\} = P\{MR_2 \leqslant f[R]\} = \int_{\substack{MR_2 \leqslant f[a+(b-a)R_1] \\ 0 \leqslant R_1, R_2 \leqslant 1}} \mathrm{d}R_1\,\mathrm{d}R_2$$

$$= \frac{1}{b-a}\int_a^b \int_0^{Gf(R)} \mathrm{d}R\,\mathrm{d}R_2 = \frac{G}{b-a}\int_a^b f(R)\mathrm{d}R$$

$$= \frac{1}{M(b-a)}$$

我们称之为舍选法的效率。

例 3-5 设随机变量 X 的概率密度函数为 $f(x) = \begin{cases} \dfrac{1}{3}(x-1)^2, & 0 \leqslant x \leqslant 3 \\ 0 \end{cases}$，试用舍选法产生服从该分布的随机数。如果要产生 20 个服从该分布的随机数，其平均试验次数应为多少？

解：先求概率密度函数 $f(x)$ 在闭区间的最大值。令 $f'(x) = \dfrac{2}{3}(x-1) = 0$，得 $x=1$，$f(1)=0$。另有端点值 $f(0) = \dfrac{1}{3}$，$f(3) = \dfrac{4}{3}$，故 $f(x)$ 的最大值 $M = \dfrac{4}{3}$。则舍选法步骤如下：

(1) 产生两个在 $[0,1)$ 上服从均匀分布的随机数 r_1, r_2；
(2) 令 $x = a+(b-a)r_1$，并计算函数值 $f[a+(b-a)r_1]$；
(3) 检验是否符合下面的判别准则：

$$\frac{4}{3}r_2 \leqslant f[a+(b-a)r_1]$$

若不满足，返回步骤(1)；若满足，则选取 $x = a+(b-a)r_1$ 为随机变量的一个有效抽样值。

由于舍选效率 $p = \dfrac{1}{M(b-a)} = \dfrac{1}{4}$，即平均每产生 4 个随机数，才能获得一个有效值。

因此,若要产生 20 个服从该分布的随机数,则平均实验次数应为 80 次。

3.3.3 组合法

本节中要用到凸组合的概念,它的定义如下:设 $x_1, x_2, \cdots, x_k$ 是 R^n 中点集 X 的 k 个点,若存在 $\lambda_1, \lambda_2, \cdots, \lambda_k$ 满足 $\lambda_j \geqslant 0, \sum_{j=0}^{k} \lambda_j = 1$,使

$$x' = \lambda_1 x_1 + \lambda_2 x_2 + \cdots + \lambda_k x_k$$

也属于 X,则称 x' 为 $x_1, x_2, \cdots, x_k$(对于 $\lambda_1, \lambda_2, \cdots, \lambda_k$)的凸组合。

组合法的主要思想是:当要生成的随机数数列服从的分布函数 F 可以用其他分布函数 $F_1, F_2, \cdots$ 的凸组合表达,并且 F_j 远比 F 要简单时,可以先生成服从 F_j 的随机数数列,然后再利用这些随机数数列得到服从 F 的随机数数列。

具体来说,假定对所有 $x, F(x)$ 可以写成

$$F(x) = \sum_{i=1}^{m} p_i F_i(x)$$

这里,$p_i \geqslant 0, \sum_{i=1}^{m} p_i = 1$,每一个 F_i 是一个分布函数。同样若 x 为密度函数 f,则假定它可以写成

$$f(x) = \sum_{i=1}^{m} p_i f_i(x)$$

其中,f_i 是其密度函数,$f_i(x) \geqslant 0 (i = 1, 2, \cdots, m)$,且 $\sum_{i=1}^{m} p_i = 1, \int_a^b f_i(x) \mathrm{d}x = 1$,即 m 个分布的组合,则具有分布密度 $f(x)$ 的随机数可由下列算法产生:

(1) 输入 $F(i) = \sum_{\alpha=1}^{i} p_\alpha, 1 \leqslant i \leqslant m, F(0) = 0, j = 0$;
(2) 产生 u;
(3) $j = j + 1$;
(4) 若 $u > F(j)$,转至步骤(2);
(5) 否则,产生具有分布密度函数 $f_j(x)$ 的随机数 z_j,并取 $x = z_j$。

有时我们能给出组合法的几何解释,例如对于 X 上一个具有密度 f 的连续随机变量,可将 f 下的面积分为 $p_1, p_2, \cdots$ 区域,对应于将 f 分解为凸组合表示,然后可以认为第一步是选一个域,而第二步则是从所选域对应的分布中产生随机数。

例 3-6 双指数(或拉普拉斯)分布具有密度函数 $f(x) = 0.5 \mathrm{e}^{-|x|}, x$ 为实数,求双指数分布的随机数。

解:由图 3.5 可见,除了因子 0.5 之外,$f(x)$ 可以看成是由两个背靠背的指数函数组成。我们可把 $f(x) = 0.5 \mathrm{e}^{-|x|}$ 表示为

$$f(x) = 0.5 \mathrm{e}^{x} I_{(-\infty, 0)}(x) + 0.5 \mathrm{e}^{-x} I_{(0, \infty)}(x)$$

其中,I_A 表示集合 A 的指示函数,它定义为

$$I_A(x) = \begin{cases} 1, & x \in A \\ 0, & \text{其他} \end{cases}$$

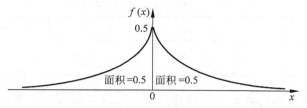

图 3.5 双指数分布的概率密度函数

于是，$f(x)$ 可看作 $f_1(x)=\mathrm{e}^x I_{(-\infty,0)}(x)$ 和 $f_2(x)=\mathrm{e}^{-x} I_{(0,\infty)}(x)$ 的凸组合，$f_1(x)$ 和 $f_2(x)$ 都是密度函数，且 $p_1=p_2=0.5$。因此，可用 $f_1(x)$ 和 $f_2(x)$ 的组合来产生 X。首先产生一个在 $[0,1)$ 上服从均匀分布的随机数 r，如果 $r \leqslant 0.5$，则取 X 为密度为 $f_1(x)$ 的随机变量，即令 $X=-\ln r$ 返回；同样，若 $r>0.5$，则取 X 为密度为 $f_2(x)$ 的随机变量，即令 $X=\ln r$ 返回。

3.3.4 经验分布法

经验分布法又称为表搜索法，主要用于产生离散分布的随机数，也可通过离散近似抽样产生连续分布的随机数。现实中很多随机现象的理论分布往往是不知道的，而其经验分布常常是可以得到的，为了仿真这些随机现象，通常根据它们的经验分布来产生抽样值。下面介绍用经验分布法来产生离散分布随机数的方法。

设随机变量 X 的取值 x_i 的概率为 p_i，即
$$P\{X=x_i\}=p_i, \quad i=1,2,\cdots,n$$
且
$$\sum_{i=0}^{\infty} p_i=1, \quad 0<p_i<1$$

将 $[0,1)$ 区间划分为 k 个小区间，每个区间长度分别等于 $p_1,p_2,\cdots,p_n$。令 $L_0=0$，$L_k=\sum_{i=0}^{k}p_i$，$k=1,2,\cdots,n$，即 $L_1=p_1$，$L_2=p_1+p_2$，……。累积分布函数 $F(x_k)=P(X \leqslant x_k)=\sum_{i=1}^{k}p_i=L_k$。现任取 $[0,1)$ 上均匀分布的随机数 ξ，若 $F(x_{k-1})<\xi \leqslant F(x_k)$，即 $L_{i-1}<\xi \leqslant L_i$，则 $X=x_k$。这是因为有
$$P\{L_{k-1}<\xi \leqslant L_k\}=F(x_k)-F(x_{k-1})=p_k=P\{X=x_k\}$$

于是，当 $\xi \leqslant L_1=p_1$ 时，$X=x_1$；当 $L_1<\xi \leqslant L_2=p_1+p_2$ 时，$X=x_2$；以此类推，即可获得服从该分布的随机数系列。

综上所述，用经验分布法产生离散分布随机数的主要步骤如下：

(1) 编制离散型随机变量概率分布表。按照随机变量 X 的取值 x_i 的大小顺序列出其分布概率 $p(x_i)$ 和累计分布函数值 $F(x_i)$，如表3.3所示。

(2) 产生 $[0,1)$ 区间上均匀分布的随机数 ξ；

(3) 判断并抽样。判断随机数 ξ 的取值范围，若 $L_{i-1}<\xi \leqslant L_i$，则 $X=x_i$。

表 3.3　随机变量 X 的分布概率

x_i	x_1	x_2	x_3	$\cdots$	x_n
$p(x_i)$	p_1	p_2	p_3	$\cdots$	p_n
$F(x_i)$	L_1	L_2	L_3	$\cdots$	L_n

例 3-7　超市顾客到达收款台的规律是：40%的时间没有人来，30%的时间有 1 个人来，30%的时间有 2 个人来。试模拟 10 分钟内顾客到达收款台的情况。

解：每分钟到达收款台的人数 n 为随机变量，其取值为 0,1,2，其分布规律为：

n	0	1	2
$p(n)$	0.4	0.3	0.3
$F(n)$	0.4	0.7	1.0

模拟方法：取 [0,1) 区间上均匀分布的随机数 y，根据 y 的取值范围确定 n：
(1) 当 $y \leqslant 0.4$ 时，$n=0$；
(2) 当 $0.4 < y \leqslant 0.7$ 时，$n=1$；
(3) 当 $0.1 < y \leqslant 1.0$ 时，$n=2$。

3.4　常用分布类型的随机数产生

3.4.1　正态分布 $N(\mu, \sigma^2)$

理论上可以直接用逆变法求解服从正态分布的随机数，但是我们无法求得正态分布的分布函数及其反函数的解析表达式，只能用数值积分的方法求得，而数值积分的计算量比较大，所以一般不用逆变法求解服从正态分布的随机数，而采用近似法。近似法是指一种利用一些定理或公式来近似地产生所需随机数的方法，这种方法一般用于分布函数比较复杂的情况。下面主要介绍两种产生正态分布随机数的方法。

1. 利用中心极限定理

设 $\xi_1, \xi_2, \cdots, \xi_n$ 为 n 个在 [0,1] 区间上的均匀分布随机数，它们相互独立，则有

$$\bar{\mu}_i = \frac{1}{2}, i=1,2,\cdots,n; \quad \bar{\mu} = \sum_{i=1}^{n} \bar{\mu}_i = \frac{n}{2};$$

$$\sigma_i^2 = \frac{1}{12}, i=1,2,\cdots,n; \quad \sigma^2 = \sum_{i=1}^{n} \sigma_i^2 = \frac{n}{12}; \quad \sigma = \sqrt{\frac{n}{12}}$$

根据中心极限定理：

$$x = \frac{\xi - \bar{\mu}}{\sigma} = \frac{\sum_{i=1}^{n}\xi_i - \frac{n}{2}}{\sqrt{\frac{n}{12}}} = \sqrt{\frac{12}{n}}\left(\sum_{i=1}^{n}\xi_i - \frac{n}{2}\right)$$

服从标准正态分布 $N(0,1)$。如果作线性变换：

$$\eta = \mu + \sigma x$$

则可以得到一个服从正态分布 $N(\mu,\sigma)$ 的随机数 η。在实际应用中，只要取 $n \geqslant 5$ 就可以了。

2. Box-Müller 近似方法

设 r_1, r_2 为在 $[0,1)$ 区间上服从均匀分布的随机数，利用 Box-Müller 公式：

$$x_1 = \sqrt{-2\ln r_1}\cos(2\pi r_2), \quad x_2 = \sqrt{-2\ln r_1}\sin(2\pi r_2)$$

可以产生 x_1 和 x_2 两个服从标准正态分布 $N(0,1)$ 的随机数。

3.4.2 指数分布 Exp(λ)

我们已经在逆变法一节中举过一个求指数分布随机变量的例子，这里不再详细讨论，仅给出逆变法求取指数分布随机变量的一般步骤：

(1) 产生 $[0,1)$ 均匀随机数 u；

(2) 输出 $x = -\dfrac{1}{\lambda}\ln u$，即输出 x 是服从指数分布的随机数。

3.4.3 威布尔分布 Weibull(α, β)

威布尔分布随机数产生可以用逆变法获得。Weibull(α,β) 的分布函数及其反函数如下：

$$F(x) = 1 - e^{-(x/\beta)^\alpha}, \quad x > 0$$

$$x = F^{-1}(u) = \beta[-\ln(1-u)]^{1/\alpha}$$

用逆变法求取威布尔分布随机数的步骤如下：

(1) 产生 $[0,1)$ 均匀分布随机数 u；

(2) 输出 $x = \beta(-\ln u)^{1/\alpha}$（因为 $1-u$ 仍是 $[0,1)$ 均匀分布随机数），则 x 即为 Weibull(α, β) 分布的随机数。

3.4.4 泊松分布 $P(\lambda)$

泊松分布的概率函数为

$$P(x=k) = \frac{e^{-\lambda}\lambda^x}{k!}, \quad k = 0, 1, 2, \cdots$$

$$P(x=i) = \frac{e^{-\lambda}\lambda^i}{i!} = \frac{\lambda}{i}\frac{e^{-\lambda}\lambda^{i-1}}{(i-1)!} = \frac{\lambda}{i}P(x=i-1)$$

泊松分布和指数分布有如下关系：设随机变量序列 $y_1, y_2, \cdots, y_n$ 服从 $\text{Exp}(1/\lambda)$ 分布，令 $x = \max\{i: \sum_{j=1}^{i} y_j \leqslant 1\}$，则 x 服从 $P(\lambda)$ 分布。因此，求取 $P(\lambda)$ 分布随机变量的过程就是找到一个 $i(i=1,2,\cdots)$，使得下式成立：

$$\sum_{j=1}^{i} y_j \leqslant 1 < \sum_{j=1}^{i+1} y_j$$

令 $x=i$,则 $x\sim P(\lambda)$,产生 $P(\lambda)$ 分布随机数的步骤如下:

(1) 令 $i=0, a=e^{-\lambda}, b=1$。

(2) 产生 $[0,1)$ 均匀随机变量 u_{i+1},并用 bu_{i+1} 代替 b。

(3) 若 $b<a$,则输出 $x=i$(求取下一个随机数,则返回第(1)步);否则转至第(4)步。

(4) 用 $i+1$ 代替 i,返回第(2)步。

3.5 蒙特卡罗方法

3.5.1 蒙特卡罗方法基本原理

蒙特卡罗方法(Monte Carlo method)又称为统计模拟方法,它是以概率统计理论为基础的一种数值计算方法。它采用频率近似概率的数学思想,是一种基于随机数的计算方法,主要通过进行统计抽样实验为各种各样的问题提供近似解。蒙特卡罗方法的起源,最早可追溯到1777年法国科学家蒲丰(Buffon)设计投针实验来模拟计算圆周率 π 的值。但由于当时没有计算机,统计模拟的计算工作量很大,所以直到20世纪40年代中期电子计算机发明后,蒙特卡罗方法才逐渐被广泛应用于实际问题。20世纪40年代,美国在研制原子弹的"曼哈顿计划"计划中成功应用此方法,计划成员中的两位数学家乌拉姆和冯·诺伊曼首先提出用驰名世界的摩纳哥赌城——蒙特卡罗来命名这种方法,蒙特卡罗方法正式诞生。

蒙特卡罗方法的基本思想是:首先根据问题构造一个相关联的概率模型,使所求问题的解正好是该模型的参数或者相关特征量;然后据此概率模型产生大量的随机数,并进行随机性抽样试验;最后对随机数样本进行统计分析,得到问题解的估计值。蒙特卡罗方法的基本原理就是通过对大量随机数样本进行统计分析,从而得到问题的近似解。因此,蒙特卡罗方法的核心就是随机数,只有样本中的随机数具有很好的随机性,得到的结果才具有科学性和可信性。

蒙特卡罗方法解决问题的基本原理可以归结为3个主要步骤:构造或描述概率过程;随机抽样试验;建立各种估计量。

(1) 构造或描述概率过程。对于本身就具有随机性质的问题,主要是正确描述和模拟这个概率过程;对于本来不是随机性质的确定性问题,比如计算定积分,就必须事先构造一个人为的概率过程,它的某些参量正好是所求问题的解,即要将不具有随机性质的问题转化为随机性质的问题。

(2) 随机抽样试验。构造了概率模型以后,就可以根据概率模型的概率分布特征产生大量的随机数样本,并进行随机模拟试验,这也是蒙特卡罗方法被称为随机抽样的原因。最基本、最重要的一个概率分布是 $[0,1)$ 上的均匀分布。随机数序列就是具有这种分布的总体的一个简单抽样,产生随机数的问题,就是从这个分布的抽样问题。从前面内容可以看出,所有分布类型随机数产生都是以 $[0,1)$ 上的均匀分布随机数为基础。

(3) 建立各种估计量。一般说来,构造了概率模型并进行随机模拟实验后,就要确定一个随机变量的特征值作为所要求的问题的解。建立各种估计量,相当于对随机模拟实验的结果进行统计分析,从中得到问题的解。

3.5.2 蒙特卡罗方法的应用

下面通过计算圆周率和计算定积分两个例子说明如何用蒙特卡罗方法解决实际问题。

1. 蒙特卡罗方法计算圆周率

例 3-8 在边长为 1 的正方形里面作半径为 1 的 1/4 圆,如图 3.6 所示。随机多次向正方形内投点,则落在 1/4 圆内的点的个数 N_s 和总的投点数 N_t 之比应该等于 1/4 圆面积 S_s 与正方形面积 S_t 之比,即有:

$$\frac{N_s}{N_t} = \frac{S_s}{S_t} = \frac{\pi}{4}$$

因此,$\pi = 4 \times \dfrac{N_s}{N_t}$。这样,用随机数进行模拟,并且统计出落在 1/4 圆内部的点的个数和总的投点数即可求出 π 的近似值。而且投点次数越多,投点越均匀,得到的 π 值越精确。

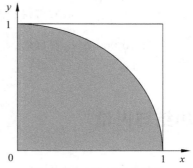

图 3.6 投点法计算圆周率

具体实现方法为:随机产生一个位于正方形内的点,坐标为 (x_i, y_i),其中 x_i, y_i 均为 [0,1] 均匀分布的随机数,若满足 $x_i^2 + y_i^2 \leqslant 1$,则表明该点在 1/4 圆内部,$N_s$ 加 1,一直持续下去,最后统计 N_s 和总实验次数,即可计算出 π。以下为 Matlab 中试验 10 000 个投点的代码,运行后可得 π = 3.1316,已经比较接近 π 的精确值。

```
n=10000;                    //试验次数
x=rand(1,n);                //产生投点横坐标
y=rand(1,n);                //产生投点纵坐标
Ns=0;
for i=1:n
    if x(i)^2+y(i)^2<=1     //判断投点是否在 1/4 圆内
    Ns=Ns+1;                //投点在 1/4 圆内,Ns 加 1
    end
end
pi=4*Ns/n;
```

2. 蒙特卡罗方法计算定积分

例 3-9 利用蒙特卡罗方法计算函数 $y = \dfrac{1}{x}$ 在区间 [1,2] 上的定积分 $S = \int_1^2 \dfrac{1}{x} dx$,并估计自然常数 e 的值。

上述定积分的值为图 3.7 中阴影部分的面积。运用蒙特卡罗方法,先在正方形内随机均匀投点,设坐标为 (x_i, y_i),其中 x_i 为 [1,2] 区间均匀分布的随机数,y_i 为 [0,1) 区间均匀分布的随机数。落在阴影部分的投点必满足条件 $y_i \leqslant \dfrac{1}{x_i}$。若投点 N 次,落在阴影部分的

投点数为 N_s，则：$\dfrac{S}{S_t} = \dfrac{N_s}{N}$，其中 S_t 为正方形面积，显然，$S_t = 1$。因此可得定积分近似计算公式：$S = \dfrac{N_s}{N}$。

另外，直接用积分法求定积分为：$S = \int_1^2 \dfrac{1}{x} \mathrm{d}x =$ $\ln 2 - \ln 1 = \ln 2$，因此，可得：$S = \dfrac{N_s}{N} = \ln 2$，即 $\dfrac{N_s}{N} = \log_e 2 \Rightarrow \log_e 2 = \dfrac{N}{N_s}$。最后可得自然常数 e 的值为：$\mathrm{e} = 2^{\frac{N}{N_s}}$。经过 10 000 次投点试验，得出 $S = 0.6929$，$\mathrm{e} = 2.7194$。

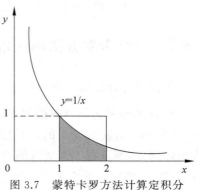

图 3.7　蒙特卡罗方法计算定积分

小结与讨论

在物流系统仿真模型中，常常存在服从不同分布的随机变量，用来刻画实际系统的随机因素。本章主要介绍如何产生服从各种分布的随机数的方法。首先，讨论了最基本的 $[0,1)$ 均匀分布随机数产生和检验方法，$[0,1)$ 均匀分布随机数是一种最简单、最容易产生的随机数，利用它通过函数变换、组合、舍取技巧或近似等方法，可以产生其他任意分布的随机数。其次，介绍了 4 种利用均匀分布随机数产生其他任意分布随机数的不同方法，值得注意的是，这些方法的应用是有一定先决条件的，应根据具体的情况选取不同方法来获得不同分布的随机数。随后，为了便于应用，给出了 4 种最常用类型分布的随机数的产生方法。最后，介绍了蒙特卡罗方法的基本原理，并举例说明如何用蒙特卡罗方法计算圆周率和定积分。

习题

1. 利用求逆法，求解服从分布密度函数 $f(x) = \begin{cases} \dfrac{1}{\pi \sqrt{1-x^2}}, & |x| \leqslant 1 \\ 0, & \text{其他} \end{cases}$ 的随机数。

2. 利用舍选法，求解服从分布密度函数 $f(x) = \begin{cases} 12x^3(1-x^2), & 0 \leqslant x \leqslant 1 \\ 0, & \text{其他} \end{cases}$ 的随机数。

3. 编写服从泊松分布的随机数的算法程序。

4. 用舍选法在计算机中产生概率密度数为

$$f(x) = \begin{cases} \dfrac{12}{(3+2\sqrt{3})\pi}\left(\dfrac{\pi}{4} + \dfrac{2\sqrt{3}}{3}\sqrt{1-x^2}\right), & 0 \leqslant x \leqslant 1 \\ 0, & \text{其他} \end{cases}$$

的 100 个随机数，具体要求：

（1）[0,1)均匀分布随机数用线性同余法产生,参数由自己确定,不能用计算语言已有的函数；

（2）对用线性同余法产生的[0,1)均匀随机数进行均匀性和独立性检验,检验样本为100个；

（3）计算舍选法理论上的舍选效率和实际仿真的舍选效率。

5.编写蒙特卡罗方法计算定积分 $S = \int_1^2 \frac{1}{x} \mathrm{d}x$ 的程序,并计算自然常数 e 的值。

第 4 章 连续系统仿真

连续系统指的是系统的状态变量随时间连续变化的系统,它的主要特征可以通过常微分方程或者偏微分方程来描述。常微分方程描述的系统通常称为集中参数系统,它的数学模型常常是一组常微分方程,这类系统一般包括各种电路、动力学以及种群生态系统;偏微分方程描述的系统通常称为分布参数系统,它的数学模型常常是一组偏微分方程,这类系统包括工程领域内的对流扩散系统、物理领域内的流体系统等。

4.1 连续系统仿真中的数学模型

连续系统仿真中的数学模型有很多种,但基本上可分为三类:连续时间模型、离散时间模型以及连续-离散混合模型,本节将对它们的线性定常形式作一些介绍。

4.1.1 连续时间模型

如果一个连续系统的输入量、输出量以及内部状态变量都是时间的连续函数,则可以用连续时间模型来描述。具体有:微分方程模型、传递函数模型、状态空间模型。

1. 微分方程模型

设系统时间为 t,系统输入为 $u(t)$,系统输出为 $y(t)$,系统输入与输出之间满足微分方程:

$$\frac{d^n y(t)}{dt^n} + \alpha_{n-1} \frac{d^{n-1} y(t)}{dt^{n-1}} + \cdots + \alpha_1 \frac{dy(t)}{dt} + \alpha_0 y(t)$$
$$= \beta_m \frac{d^m u(t)}{dt^m} + \beta_{m-1} \frac{d^{m-1} u(t)}{dt^{m-1}} + \cdots + \beta_1 \frac{du(t)}{dt} + \beta_0 u(t) \tag{4.1}$$

式中,$\alpha_i (i=0,1,\cdots,n-1)$、$\beta_j (j=0,1,\cdots,m)$ 为常系数。

引入微分算子 $\phi = \dfrac{d}{dt}$,则有

$$\sum_{i=0}^{n} \alpha_i \phi^i y(t) = \sum_{j=0}^{m} \beta_j \phi^j u(t) \tag{4.2}$$

式中,$\alpha_n = 1$。

定义 $N(\phi) = \sum_{i=0}^{n} \alpha_i \phi^i$,$M(\phi) = \sum_{j=0}^{m} \beta_j \phi^j$,则可得

$$\frac{y(t)}{u(t)} = \frac{M(\phi)}{N(\phi)} \tag{4.3}$$

当系统输入为多变量且满足多个微分方程时,则所构成的微分方程组为描述系统模型的数学表达式。

2. 传递函数模型

对式(4.1)两边取拉普拉斯变换,并且假设系统输入 $u(t)$ 与系统输出 $y(t)$ 及其各阶导数的初值均为零,则可以得到

$$s^n Y(s) + \alpha_{n-1} s^{n-1} Y(s) + \cdots + \alpha_1 s Y(s) + \alpha_0 Y(s)$$
$$= \beta_m s^m U(s) + \beta_{m-1} s^{m-1} U(s) + \cdots + \beta_1 s U(s) + \beta_0 U(s)$$

设 $G(s) = Y(s)/U(s)$ 为系统的传递函数,则有

$$G(s) = \frac{\beta_m s^m + \beta_{m-1} s^{m-1} + \cdots + \beta_1 s + \beta_0}{s^n + \alpha_{n-1} s^{n-1} + \cdots + \alpha_1 s + \alpha_0} \tag{4.4}$$

比较式(4.4)与式(4.3)可以看到,拉普拉斯变换中的 s 与前面定义的微分算子 ϕ 是等价的。

3. 状态空间模型

对于一个连续系统,式(4.1)与式(4.4)仅仅描述了它们的外部特性,只是确定了系统输入 $u(t)$ 与系统输出 $y(t)$ 变量之间的关系,故称为系统外部模型。为了描述系统的内部特性,下面引入系统的内部变量——状态变量。一个系统的状态是指能够完全描述系统行为的最小的一组变量,这里用向量 $\boldsymbol{X}$ 表示。状态空间表达式可以用状态方程与输出方程表示:

$$\begin{cases} \dot{\boldsymbol{X}} = \boldsymbol{A}\boldsymbol{X} + \boldsymbol{B}u \\ y = \boldsymbol{C}\boldsymbol{X} + \boldsymbol{D}u \end{cases} \tag{4.5}$$

式(4.5)称为状态空间模型。式中,$\boldsymbol{X} = [x_1, x_2, \cdots, x_n]^T$ 为 n 维状态变量;u 是输入向量;y 为输出向量;$\boldsymbol{A}$ 为系统矩阵;$\boldsymbol{B}$ 为输入矩阵;$\boldsymbol{C}$ 为输出矩阵;$\boldsymbol{D}$ 为直传矩阵。

式(4.5)所对应的外部模型为

$$G(s) = \boldsymbol{C}(s\boldsymbol{I} - \boldsymbol{A})^{-1} \boldsymbol{B} + \boldsymbol{D} \tag{4.6}$$

由传递函数也可以确定其对应的状态空间模型,这个问题可以理解成为了用模拟计算机来实现一个系统,通常必须将该系统的数学模型写成状态空间形式,即内部模型形式。

4.1.2 离散时间模型

假定一个系统的输入量、输出量及其内部状态变量是时间的离散函数,即为一时间序列: $\{u(kT)\}, \{y(kT)\}, \{x(kT)\}$,其中 T 为离散时间间隔(有时为简单起见,在序列中不写 T,而直接用 $\{u(k)\}, \{y(k)\}, \{x(k)\}$ 表示),那么可以用离散时间模型来描述它。离散时间模型也有差分方程、z 传递函数、离散状态空间模型 3 种形式。

1. 差分方程

差分方程的一般表达形式为

$$a_0 y(n+k) + a_1 y(n+k-1) + \cdots + a_n y(k) = b_1 u(m+k-1) + \cdots + b_m u(k) \tag{4.7}$$

若引进后移算子 q^{-1},$q^{-1} y(k) = y(k-1)$,则式(4.7)可改写成

$$\sum_{j=0}^{n} a_j q^{-j} y(n+k) = \sum_{j=1}^{m} b_j q^{-j} u(m+k)$$

即

$$\frac{y(n+k)}{u(m+k)} = \frac{\sum_{j=1}^{m} b_j q^{-j}}{\sum_{j=0}^{n} a_j q^{-j}} \quad \text{或} \quad \frac{y(k)}{u(k)} = \frac{\sum_{j=1}^{m} b_j q^{-j}}{\sum_{j=0}^{n} a_j q^{-j}}$$

2. z 传递函数

若系统的初始条件均为零,即 $y(k)=u(k)=0(k<0)$,对式(4.7)两边取 z 变换,则可得

$$(a_0 + a_1 z^{-1} + \cdots + a_n z^{-n}) Y(z) = (b_1 z^{-1} + \cdots + b_m z^{-m}) U(z)$$

若定义 $G(z) = \dfrac{Y(z)}{U(z)}$ 为系统的 z 传递函数,则有

$$G(z) = \frac{\sum_{j=1}^{m} b_j z^{-j}}{\sum_{j=0}^{n} a_j z^{-j}}$$

可见,在系统初始条件均为零的情况下,z^{-1} 与 q^{-1} 等价。

3. 离散状态空间模型

以上两种模型由于只描述了系统的输入序列与输出序列之间的关系,因而称为外部模型。仿真要求采用内部模型,即离散状态空间模型。比如,对于式(4.7)所示的系统,若设

$$\sum_{j=0}^{n} a_j q^{-j} x(n+k) = u(k) \tag{4.8}$$

并令

$$q^{-j} x(n+k) = x_{n-j+1}(k), \quad j=1,2,\cdots,n \tag{4.9}$$

则有

$$\sum_{j=1}^{n} a_j q^{-j} x(n+k) + a_0 x(n+k) = u(k)$$

即

$$\sum_{j=1}^{n} a_j x_{n-j+1}(k) + a_0 x(n+k) = u(k)$$

设 $a_0=1$,并令 $x(n+k)=x_n(k+1)$,则不难得到

$$x(n+k) = x_n(k+1) = -\sum_{j=1}^{n} a_j x_{n-j+1}(k) + u(k) \tag{4.10}$$

根据式(4.9)及式(4.7)可列出以下 n 个一阶差分方程:

$$\begin{cases} x_1(k+1) = x_2(k) \\ x_2(k+1) = x_3(k) \\ \quad\vdots \\ x_{n-1}(k+1) = x_n(k) \\ x_n(k+1) = -a_n x_1(k) - a_{n-1} x_2(k) - \cdots - a_1 x_n(k) + u(k) \end{cases}$$

写成矩阵形式:

$$x(k+1) = Fx(k) + Gu(k) \quad (4.11)$$

其中

$$F = \begin{bmatrix} 0 & 1 & 0 & \cdots & 0 \\ 0 & 0 & 1 & \cdots & 0 \\ \vdots & \vdots & \vdots & & \vdots \\ -a_n & -a_{n-1} & \cdots & \cdots & -a_1 \end{bmatrix}, \quad G = \begin{bmatrix} 0 \\ 0 \\ \vdots \\ 1 \end{bmatrix}$$

将式(4.8)代入式(4.9),可得

$$\sum_{j=0}^{n} a_j q^{-j} y(k) = \sum_{j=1}^{m} b_j q^{-j} u(k) = \sum_{j=1}^{m} b_j q^{-j} \sum_{j=0}^{n} a_j q^{-j} x(n+k)$$

故有

$$y(k) = \sum_{j=1}^{m} b_j q^{-j} x(n+k) = \sum_{j=1}^{m} b_j x_{n-j+1}(k) = \mathbf{\Gamma} x(k) \quad (4.12)$$

其中

$$\mathbf{\Gamma} = \begin{bmatrix} b_m & b_{n-1} & \cdots & b_1 \end{bmatrix}$$

式(4.11)及式(4.12)称为系统离散状态空间模型。同样,它也是非唯一的。

4.1.3 连续-离散混合模型

假定有一系统,它的诸环节中有的环节的状态变量是连续变量,而有的环节的状态变量是离散变量。比如用数字计算机控制连续对象而组成的计算机控制系统就是属于这一类系统(如图 4.1 所示,图中 T 表示以 T 为周期的采样开关)。对于这类系统,它的离散部分(如图 4.1 中的数字计算机)可用离散时间模型来描述,而它的连续部分(如图 4.1 中的连续对象)则可用连续时间模型来描述。图中的保持器是一个将离散信号 $u(kT)$ 恢复成连续信号的装置,它又应怎样来描述呢?这就要用到脉冲序列函数的概念。首先假设数字计算机完成的运算关系为 1,即

$$u(kT) = e(kT)$$

则图 4.1 中的数字计算机和保持器两部分可合并为图 4.2 的形式。

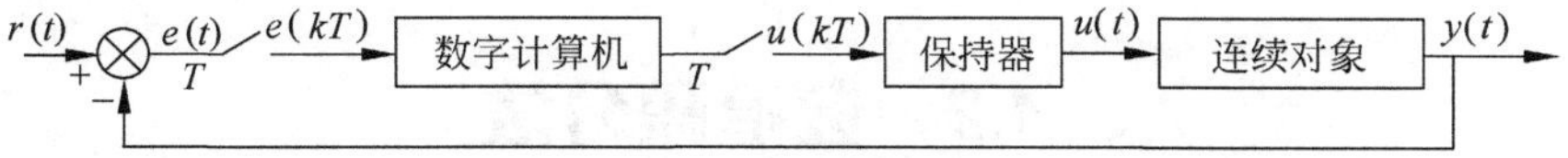

图 4.1 计算机控制系统

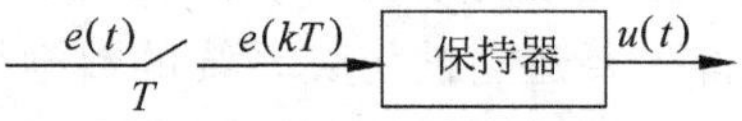

图 4.2 采样开关及保持器

设保持器为零阶,即它使离散信号 $e(kT)$ 变成阶梯状分段信号 $u(t)$,即

$$u(t) = \sum_{k=0}^{\infty} e(kT)[1(t-kT) - 1(t-kT-T)]$$

对上式取拉氏变换可得

$$u(s) = \sum_{k=0}^{\infty} e(kT) \left[\frac{e^{-skT} - e^{-s(k+1)T}}{s} \right] = \frac{1-e^{-sT}}{s} \sum_{k=0}^{\infty} e(kT) e^{-skT} \quad (4.13)$$

令

$$G(s) = \frac{1-e^{-sT}}{s}$$

$$T(s) = \sum_{k=0}^{\infty} e(kT) e^{-skT}$$

则有

$$U(s) = G(s)T(s) \quad (4.14)$$

因此可以设想,$e^*(t)$ 是图 4.3 所示的虚拟系统所产生的脉冲序列。图中的开关设想为每隔 T 秒闭合一次,以产生脉冲序列

$$e^*(t) = \sum_{k=0}^{\infty} e(t)\delta(t-kT)$$

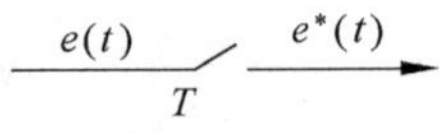

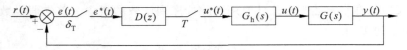

图 4.3 $e^*(t)$ 的等效

同理,保持器可以定义为将 $e^*(t)$ 这样的脉冲序列变成阶梯状波形的环节。综上所述,图 4.4(a)与图 4.4(b)这两个系统是等价的。

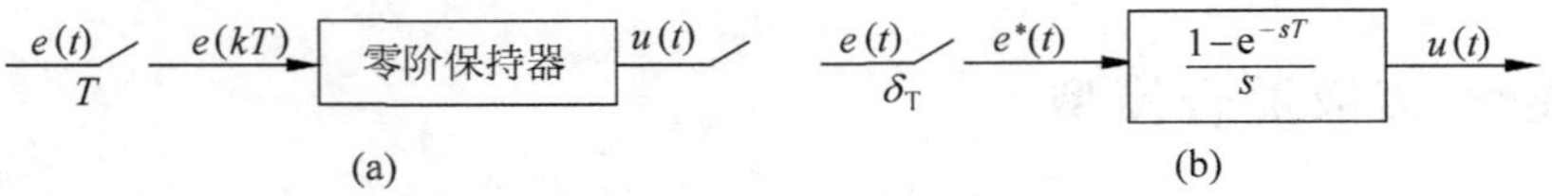

图 4.4 采样与保持

因此图 4.1 的计算机控制系统的数学模型如图 4.5 所示。其中 $D(z)$ 为 $e^*(t)$ 与 $u^*(t)$ 拉氏变换之比,并取 $z=e^{sT}$ 后所得的 z 传递函数。$G_h(s)$ 为保持器传递函数,$G(s)$ 为连续对象的传递函数。

图 4.5 计算机控制系统的数学模型

4.2 数值积分法

在工程领域中,连续系统是最常见的系统,其仿真方法是系统仿真技术中最基本、最常用、最成熟的。进行数字仿真首先要建立被仿真系统的数学模型,并将此模型转换成计算机可接受的、与原模型等价的仿真模型;然后编制仿真程序,使模型在计算机上运转。如何将连续系统的数学模型转换成计算机可接受的等价仿真模型,采用何种方法在计算机上解此模型,这是连续系统数字仿真算法要解决的问题。

在物流系统领域,用得最多的连续系统模型是微分方程模型,因此,本节将重点讨论对微分方程模型进行数字仿真的问题,将微分方程模型转换成等价的差分方程的过程,这在数

学上称为数值积分。因此,下面将讨论连续系统数字仿真的数值积分法。

4.2.1 数值积分法的基本概念

连续系统的数学模型,一般可以用微分方程的形式给出,因此连续系统仿真算法可归结为用计算机求解微分方程的问题。数值积分法(或称数值解法),就是对常微分方程建立离散形式的数学模型——差分方程,并求出其数值解。为了在数字机上进行仿真,通常先要对描述某系统的高阶微分方程进行模型变换,将其变换为一阶微分方程组或状态方程的形式,然后用数值积分法进行计算。

例如,已知某系统的一阶向量微分方程及其初值为

$$\begin{cases} \dot{\boldsymbol{y}} = \boldsymbol{f}(t,\boldsymbol{y}) \\ \boldsymbol{y}(t_0) = \boldsymbol{y}_0 \end{cases} \quad (4.15)$$

式中,$\boldsymbol{y}$ 为 n 维状态向量;$\boldsymbol{f}(t,\boldsymbol{y})$ 为 n 维向量。

设方程(4.15)在 $t = t_0, t_1, \cdots, t_n$ 处的连续解为

$$\boldsymbol{y}(t_{n+1}) = \boldsymbol{y}(t_0) + \int_{t_0}^{t_{n+1}} \boldsymbol{f}(t,\boldsymbol{y}) \mathrm{d}t = \boldsymbol{y}(t_n) + \int_{t_n}^{t_{n+1}} \boldsymbol{f}(t,\boldsymbol{y}) \mathrm{d}t$$

令 $\boldsymbol{Q}_n \approx \int_{t_n}^{t_{n+1}} \boldsymbol{f}(t,\boldsymbol{y}) \mathrm{d}t$,希望能够找到一个近似公式来近似连续解

$$\boldsymbol{y}_{n+1} \approx \boldsymbol{y}_n + \boldsymbol{Q}_n$$

式中,$\boldsymbol{y}_n$ 为准确解(精确解)$\boldsymbol{y}(t_n)$ 的近似解;$\boldsymbol{Q}_n$ 是准确积分值的近似值。

数值积分是解决在已知初值的情况下,对 $\boldsymbol{f}(t,\boldsymbol{y})$ 进行近似积分、对 $\boldsymbol{y}(t)$ 进行数值求解的方法,数学上称为微分方程初值问题的数值方法。

所谓数值解法,就是寻求初值问题的解在一系列离散点 $t = t_0, t_1, \cdots, t_n$ 的近似解 $\boldsymbol{y} = \boldsymbol{y}_0, \boldsymbol{y}_1, \cdots, \boldsymbol{y}_n$(即数值解)。相邻两个离散点的间距 $h = t_{n+1} - t_n$ 称为计算步长或步距。根据已知的初始条件 $\boldsymbol{y}_0$,可逐步递推计算以后各时刻的数值 $\boldsymbol{y}_i$,采用不同的递推算法,就出现了各种各样的数值积分法。常用的积分方法有 3 类:单步法、多步法和预估-校正法,并可分为显式公式和隐式公式。不同的积分方法,对系统求解的精度、速度和数值稳定性等均有不同的影响。

数值积分法中的基本概念有:

1. 单步法与多步法

只由前一时刻的数值 $\boldsymbol{y}_n$ 就可求得后一时刻的数值 $\boldsymbol{y}_{n+1}$,称为单步法,它是一种能自动启动的算法。反之,计算 $\boldsymbol{y}_{n+1}$ 需要用到过去 $t_n, t_{n-1}, t_{n-2}, \cdots$ 时刻 $\boldsymbol{y}$ 的数据,则称为多步法。由于多步法计算 $\boldsymbol{y}_{n+1}$ 需要 $t_n, t_{n-1}, t_{n-2}, \cdots$ 非同一时刻值,启动时必须使用其他方法计算获得这些值,所以它不是自启动的算法。

2. 显式与隐式

计算 $\boldsymbol{y}_{n+1}$ 时所用数值均已算出来,或者说,在递推公式中只用到 t_n 及其之前的若干时刻的值,而不用 t_{n+1} 以及其后时刻的数值,则称为显式公式。反之,如果计算 $\boldsymbol{y}_{n+1}$ 的递推公式中含有未知量 $\boldsymbol{y}_{n+1}$ 的递推公式,则称为隐式公式。使用隐式公式时,需借助于一个显式公式估计一个初值,然后再用隐式公式进行迭代运算,此为预估-校正法,显然这种方法也

不是自启动的算法。由此可见，单步法和显式在实现上比多步法和隐式来得方便。但是出于精度的要求，特别是出于稳定性要求，则应当采用隐式公式。

3. 截断误差

分析数值积分的精度，常用泰勒级数作为工具。假定前一步得到的结果 y_n 是准确的，则用泰勒级数求得 t_{n+1} 处的精确解为

$$y(t_n+h) = y(t_n) + h\dot{y}(t_n) + \frac{1}{2!}h^2\ddot{y}(t_n) + \cdots + \frac{1}{r!}h^r y^{(r)}(t_n) + o(h^{r+1})$$

若只从以上精确解中取前两项之和来近似计算 y_{n+1}，由这种方法单独一步引进的附加误差通常称作局部截断误差，它是该方法给出的值与微分方程的解之间的差，故又称为局部离散误差。不同的数值解法，其局部截断误差也不同。一般若差分公式局部截断误差为 $o(h^{r+1})$，则称它有 r 阶精度，即方法是 r 阶的，所以方法的阶数可以作为衡量方法精确度的一个重要标志。

4. 舍入误差

由于计算机的字长有限，数字不能表示得完全精确，在计算过程中不可避免地会产生舍入误差。舍入误差与 h 成反比，若计算步长小，计算次数就多，则舍入误差就大。产生舍入误差的因素较多，除与计算机字长相关外，还与计算机所使用的数字系统、数的运算次序以及计算 $f(t,y)$ 所用的子程序的精确度等因素有关。

4.2.2 几种常见的数值积分法

1. 欧拉法

欧拉法是最简单的一种数值积分法。虽然它的计算精度较低，实际中很少采用，但推导简单，能说明构造数值解法一般计算公式的基本思想。

对式(4.15)两端由 t_0 到 t_1 进行积分，可得

$$y(t_1) = y_0 + \int_{t_0}^{t_1} f(t,y)dt \tag{4.16}$$

式(4.16)中的积分项是曲线 f 及 $t=t_0,t_1$ 包围的面积，当步长 $h=t_1-t_0$ 足够小时，可以用矩形的面积来近似，即：

$$y(t_1) = y(t_0) + f(t_0,y_0)(t_1-t_0)$$

令 $y(t_1)$ 的近似值为 y_1，则有

$$y_1 = y_0 + hf(t_0,y_0)$$

把 t_1 作为初始点，y_1 作为初始值重复上述做法，可以得到 $y(t_2)$、$y(t_3)$，进而得到递推公式为：

$$y_{n+1} = y_n + hf(t_n,y_n) \tag{4.17}$$

式(4.17)称为欧拉公式，或称为矩形法。若已知初值可以经过式(4.17)的迭代计算，求得近似解。

2. 梯形法

基于欧拉公式的近似思想，用梯形的面积来替代前面的矩形面积，可以得到梯形公式：

$$y_{n+1} = y_n + \frac{h}{2}[f(t_n, y_n) + f(t_{n+1}, y_{n+1})] \tag{4.18}$$

显然式(4.18)是隐式的,故梯形法不能自启动。通常可以使用欧拉法启动求出初值,算出 $y(t_{n+1})$ 的近似值 y_{n+1}^p;然后将其代回原微分方程,计算 f_{n+1} 的近似值 $f_{n+1}^p = f(t_{n+1}, y_{n+1}^p)$;再利用梯形公式求修正后的 y_{n+1},为了提高精度可以利用梯形公式反复迭代。

若只迭代一次,可以得到改进的欧拉公式为

$$\begin{cases} y_{n+1}^p = y_n + h f(t_n, y_n) \\ y_{n+1} = y_n + \frac{h}{2}[f(t_n, y_n) + f^p(t_{n+1}, y_{n+1}^p)] \end{cases} \tag{4.19}$$

式(4.19)的第一式称为预估公式,第二式称为校正公式,这类方法称为预估-校正法,也称为改进的欧拉法。

3. 龙格-库塔法

将泰勒展开式多取几项后截断,能提高截断误差的阶次,即可提高精度。但直接采用泰勒展开方法计算函数 $y(t)$ 的高阶导数,运用起来很不方便。德国数学家 Runge 和 Kutta 先后提出了间接利用泰勒展开式的方法,即用几个点上函数 $y(t)$ 的一阶导函数值的线性组合来近似替代 $y(t)$ 在某点的各阶导数,然后用泰勒级数展开式确定线性组合中的各加权系数。这样既可避免计算高阶导数,又可提高数值积分的精度,这就是龙格-库塔法(以下简称 RK 法)的基本思想,后经改进和发展而形成了现在的多种形式。RK 法包含有显式、隐式或半隐式等方法。下面主要介绍显式 RK 法。

考虑一阶微分方程 $\begin{cases} \dot{y} = f(t, y) \\ y(t_0) = y_0 \end{cases}$,将 $y(t)$ 展开成泰勒级数:

$$y(t+h) = y(t) + h\dot{y}(t) + \frac{h^2}{2!}\ddot{y}(t) + \cdots$$

其中

$$\ddot{y}(t) = \frac{d}{dt}[f(t, y)] = \frac{\partial f}{\partial t} + \frac{\partial f}{\partial y}\frac{\partial y}{\partial t} = \frac{\partial f}{\partial t} + \frac{\partial f}{\partial y}f(t, y)$$

则有

$$y(t+h) = y(t) + hf(t, y) + \frac{h^2}{2!}\left[\frac{\partial f}{\partial t} + \frac{\partial f}{\partial y}f(t, y)\right] + \cdots \tag{4.20}$$

为了避免计算各阶导数和偏导数,将式(4.20)写成

$$y(t+h) = y(t) + h\sum_{i=1}^{r} b_i k_i \tag{4.21}$$

式中,r 称为阶数;b_i 为待定系数;k_i 由下式决定:

$$k_i = f\left(t + c_i h, y(t) + h\sum_{j=1}^{i-1} a_j k_j\right), \quad i = 1, 2, 3, \cdots, r \tag{4.22}$$

且定义 $c_1 = 0$。

下面针对 r 的取值进行讨论。

1) $r = 1$

此时 $c_1 = 0$,$k_1 = f(t, y)$,式(4.21)变成

$$y(t+h) = y(t) + b_1 h f(t, y)$$

取 $b_1 = 1$ 即得一阶 RK 公式，它就是欧拉公式，因此可以说欧拉公式是 RK 公式的特例。

2) $r = 2$

由式(4.22)可知，

$$\begin{cases} k_1 = f(t, y) \\ k_2 = f(t + c_2 h, y(t) + a_1 k_1 h) \end{cases} \tag{4.23}$$

将 $f(t + c_2 h, y(t) + a_1 k_1 h)$ 在点 (t, y) 处展成泰勒级数

$$f(t + c_2 h, y(t) + a_1 k_1 h) \approx f(t, y) + c_2 h \frac{\partial}{\partial t} f(t, y) + a_1 k_1 h \frac{\partial}{\partial y} f(t, y) \frac{\partial y}{\partial t} \tag{4.24}$$

将式(4.24)代入式(4.23)，再将式(4.23)代入式(4.21)，得

$$y(t+h) = y(t) + h \sum_{i=1}^{2} b_i k_i$$

$$= y(t) + (b_1 + b_2) h f(t, y) + b_2 c_2 h^2 \frac{\partial f}{\partial t} + a_1 b_2 h^2 \frac{\partial f}{\partial y} \frac{\partial y}{\partial t} \tag{4.25}$$

将式(4.25)与式(4.20)逐项比较，按照对应项系数相等比较可得

$$\begin{cases} b_1 + b_2 = 1 \\ b_2 c_2 = 1/2 \\ a_1 b_2 = 1/2 \end{cases} \tag{4.26}$$

式(4.26)是一个不定方程，它有无穷多个解。

取 $a_1 = 1/2, b_1 = 0, b_2 = 1, c_2 = 1/2$，可得

$$\begin{cases} y_{n+1} = y_n + h k_2 \\ k_1 = f(t_n, y_n) \\ k_2 = f\left(t_n + \dfrac{h}{2}, y_n + \dfrac{h}{2} k_1\right) \end{cases}$$

取 $a_1 = 1, b_1 = b_2 = 1/2, c_2 = 1$，可得

$$\begin{cases} y_{n+1} = y_n + \dfrac{h}{2}(k_1 + k_2) \\ k_1 = f(t_n, y_n) \\ k_2 = f(t_n + h, y_n + h k_1) \end{cases} \tag{4.27}$$

显然式(4.27)正好是前面介绍的改进的欧拉公式。

3) $r = 3$

按照前面的推导方法可以得到常用的三阶 RK 公式：

$$\begin{cases} y_{n+1} = y_n + \dfrac{h}{4}(k_1 + 3k_3) \\ k_1 = f(t_n, y_n) \\ k_2 = f\left(t_n + \dfrac{h}{3}, y_n + \dfrac{h}{3} k_1\right) \\ k_3 = f\left(t_n + \dfrac{2h}{3}, y_n + \dfrac{2h}{3} k_2\right) \end{cases}$$

4) $r=4$,同样可以得到常用的四阶 RK 公式：

$$\begin{cases} \boldsymbol{y}_{n+1} = \boldsymbol{y}_n + \dfrac{h}{6}(\boldsymbol{k}_1 + 2\boldsymbol{k}_2 + 2\boldsymbol{k}_3 + \boldsymbol{k}_4) \\ \boldsymbol{k}_1 = \boldsymbol{f}(t_n, \boldsymbol{y}_n) \\ \boldsymbol{k}_2 = \boldsymbol{f}\left(t_n + \dfrac{h}{2}, \boldsymbol{y}_n + \dfrac{h}{2}\boldsymbol{k}_1\right) \\ \boldsymbol{k}_3 = \boldsymbol{f}\left(t_n + \dfrac{h}{2}, \boldsymbol{y}_n + \dfrac{h}{2}\boldsymbol{k}_2\right) \\ \boldsymbol{k}_4 = \boldsymbol{f}(t_n + h, \boldsymbol{y}_n + h\boldsymbol{k}_3) \end{cases}$$

4. 线性多步法

前面讨论的单步法,在计算 $n+1$ 时刻的值时,只要利用前一步的 $\boldsymbol{y}_n$ 和 $\boldsymbol{f}_n$ 的值,就可以自动进行计算。在逐步推进计算中,计算 $\boldsymbol{y}_{n+1}$ 之前,已求出了一系列的近似值 $\boldsymbol{y}_0, \boldsymbol{y}_1, \cdots, \boldsymbol{y}_n$ 及 $\boldsymbol{f}_0, \boldsymbol{f}_1, \cdots, \boldsymbol{f}_n$ 等。如果能够充分利用前面多步的信息来计算 $\boldsymbol{y}_{n+1}$,则可望既加快仿真速度,又获得较高的精度,这就是构造多步法的基本思想。在线性多步法中,使用最为普遍、最具代表性的方法是亚当姆斯法(Adams)。

线性多步法的递推计算公式可写为

$$\boldsymbol{y}_{n+1} = \sum_{i=0}^{k-1} \alpha_i \boldsymbol{y}_{n-i} + h \sum_{i=-1}^{k-1} \beta_i \boldsymbol{f}_{n-i} \tag{4.28}$$

式中,$\boldsymbol{f}_i = \boldsymbol{f}(\boldsymbol{y}_i, t_i)$;$\alpha_i$、$\beta_i$ 为待定系数。如果 $\beta_{-1}=0$,式(4.28)的右端不含有 $\boldsymbol{y}_{n+1}$,公式为显式;如果 $\beta_{-1} \neq 0$,式(4.28)的右端含有 $\boldsymbol{y}_{n+1}$,公式为隐式。

亚当姆斯法是利用一个插值多项式来近似代替 $\boldsymbol{f}(t,\boldsymbol{y})$。在 t_{n-k+1} 到 t_n 区间内等间距取 k 个点：$t_{n-k+1}, t_{n-k+2}, \cdots, t_n$;并计算出它们的右端函数值 $\boldsymbol{f}_{n-k+1}, \boldsymbol{f}_{n-k+2}, \cdots, \boldsymbol{f}_n$;然后由这 k 个值根据牛顿后插公式进行插值,得到一个 $k-1$ 次多项式逼近 $\boldsymbol{f}(t,\boldsymbol{y})$ 即

$$\boldsymbol{f}(t,\boldsymbol{y}) \approx \boldsymbol{f}_n P_n(t) + \boldsymbol{f}_{n-1} P_{n-1}(t) + \cdots + \boldsymbol{f}_{n-k+1} P_{n-k+1}(t)$$

这里的 $P_{n-j}(t)$ 是插值基函数,$j=0,1,2,\cdots,k-1$。插值基函数 $P_{n-j}(t)$ 是在节点 t_{n-j} 取 1,在其他节点取值为 0 的多项式。

由此,可得亚当姆斯法显式公式为

$$\begin{cases} \boldsymbol{y}_{n+1} = \boldsymbol{y}_n + h(\beta_0 \boldsymbol{f}_n + \beta_1 \boldsymbol{f}_{n-1} + \cdots + \beta_{k-1} \boldsymbol{f}_{n-k+1}) \\ \beta_j = \dfrac{1}{h} \displaystyle\int_{t_n}^{t_{n+1}} P_{n-j+1}(t) \mathrm{d}t, \quad j=0,1,2,\cdots,k-1 \end{cases}$$

若采用牛顿内插公式：

$$\boldsymbol{f}(t,\boldsymbol{y}) \approx \boldsymbol{f}_{n+1} P_{n+1}(t) + \boldsymbol{f}_n P_n(t) + \cdots + \boldsymbol{f}_{n-k+2} P_{n-k+2}(t)$$

插值基函数 $P_{n-j+1}(t)$ 是在节点 t_{n-j} 取 1,在其他节点取值为 0 的多项式。则可以求得亚当姆斯法隐式公式为

$$\begin{cases} \boldsymbol{y}_{n+1} = \boldsymbol{y}_n + h(\beta_{-1} \boldsymbol{f}_{n+1} + \beta_0 \boldsymbol{f}_n + \cdots + \beta_{k-2} \boldsymbol{f}_{n-k+2}) \\ \beta_j = \dfrac{1}{h} \displaystyle\int_{t_n}^{t_{n+1}} P_{n-j+1}(t) \mathrm{d}t, \quad j=-1,0,1,\cdots,k-2 \end{cases}$$

显式亚当姆斯法系数与隐式亚当姆斯法系数分别见表 4.1 和表 4.2。

表 4.1　显式亚当姆斯法系数

阶数	β_{-1}	β_0	β_1	β_2	β_3
1	0	1	0	0	0
2	0	3/2	−1/2	0	0
3	0	23/12	−16/12	5/12	0
4	0	55/24	−59/24	37/24	−9/24

表 4.2　隐式亚当姆斯法系数

阶数	β_{-1}	β_0	β_1	β_2	β_3
1	1	0	0	0	0
2	1/2	1/2	0	0	0
3	5/12	8/12	−1/12	0	0
4	9/24	19/24	−5/24	1/24	0

常用的四阶亚当姆斯法显式公式为

$$y_{n+1} = y_n + \frac{h}{24}(55f_n - 59f_{n-1} + 37f_{n-2} - 9f_{n-3})$$

由于隐式公式的稳定域大于显式公式,而且对同阶的亚当姆斯法来说,隐式公式的精度往往高于显式公式,所以采用折衷的办法,先由显式公式求出 y_{n+1} 的预估计值 y_{n+1}^p,再代入隐式公式求出 y_{n+1} 的值,即预估-校正法。下面是预估-校正公式:

$$\begin{cases} y_{n+1}^p = y_n + \frac{h}{12}(23f_n - 16f_{n-1} + 5f_{n-2}) \\ y_{n+1} = y_n + \frac{h}{24}(9y_{n+1}^p + 19f_n - 5f_{n-1} + f_{n-2}) \end{cases}$$

5. 变步长法

在实际应用时,对于前述数值积分方法,仿真人员应根据实际情况在仿真的不同阶段选取不同的步长。选取的原则是,在保证仿真过程满足一定精度的前提下,为使计算量尽可能小,尽量选取适用的较大的步长,这样仿真步长需不断改变。变步长应根据一定的条件,其前提是要有一个好的局部误差估计公式,根据局部误差的大小来改变步长,数值积分法在此研究较为深入。这里主要对单步法的误差估计与步长控制作介绍,至于多步法,由于其不能自启动,故一般不作变步长处理,但若改为单步多值法,则可实现变步长。

下面以变步长龙格-库塔(Runge-Kutta)法为例来说明变步长法的应用。

对于龙格-库塔算法的误差估计,通常是设法找到另一个低阶(一般是低一阶)的龙格-库塔公式,要求这两个公式中的 k_i 相同,则两个公式计算结果之差可以看作是误差。

假设微分方程为

$$\begin{cases} \dot{y}(t) = f(t, y) \\ y(t_0) = y_0 \end{cases}$$

计算公式为

$$y_{n+1} = y_n + \frac{h}{6}(k_1 + 4k_4 + k_5)$$

其中:

$$\begin{cases} k_1 = f(t_n, y_n) \\ k_2 = f\left(t_n + \frac{h}{3}, y_n + \frac{h}{3}k_1\right) \\ k_3 = f\left(t_n + \frac{h}{3}, y_n + \frac{h}{6}(k_1 + k_2)\right) \\ k_4 = f\left(t_n + \frac{h}{2}, y_n + \frac{h}{8}(k_1 + 3k_3)\right) \\ k_5 = f\left(t_n + h, y_n + \frac{h}{2}(k_1 - 3k_3 + 4k_4)\right) \end{cases}$$

此为四阶五级公式,还可推导出一个三阶四级公式,即

$$\hat{y}_{n+1} = y_n + \frac{h}{6}(3k_1 - 9k_3 + 12k_4)$$

令误差 $E_n = \hat{y}_{n+1} - y_{n+1}$,则

$$E_n = \frac{h}{6}(2k_1 - 9k_3 + 8k_4 - k_5)$$

根据该步的绝对误差 E_n,即可按步长的控制策略进行步长的控制。

对于变步长法,根据误差估计计算值的大小,即可选定某种变步长的规则,进行步长控制,这就是步长控制策略。对于步长控制策略通常有两种。

1) 对分策略

设定一个最小误差限 ε_{min},一个最大误差限 ε_{max},每一步的局部误差取为

$$e_n = E_n/(|y_n|+1) \qquad (4.29)$$

式中,E_n 为变步长各式计算出的误差估计。由式(4.29)可知,当 $|y_n|$ 较大时,e_n 是相对误差;而当 $|y_n|$ 很小时,e_n 就成了绝对误差,这样可避免当 y 值很小时,e_n 变得过大。

其控制策略是:当 $e_n \geq \varepsilon_{max}$ 时,将步长对分减半,并重新计算该步;当 $\varepsilon_{min} \leq e_n \leq \varepsilon_{max}$ 时,步长不变,继续计算;当 $e_n < \varepsilon_{min}$ 时,将步长加倍,继续计算。

这种对分策略,简便易行,每步附加计算量小,但不能达到每步最优。

2) 最优步长控制策略

其基本思想是在保证精度的前提下,每个积分步取最大步长(或称最优步长),这样可以减少计算量。具体做法是根据本步误差估计,近似确定下一步可能的最大步长。

最优步长控制策略如下:

给定相对误差限 ε_0,设本步步长为 h_n,本步的相对误差估计值为

$$e_n = \frac{E_n}{|y_n|+1}$$

对于 k 阶积分算法,认为 $E_n = \phi(\eta) \cdot h_n^k$,其中 $\phi(\eta)$ 是 $f(t,y)$ 在积分区 $(t_n \sim t_n+h)$ 内一些偏导数的组合,通常可取 $\eta = t_n$,则有

$$e_n = \frac{\phi(t_n) \cdot h_n^k}{|y_n|+1} \qquad (4.30)$$

由此作出判断:

(1) 若 $e_n \leq \varepsilon_0$,则本步积分成功,现确定下一步的最大步长 h_{n+1}。假定 h_{n+1} 足够小,则 $\phi(t_n+h_{n+1}) \approx \phi(t_n)$,下一步误差为

$$e_{n+1} = \frac{\phi(t_n) \cdot h_{n+1}^k}{|y_{n+1}|+1} \approx \frac{\phi(t_n) \cdot h_{n+1}^k}{|y_n|+1}$$

为使 $e_{n+1} \leq \varepsilon_0$,即

$$\frac{\phi(t_n) \cdot h_{n+1}^k}{|y_n|+1} \leq \varepsilon_0$$

则有

$$h_{n+1} \approx \left(\frac{\varepsilon_0(|y_n|+1)}{\phi(t_n)}\right)^{1/k}$$

将式(4.30)代入上式得

$$h_{n+1} \approx \left(\frac{\varepsilon_0 h_n^k}{e_n}\right)^{1/k} = \left(\frac{\varepsilon_0}{e_n}\right)^{1/k} h_n$$

(2) 若 $e_n > \varepsilon_0$，则本步失败，按式(4.30)求出一个积分步长，它表示重新积分的本步步长，再算一遍，即

$$h_{n+1} \leftarrow \left(\frac{\varepsilon_0}{e_n}\right)^{1/k} h_n$$

由于假定了 h_{n+1} 足够小，因此 $\phi(t_n)$ 基本不变，故必须限制步长的缩小与放大，一般限制 h_n 的最大放缩系数为 10，即要求

$$0.1 h_n < h_{n+1} < 10 h_n$$

有关最优步长的控制，除此方法之外，还有吉尔(Gear)法等。采用最优步长控制后，计算量有明显减少，但上述两种控制方法对于 f 函数中含有间断特性的情况不适合。因为在间断点附近会出现步长频繁放大、缩小的振荡现象，由于最优步长控制法是以本步误差外推下一步步长，因此振荡现象更为严重。

4.2.3 数值积分法的稳定性分析

对一个本来是稳定的系统，利用数值积分法进行仿真的时候常常会得出不稳定的结论。造成这种现象的原因往往是计算的步长选取得太大，当步长 h 选取得太大时，数值积分法会使得各种误差传递出去，从而引起计算不稳定。而误差的来源一般有：初始误差，在实际计算中给出的初值 y_0 通常会不太准确；由于计算机字长限制造成的舍入误差；在某一步长 h 下产生的截断误差。而这些误差都可能在计算中向下传播。

数值解的稳定性，是指在扰动(初始误差、舍入误差、截断误差等)影响下，其计算过程中的累积误差不会随计算步数的增加而无限增长。不同的数值解法对应着不同的差分递推公式。一个数值法是否稳定取决于该差分方程的特征根是否满足稳定性要求。

下面以一阶显式亚当姆斯方法来讨论数值积分法的稳定性分析方法。

假定系统的微分方程为

$$\frac{dy}{dt} = \lambda y, \quad \lambda = \alpha + i\beta, \quad \alpha < 0 \tag{4.31}$$

其递推公式为

$$y_{n+1} = y_n + h\lambda y_n \tag{4.32}$$

假定 $y_k (k=0,1,2,3,\cdots)$ 为它的一个仿真解，另外设 $y_k + \varepsilon_k$ 为其准确解，则有

$$(y_{n+1} + \varepsilon_{n+1}) = (y_n + \varepsilon_n) + h\lambda(y_n + \varepsilon_n) \tag{4.33}$$

式(4.33)减去式(4.32)，可得

$$\varepsilon_{n+1} = \varepsilon_n + h\lambda \varepsilon_n$$

整理后为

$$\varepsilon_{n+1} - (1+h\lambda)\varepsilon_n = 0$$

其特征方程为

$$z - (1+h\lambda) = 0$$

为了使误差序列 ε_k 不随 k 的增加而增加,必须要求其特征根 $z=1+h\lambda$ 在单位圆内,即 $|1+h\lambda|\leqslant 1$,它所对应的区域就是一阶显式亚当姆斯算法的稳定域。

因此,如果系统方程为 $\lambda=\alpha(\alpha<0)$ 运用一阶显式亚当姆斯算法时,只有 $h\leqslant 2|1/\alpha|$ 时才能保证计算是稳定的。

假设系统方程的形式为式(4.31),其数值积分公式为
$$y_{n+1}=p(h\lambda)y_n$$
式中,$p(h\lambda)$ 是一个关于 $h\lambda$ 高阶多项式函数,则只有当 $|p(h\lambda)|<1$ 时算法才是稳定的。

亚当姆斯算法的稳定域可用图 4.6 表示出来,图中的曲线关于实轴是对称的,故只画出了上半部分。其中除隐式一阶、二阶亚当姆斯算法为恒稳外,其他的都是条件稳定的,而且其 h 值应该限制在最小时间常数的数量级。

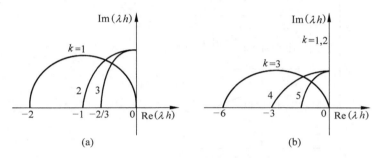

图 4.6 数值积分的稳定域
(a) 显式亚当姆斯算法;(b) 隐式亚当姆斯算法

4.3 连续系统仿真示例

4.3.1 连续时间模型系统仿真示例

对于连续时间模型系统进行仿真时,以微分方程模型描述的系统为例,其仿真步骤为:
(1) 选择需要关注的状态变量,选取一种数值积分法。
(2) 系统初始化,设定初始步长、各状态变量初值、仿真时间初值、仿真结束条件。
(3) 根据选定的积分算法,构造仿真模型。
(4) 进行积分计算。
(5) 更新各状态变量,更新仿真时间。
(6) 仿真结束条件是否满足?如果不满足,则返回第(4)步;否则,转至第(7)步。
(7) 误差分析。如果误差小于某一误差限,则接受仿真结果,打印仿真报告;否则,更改仿真步长,或重新选择数值积分算法,再次进行仿真。

例 4-1 设一连续系统,可用一阶微分方程描述 $\dfrac{\mathrm{d}y}{\mathrm{d}t}=2t$,其中初值为:$y_0=1,t_0=0$,试对该系统在 $[0,50]$ 时间内进行仿真。

解：仿真算法流程图如图 4.7 所示。

按照图 4.7 所示流程图及选取的参数，仿真计算结果如图 4.8 所示。

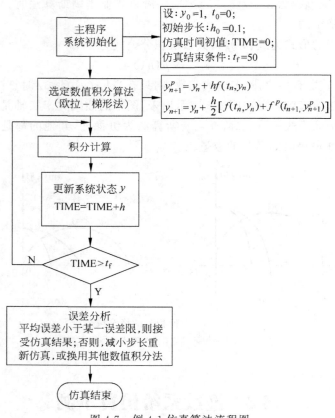

图 4.7 例 4-1 仿真算法流程图

由于该微分方程为一阶微分方程，可以求出其解析解，为便于比较，该解析解为 $y=t^2+1$，取 $t\in[0,50]$，可以画出其解析解曲线如图 4.9 所示。

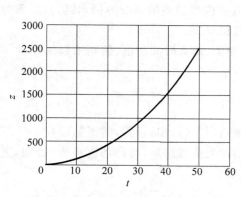

图 4.8 例 4-1 中微分方程的数值解

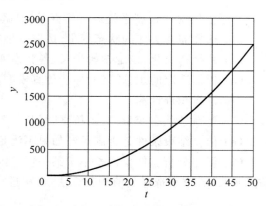

图 4.9 例 4-1 中微分方程的解析解曲线

比较图 4.8 和图 4.9 可以发现，该微分方程的数值解和解析解非常相似，因此此例中采用欧拉-梯型法对该微分方程描述的连续系统进行仿真可以得到较好的结果。

4.3.2 离散时间模型系统仿真示例

对于离散时间模型系统最经常使用的模型就是差分方程,以差分方程描述的系统为例,其仿真步骤如下:

(1) 选择需要关注的状态变量。
(2) 系统初始化,设定各状态变量初值、仿真时间初值、仿真结束条件。
(3) 推导差分迭代模型。
(4) 进行迭代计算。
(5) 更新各状态变量,更新仿真时间。
(6) 仿真结束条件是否满足? 如果不满足,则返回第(4)步;否则,转至第(7)步。
(7) 误差分析。如果误差小于某一误差限,则接受仿真结果,打印仿真报告;否则,更改仿真步长,或重新选择数值积分算法,再次进行仿真。

例 4-2 假设有一离散时间模型系统为 $y(k+2)+3y(k+1)+2y(k)=0$,初始条件为 $y(0)=0, y(1)=1$,试对该系统在 $[0,50]$ 时间内进行仿真。

解:
(1) 采用迭代法进行仿真
由差分方程可以求得差分迭代公式为
$$y(k+2) = -3y(k+1) - 2y(k)$$
设初值为: $y(0)=0, y(1)=1$,步长 $h=1, t_0=0, t_f=50$,状态变量选定为 y。根据这些条件,可以得到状态变量 y 的变化图如图 4.10 所示。

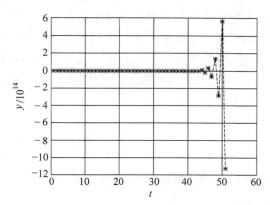

图 4.10 例 4-2 中离散时间方程的迭代解

(2) 解析方法求得的解析解
对差分方程两边作 z 变换,得
$$Z[y(k+2)+3y(k+1)+2y(k)]=0$$
根据 z 变换的线性定理和超前定理,可以求得
$$Y(z) = \frac{z}{z+1} - \frac{z}{z+2}$$

查 z 变换表可得
$$y(kT) = Z^{-1}[Y(z)] = (-1)^k - (-2)^k, \quad k = 0, 1, 2, \cdots$$
根据此式可以得到 y 的解析解如图 4.11 所示。

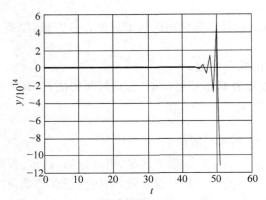

图 4.11 例 4-2 中离散时间方程的解析解

比较图 4.10 和图 4.11 的曲线，可以得到这两条线是非常相似的，说明采用迭代的方法对离散时间模型系统进行仿真是有效的。

小结与讨论

连续系统仿真中的数学模型包括连续时间模型、离散时间模型以及连续-离散混合模型，物流系统领域经常用到的数学模型是连续时间模型中的微分方程模型，因此微分方程模型的数字仿真问题是亟待解决的问题。本章深入分析了数值积分法的一些基本概念，重点分析了欧拉法、梯形法、龙格-库塔法、线性多步法以及变步长法，讨论了数值积分法中的稳定性分析方法，最后分别给出了一个连续时间模型系统仿真示例和一个离散时间模型系统仿真示例。

习题

1. 连续系统仿真中的数学模型可以分为几类？并举例说明。

2. 已知微分方程 $\begin{cases} \dfrac{dy}{dt} = 4y + t^2 \\ y_0 = 0 \\ t_0 = 0 \end{cases}$，积分步长 h 取为 0.5，试用欧拉法作为预估公式，梯形法作为校正公式，进行积分计算。

3. 对第 2 题中的方程，试用四阶龙格-库塔方法进行积分计算。为保证系统设计稳定，计算步距 h 最大不能超过多少？

4. 试比较分析单步法与多步法的异同。

第5章 离散事件系统仿真

与连续事件系统不同,离散事件系统内部的状态变化是随机的,同一内部状态可以向多种状态转变,很难用函数来描述系统内部状态的变化,只能掌握系统内部状态变化的统计规律。系统的内部状态只在离散的随机时间点上发生变化,且状态在一段时间内保持不变。所以,在建立离散事件模型时,只要考虑系统内部状态发生变化的时间点和发生这些变化的原因,而不用描述系统内部状态发生变化的过程。

离散事件系统仿真策略是对离散事件系统进行仿真时所采取的系统组织方法,主要包括事件调度法、活动扫描法和进程交互法。

5.1 基本概念

离散事件系统是指系统的状态仅在离散的时间点上发生变化的系统,而且这些离散时间点一般是不确定的。这类系统中引起状态变化的原因是事件,通常状态变化与事件的发生是一一对应的。事件的发生没有持续性,可以看作在一个时间点上瞬间完成,事件发生的时间点是离散的,因而这类系统称为离散事件系统。单机器加工的排队服务系统是离散事件系统的一个典型例子,在该系统中,系统的状态变量(例如正在排队的工件数等)仅当工件到达或工件离开时才改变,而工件到达和工件离开的时间都是随机的。

应当注意一点,一个实际系统是离散的还是连续的(或者是离散连续混合的),实质上指的是描述该系统的模型是离散的还是连续的。根据研究目的的不同,同一个现实系统可以在一种场合下用离散模型描述,这时它是离散事件系统;而在另一种场合用连续模型描述,这时它是连续系统。例如一个电机控制系统,如果关注的是电机的开关动作、转速、力矩的临界状态,则认为系统是离散的;而如果细入分析电机的转速、力矩与控制电压的关系,则认为系统是连续的;如果综合考察该系统的连续和离散状态变化过程,则认为系统是混合的。

5.1.1 排队服务系统的描述

排队服务系统是一个典型的离散事件系统。我们一般把按照一定概率分布规则到达系统,在系统内部流动,经过排队活动离开系统,满足这种运行规则的系统称为排队服务系统。在现实生活中,有很多排队服务系统,比如理发店服务系统、银行服务系统、零件按照一定规则到达的机器加工系统等。

单机器加工系统是排队服务系统的一个典型例子,在研究单机器加工系统时,需要研究工件的到达情况和工件加工的时间长度。一般来说,在随机情况下,单机器加工系统中工件的到达时间间隔满足泊松分布,泊松分布可由参数 λ_1 决定,工件加工时间长度满足负指数分布,可由参数 λ_2 决定。图 5.1 是单机器加工系统的流程图。

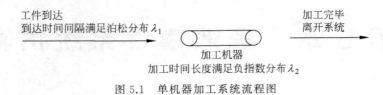

图 5.1　单机器加工系统流程图

5.1.2　离散事件系统的基本要素

现实社会中,离散事件系统的类型多种多样,但它们的主要组成元素基本上是相同的,这些基本要素有:

(1) 实体(entity):构成系统的各种成分称为实体,用系统论的术语,它是系统边界内的对象。实体可分为临时实体和永久实体两大类。在系统中只存在一段时间的实体叫作临时实体,这类实体在系统仿真过程中的某一时刻出现,在仿真结束前从系统中消失,实体的生命不会贯穿整个仿真过程。永久驻留在系统中的实体称为永久实体,只要系统处于活动状态,这些实体就存在。临时实体常常具有主动性,又称为主动成分,而永久实体往往是被动的,又称为被动成分。例如单机器加工系统中,工件是临时实体(主动成分),机器是永久实体(被动成分)。临时实体按一定规律出现在仿真系统中,引起永久实体状态的变化,又在永久实体作用下离开系统,如此整个系统呈现出动态变化的过程。

(2) 属性(attribute):实体的状态由它的属性的集合来描述,属性用来反映实体的某些性质。例如单机器加工系统中,工件是一个实体,材质、形状、颜色、到达时间、加工时间、离开时间等是它的属性。对于一个客观实体,其属性很多,我们在仿真建模中,只需要使用与研究目的相关的一部分就可以了。工件的材质、颜色与单机器加工系统关系不大,在单机器加工系统中不必作为工件的一个属性,而到达时间、加工时间和离开时间是研究单机器加工系统效率的重要依据,是单机器加工系统仿真中工件的属性。

(3) 状态(state):在某一确定时刻,系统的状态是系统中所有实体的属性的集合。

(4) 事件(event):事件是引起系统状态发生变化的行为,它是在某一时间点上的瞬间行为,离散事件系统可以看作是由事件驱动的。在上面的例子中,可以定义"工件到达"为一类事件,因为由于工件的到达,系统状态中机器的状态可能由"闲"变为"忙",或者队列状态(即排队的工件个数)发生变化。工件加工完毕后离开系统的行为也可以定义为一类事件——"工件离开",此事件可能使机器的状态由"忙"变为"闲",同时生产线上"现有工件数"减一。

(5) 活动(activity):实体在两个事件之间保持某一状态的持续过程称为活动,活动的开始与结束都是由事件引起的。在上例中,工件开始加工到该工件加工完毕后离开生产线可视为一个活动,在此过程中机器处于"忙"状态。

(6) 进程(process):进程由和某类实体相关的事件及若干活动组成。一个进程描述了它所包括的事件及活动之间的相互逻辑关系和时序关系。在上例中,一个工件到达系统排队→机器为之加工→加工完毕后离去的过程,可视为一个进程。事件、活动和进程三者之间的关系如图 5.2 所示。

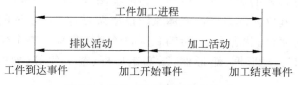

图 5.2 事件、活动和进程的关系

(7) 仿真时钟(simulation clock):仿真时钟用于表示仿真时间的变化,作为仿真过程的时序控制。它是系统运行时间在仿真过程中的表示,而不是计算机执行仿真过程的时间长度。在连续系统仿真中,将连续模型离散化后,仿真事件的变化由仿真步长确定,可以是定步长,也可以是变步长。而离散事件系统的状态本来就是在离散时间点上发生变化。仿真时钟的推进方式(time advance mechanism)基本上有两种:固定步长时间推进机制(fixed-increment time advance mechanism)和下次事件时间推进机制(next event time advance mechanism),但一般离散事件系统仿真中,采用下次事件时间推进机制的居多。

(8) 规则(rule):描述实体之间、实体与仿真时钟之间相互影响的规则。例如单机器加工系统中,工件这类实体与机器这类实体之间,工件是主动实体,机器是被动实体,机器的状态受工件的影响(作用),作用的规则是:如果机器状态为"闲",工件到达单机器加工系统则改变其当前状态,使其由"闲"转为"忙";如果机器"忙",则不对机器起作用,而是工件进入排队状态。实际上,主动实体与被动实体之间产生作用,而主动实体与主动实体、被动实体与被动实体之间也可能产生作用。

5.1.3 离散事件系统的特点

从上面的分析可以发现离散事件模型具有以下一些特点:

(1) 模型的多数变量在一定时间内保持常数,且仅在某些时刻才发生改变,这些变量称之为逐段常数变量。

(2) 模型的一些变量随着仿真时钟的推进,逐步线性递减直到为零,这些变量叫作递减时标变量。当递减时标变量到达零时,模型的有关状态变量就会发生变化。

(3) 模型状态发生变化的时刻,也就是某个递减时标变量值为零的时刻。这样,在系统的状态刚发生变化后,就可根据递减时标变量值,来确定下次的策划时间。

5.2 离散事件系统建模方法

5.2.1 实体流图法的建模思路

离散事件系统建模方法有多种,如实体流图法、活动周期图和 Petri 网方法等,由于实体流图法在物流系统建模与仿真中用得较多,下面主要介绍实体流图法。实体流图法采用与计算机程序流程图相类似的图示符号和原理,建立表示临时实体产生、流动、接受永久实体"服务"以及消失等过程的流程图。借助实体流程图,可以表示事件、状态变化及实体间相互作用的逻辑关系。建立实际系统的实体流图模型需要对实际系统的工作流程有深刻的认识和理解,同时,要将事件、状态变化、活动和队列等概念贯穿于整个建模过程中。实体流图法常用的图示符号有:菱形框、矩形框、圆端矩形框、箭头线等,如图 5.3 所示,具体含义如下。

（1）圆端矩形框——开始和结束;
（2）菱形框——判断;
（3）矩形框——事件、状态、活动等中间处理过程;
（4）箭头线——逻辑关系。

图 5.3　实体流图法常用的图示符号
(a) 开始和结束；(b) 判断；(c) 中间处理过程；(d) 逻辑关系

运用实体流图法对离散事件系统进行建模的步骤如下:
（1）辨识系统实体及属性。辨识组成系统的各种实体及属性,将队列作为一种特殊的实体来考虑。
（2）分析实体状态和活动。分析实体的状态、活动及其相互之间影响规律,队列实体的状态是队列的长度。
（3）确定系统事件。分析实体状态的变化,找出哪些事件导致了活动的开始或结束,以确定引起实体状态变化的事件,并合并条件事件。
（4）分析事件引起的状态变化。分析各种事件发生时,实体状态的变化规律。
（5）分析队列实体操作。在一定的服务流程下,分析与队列实体有关的特殊操作,如换队等。
（6）画出系统实体流程图。以临时实体的流动为主线,用图 5.3 约定的图示符号画出仿真系统的实体流程图。
（7）确定模型参数。给出模型参数的取值、参变量的计算方法及属性描述变量的取值方法。属性描述变量,例如顾客到达时间、服务时间等,可以取一组固定值,也可以由某一公式计算取值,还可以是一个随机变量。当属性描述变量是随机变量时,应给出其分布函数。
（8）给出排队规则。给出队列的排队规则,有多个队列存在时,还应给出其服务规则,包括队列优先级及换队规则等。

5.2.2　实体流图法实例分析

例 5-1 理发店服务系统　有一个理发店只有一位理发员,顾客来到理发店后,如果有其他顾客在理发就需等候。理发员按先到先服务原则为每一位顾客理发,而且只要有顾客等待,理发员就不能休息。建模目的是在假定顾客到达时间间隔和理发时间服从一定概率分布时,考察理发员的忙闲状况。

解:实体流图法分析过程如下。

(1) 识别系统实体。上述理发店服务系统由 3 类实体组成:顾客、理发员和队列。顾客是临时实体,理发员为永久实体,队列是一类特殊实体。

(2) 分析实体状态。理发员的活动为"理发",有"忙""闲"两种状态;顾客协同理发员完成理发活动,其状态有"等待服务""接受服务"(对应于理发员"忙"的状态);队列的状态以队长来表示。

(3) 确定系统事件。系统事件有 3 类:顾客到达、顾客开始接受服务、顾客服务完毕离开。顾客到达与顾客开始接受服务之间,顾客处于"等待服务"状态(活动);顾客开始接受服务与顾客服务完毕离开之间,顾客处于"接受服务"状态(活动)。

(4) 分析系统事件引起的状态变化。①当顾客到达时,若理发员处于"忙"状态,则顾客进入"等待服务"状态,同时队长加 1;否则,顾客进入"接受服务"状态;②理发员完成对一个顾客的服务后,如果队列处于"非零"状态,则立即开始服务活动,同时,理发员状态变"忙",队列减 1;否则理发员进入"闲"状态。

(5) 分析队列实体的操作。由于只有一个队列,而且顾客不会因排队人数太多而离去,因此队列规则相对简单,没有更换队列的操作。

(6) 画出系统实体流程图。通过以上分析,以顾客活动为主线画出理发店服务系统的实体流图,如图 5.4 所示。

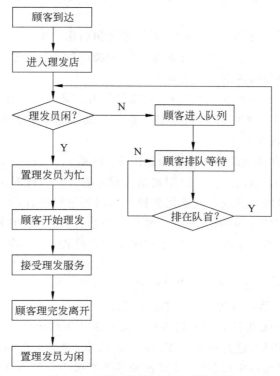

图 5.4 理发店服务系统的实体流图

(7) 确定模型参变量。需给出的模型属性变量有：顾客的到达时间为随机变量，理发员为顾客理发所需的时间为随机变量。

(8) 给出排队规则。队列的排队规则为先到先服务(FIFO)，每位新到达的顾客排在队尾，服务员优先为排在队首的顾客服务。

5.3 仿真时钟的推进机制

5.3.1 离散事件系统仿真模型的部件与结构

虽然实际的系统千差万别，但离散事件系统仿真模型都有许多通用的部件，并用一种逻辑结构将这些部件组织起来以便于编码、调试。在实际研究中，使用了事件时间推进法的大多数离散事件系统仿真模型，都具有下列部件：

(1) 系统状态：它由一组系统状态变量构成，用它来描述系统在不同时刻的状态。

(2) 仿真时钟：用来提供仿真时间的当前时刻的变量，它描述了系统内部的时间变化。

(3) 事件表：在仿真过程中按时间顺序所发生的事件类型和时间对应关系的一张表。

(4) 统计计数器：用于控制与储存关于仿真过程中的结果的统计信息，在计算机仿真中经常设计一些工作单元来进行统计中的计数用，这些工作单元就叫统计计数器。

(5) 定时子程序：该程序根据时间表来确定下一事件，并将仿真时钟推进到下一事件的发生时间。

(6) 初始化子程序：在仿真开始时对系统进行初始化工作。

(7) 事件子程序：一个事件子程序对应于一种类型的事件，它在相应的事件发生时，就转入该事件的处理子程序，并更新系统状态。

(8) 仿真报告子程序：在仿真结束后，用来计算和打印仿真结果。

(9) 主程序：调用定时子程序，控制整个系统的仿真过程，并确定下一事件，传递控制给各事件子程序以更新系统状态。

离散事件系统仿真模型的总体结构图如图5.5所示。

仿真在0时间开始，采用主程序调用初始化程序的方法。此时仿真时钟设置成0，系统状态、统计计数器和事件表也进行初始化。控制返回到主程序后，主程序调用定时子程序以确定哪一个事件最先发生。如果下一事件是第i个事件，则仿真时钟推进到第i事件将要发生的时间，而控制返回到主程序，而后主程序调用事件程序i。在这个过程中有3类典型活动发生：

(1) 修改系统状态以记下第i类事件已经发生过这一事实；

(2) 修改统计计数器以收集系统性能的信息；

(3) 生成将来事件发生的时间并将该信息加到未来事件表(future event list, FEL)中。

在这些过程完成以后，进行检查工作，以便确定现在是否应该终止仿真。如果到了仿真终止时间，主程序调用报告生成程序，计算各种系统要求的数据并打印报告。如果没有到终止时间，控制返回主程序，从而进行主程序→计时程序→主程序→事件程序→终止检查的不断循环,直到最后满足停止条件。

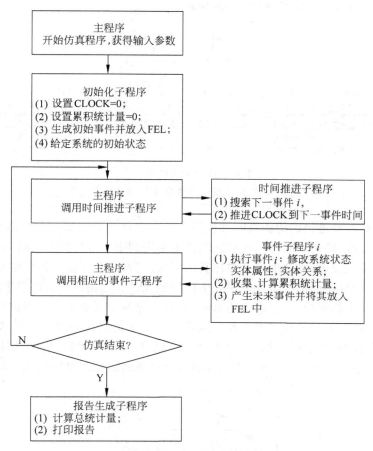

图 5.5 离散事件系统仿真模型结构图

5.3.2 下次事件时间推进机制

对任何动态系统进行仿真时,都需要知道仿真过程中仿真时间的当前值。因此,必须要有一种随着仿真的进程将仿真时间从一个时刻推进到另一个时刻的机制,即时间推进机制(time advance mechanism)。对某一系统进行仿真时所采用的时间推进机制的种类以及仿真时间单位所代表的实际时间量的长短,不仅直接影响到计算机仿真的效率,甚至影响到仿真结果的有效性。

离散事件仿真有两种基本的时间推进机制:固定步长时间推进机制和下次事件时间推进机制。在实际的离散事件系统仿真中,绝大多数的时间推进机制采用下次事件时间推进机制。下面主要介绍下次事件时间推进机制。

假设某单机器加工系统中,工件按泊松流到达,其到达间隔时间分别为 $A_1, A_2, A_3, \cdots$。每个工件的加工时间服从负指数分布,相应的加工时间分别为 $S_1, S_2, S_3, \cdots$。A_i 和 S_i 都是在仿真过程中按照它们的概率分布而随机地产生出来。在这种单机器加工系统中只有三类随机离散事件,即工件到达事件(E_A)、工件开始加工事件(E_S)和工件加工结束离开系统事件(E_D),这些事件的发生过程如图 5.6 所示。

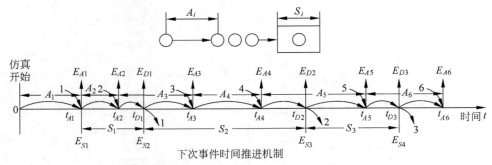

图 5.6 排队系统的事件发生与时钟推进关系

下次事件时间推进机制的仿真时钟按照下一个事件预计将要发生的时刻,以不等距的时间间隔向前推进,即仿真时钟每次都跳跃性地推进到下一事件发生的时刻上去。因此,仿真时钟的增量可长可短,完全取决于被仿真的系统。为此,必须将各事件按发生时间的先后次序进行排列,时钟时间则按事件顺序发生的时刻推进。每当某一事件发生时,需要立即计算出下一事件发生的时刻,以便推进仿真时钟,这个过程不断地重复直到仿真运行满足规定的终止条件时为止,如某一特定事件发生或达到规定的仿真时间等。通过这种时钟推进方式,可对有关事件的发生时间进行计算和统计。设 T 为仿真时钟,每次计算得到的下次事件发生时间用变量 mint 表示,则下次事件时间推进机制的原理可用图 5.7 表示。

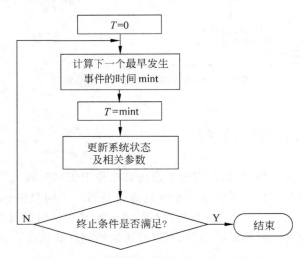

图 5.7 简化的事件调度时间推进机制原理框图

以单机器加工系统为例说明下次事件时间推进机制的特点。令 T 为仿真时钟所指示仿真时间的当前值,W_i 为第 i 个工件的排队等待时间。仿真开始时,仿真时钟的当前值 $T=0$,机器处于空闲状态。第一个工件的到达时间可根据到达过程的概率分布随机地产生,如事件 E_{A1} 的发生时刻为 t_{A1},这时 $T=t_{A1}$,即仿真时钟由 0 推进到 t_{A1}。第一个工件到达以后立即可以得到加工,故事件 E_{S1} 在 t_{A1} 同时发生,$t_{S1}=t_{A1}$;$W_1=0$,机器也由"闲"状态转为

"忙"状态。第一个工件的加工时间 S_1 可由加工时间的概率分布随机地产生,故事件 E_{D1} 的发生时刻为 $t_{D1}=T+S_1$。另一方面,在第一个工件到达以后,即可产生第二个工件的到达时间,若其到达间隔时间为 A_2,则事件 E_{A2} 的发生时刻为 $t_{A2}=T+A_2$。由上可见,第二个工件的到达可以引起两个新的事件 E_{D1} 和 E_{A2},在这种情况下,仿真时钟将推进到下一个紧接发生事件的时刻上去,即 $T=\min\{t_{D1},t_{A2}\}$。如果 $t_{D1}<t_{A2}$,即第一个工件的加工在第二个工件到达之前完成,则 $T=t_{D1}$,即仿真时钟由 t_{A1} 推进到 t_{D1};如果 $t_{D1}>t_{A2}$,即第二个工件在第一个工件加工完成之前到达,则 $T=t_{A2}$,仿真时钟由 t_{A1} 推进到 t_{A2},如图 5.6 所示。由于 E_{A2} 事件的发生将引起 E_{D2} 和 E_{A3} 的发生,又由于在 $T=t_{A2}$ 时,事件 E_{D1} 尚未发生,因此仿真时钟将推进到事件 E_{D1}、E_{D2} 或 E_{A3} 中最早发生的时刻上,即 $T=\min\{t_{D1},t_{D2},t_{A3}\}$,在图 5.6 的情况下将有 $T=t_{D1}$。以此步骤不断更新仿真时间的当前值,就可以使仿真时钟按照该排队系统中随机离散事件发生时刻的先后次序,跳跃地向前推进,从而实现离散事件动态仿真的时间推进机制。值得注意的是,工件开始加工事件 E_S 要么和该工件到达事件 E_A 同时发生,要么和上一工件加工结束离开系统事件 E_D 同时发生,甚至三类事件都有可能同时发生。因此,在事件调度过程中要根据实际情况设置事件的优先级。

综上所述,下次事件时间推进机制的基本规律可以概括如下:

(1) 工件到达事件 E_A:发生时刻为 $t_{Ai}=t_{Ai-1}+A_i$, $i=1,2,\cdots,n$,其中 $t_{A0}=0$,表示仿真一般从 0 时刻开始,到达时间间隔 A_i 为一系列随机数,根据间隔时间的分布规律随机地产生。

(2) 开始加工事件 E_S:发生时刻为 $t_{Si}=\max(t_{Ai},t_{Di-1})$,即 $t_{Ai}\leqslant t_{Di-1}$ 时,$t_{Si}=t_{Di-1}$,其含义为:当前工件到达时间早于上一个工件的加工完成时间,则需要等到上一个工件加工完成后才能开始;当 $t_{Ai}>t_{Di-1}$ 时,$t_{Si}=t_{Ai}$,其含义为:当前工件在上一个工件的加工完成后到达,则到达后可以立即开始加工。

(3) 加工完毕事件 E_D:发生时刻为 $t_{Di}=t_{Si}+S_i$,其中加工时间 S_i 为一系列随机数,根据加工时间的分布规律随机地产生。

将上述各类事件按照事件发生的先后顺序进行排序,并列表表明事件发生的时刻、事件类型、事件说明及相应的实体状态,就可以生成事件表供仿真时使用。下面举例说明下次事件时间推进机制的运作过程。

例 5-2 假设某单机器加工系统中,工件按泊松流到达,其到达间隔时间 A 服从 $\lambda=15$ 的泊松分布,每个工件的加工时间 S 服从 $[5,20]$ 上的均匀分布。试描述该系统加工 5 个工件的下次事件时间推进机制,并给出仿真事件表。

解:下次事件的时间推进机制可分为如下几个步骤:

(1) 定义系统事件类型。系统有 3 类事件:工件到达事件 E_A、工件开始加工事件 E_S 和工件加工结束离开系统事件 E_D。

(2) 定义系统变量:

A_i——第 i 个工件与第 $i-1$ 个工件之间到达的时间间隔,由随机变量 A 抽样确定;

S_i——第 i 个工件的加工时间,由随机变量 S 抽样确定;

Z——加工机器的状态,1:忙;0:闲;

Q——队长。

(3) 产生随机数。利用随机数产生的方法,分别根据各自的分布规律,产生到达时间间隔的随机数系列和加工时间的随机数系列,如表 5.1 所示。

表 5.1 到达时间间隔及加工时间

	1	2	3	4	5
A_i	15	15	15	16	24
S_i	15	17	10	15	11

(4) 计算各事件发生时刻:

① 工件到达事件 E_A: $t_{A_i} = t_{A_{i-1}} + A_i, i=1,2,\cdots,5, t_{A_0}=0$。可以计算得到:
$$t_{A_1}=15, t_{A_2}=30, t_{A_3}=45, t_{A_4}=61, t_{A_5}=85$$

② 开始加工事件 E_S: $t_{S_i} = \max(t_{A_i}, t_{D_{i-1}})$。可得:
$$t_{S_1}=15, t_{S_2}=30, t_{S_3}=47, t_{S_4}=61, t_{S_5}=85$$

③ 加工完毕事件 E_D: $t_{D_i} = t_{S_i} + S_i$。可得:
$$t_{D_1}=30, t_{D_2}=47, t_{D_3}=57, t_{D_4}=76, t_{D_5}=96$$

(5) 画出下次事件时间推进机制图。根据上述计算结果,可通过程序画出下次事件时间推进机制图,如图 5.8 所示。

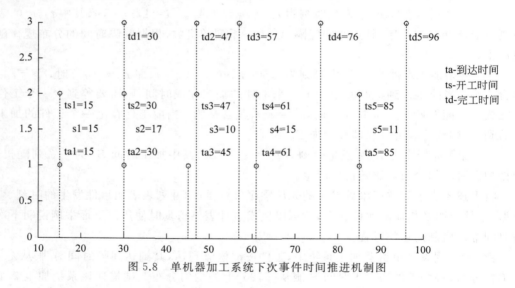

图 5.8 单机器加工系统下次事件时间推进机制图

(6) 给出仿真事件表。将上述各类事件按照事件发生的先后顺序进行排序,并列表表明各个事件发生的时刻、事件类型、加工机器的状态及队长,就可以得到如表 5.2 所示的仿真事件表。表中事件类型 E1、E2、E3 分别为工件到达事件、工件开始加工事件和工件加工结束离开系统事件。

下次事件时间推进机制能在事件发生的时刻捕捉到发生的事件,不会导致虚假的同时事件,因而能达到最高的精度。同时,下次事件时间推进机制还能跳过大段没有事件发生的时间,这样也就消除了不必要的计算和判断,有利于提高仿真的效率。但是还应该看到,采用下次事件时间推进机制时,仿真的效率完全取决于发生的事件数,也即完全取决于被仿真的系统,用户无法控制调整。事件数越多,事件发生得越频繁,越密集,仿真效率就越低。

表 5.2 单机器加工系统仿真事件表

时间	事件类型	具体事件描述	加工机器状态 Z	队长 Q
0	0	仿真开始	0	0
15	E1	工件 1 到达	0	0
15	E2	工件 1 接受服务	1	0
30	E1	工件 2 到达	0	0
30	E2	工件 2 接受服务	1	0
30	E3	工件 1 加工完毕离去	0	0
45	E1	工件 3 到达	1	1
47	E1	工件 3 接受服务	1	0
47	E3	工件 2 加工完毕离去	1	0
57	E3	工件 3 加工完毕离去	0	0
61	E1	工件 4 到达	0	0
61	E2	工件 4 接受服务	1	0
76	E3	工件 4 加工完毕离去	0	0
85	E1	工件 5 到达	0	0
85	E2	工件 5 接受服务	1	0
96	E3	工件 5 加工完毕离去	0	0

5.4 离散事件系统仿真策略

5.4.1 事件调度法

事件调度法(event scheduling)最早出现在 1963 年兰德公司的 Markowitz 等人推出的 SIMSCRIPT 语言的早期版本中。离散事件系统的一个基本概念是事件,事件的发生引起系统状态的变化。事件调度法以事件为分析系统的基本单元,通过定义事件及每个事件发生对系统状态的影响,按时间顺序确定并执行每个事件发生时有关的逻辑关系并策划新的事件来驱动模型的运行,这就是事件调度法的基本思想。

按事件调度法作为仿真策略建立仿真模型时,所有事件均放在事件表中。模型中设有一个时间控制模块,该模块从事件表中选择具有最早发生事件的时间,并将仿真时钟置为该事件发生的时间,再调用与该事件对应的事件处理模块,更新系统状态,策划未来将要发生的事件,该事件处理完后返回时间控制模块。这样,事件的选择与处理不断地进行,直到仿真终止的条件满足为止。

事件调度法的仿真过程如下:

(1) 初始化。置仿真的开始时间 t_0 和结束时间 t_f,置各实体的初始状态,事件表初始化。

(2) 置仿真时钟 TIME=t_0。

(3) 如果 TIME≥t_f,转至第(4)步,否则执行:

操作事件表,取出发生时间最早的事件 E_i,$i=1,2,\cdots,n$;

将仿真时间推进到此事件的发生时间，TIME$=t_E$；
{Case 根据事件 E 的类型：
$E\in E_1$：执行 E_1 的事件处理模块；
$E\in E_2$：执行 E_2 的事件处理模块；
　⋮
$E\in E_n$：执行 E_n 的事件处理模块；
Endcase}；
更新系统状态，策划新的事件，修改事件表；重复执行第(3)步。

(4) 仿真结束。

事件调度法第(3)步体现出仿真时钟的推进机制，即将仿真时钟推进到下一最早事件的发生时刻，就是我们在前面提到的下次事件时间推进机制。在算法中还应规定具有相同发生时间的事件的先后处理顺序。

确定了仿真策略之后，仅仅是明确了仿真模型的算法。在进行仿真程序设计之前还需完成对仿真模型的详细设计，这是在仿真策略的指导之下进行的。进行仿真模型设计时，还要考虑计算机实现的可行性和可移植性。

不管是采用哪一种仿真策略，仿真模型都可分为三个层次进行设计：

第一层：总控程序；

第二层：基本模型单元的处理程序；

第三层：公共子程序（如随机数发生器）。

仿真模型的最高层是它的总控程序（或称执行机制）。仿真模型的总控程序负责安排下一事件的发生时间，并确保在下一事件发生的时候完成正确的操作，也就是说第一层对第二层实施控制。采用某些仿真平台编程实现仿真模型时，总控程序已隐含在仿真语言的执行机制中；但是，如果仿真程序设计语言采用 C/C++ 等计算机通用语言，用户就要自己编写一段仿真模型的总控程序。

仿真模型的第二层是基本模型单元，描述了事件与实体状态之间的影响关系及实体间的相互作用关系，是建模者所关心的主要内容。采用不同的仿真策略时，仿真模型的第二层具有不同的构造，也就是说组成仿真模型的基本单元各不相同。在事件调度法中，仿真模型的基本模型单元是事件处理例程，因此其第二层由一系列事件处理例程组成。进行仿真程序设计时，事件处理例程被设计成相对独立的程序段，它们的执行受总控程序控制，并且这些程序段之间的交互也是由总控程序控制的。

仿真模型的第三层是一组供第一层和第二层使用的公共子程序，用于生成随机变量、产生仿真结果报告、收集统计数据等用途。

根据事件调度法建立的仿真模型称为面向事件的仿真模型。对于面向事件的仿真模型，总控程序必须完成 3 项工作：

(1) 时间扫描：确定下一事件发生时间并将仿真时钟推进到该时刻；

(2) 事件辨识：正确地辨识当前要发生的事件；

(3) 事件执行：正确地执行当前发生的事件。

面向事件仿真模型的总控程序使用事件表（event list）来完成上述任务。事件表可以想象为一个记录将来事件的"笔记"，在仿真运行中，事件的记录不断被列入或移出事件表。举例来说,在单机器加工系统中,工件的到达可能会导致一个加工开始事件的记录被列入事件表。每一事件记录至少应由两部分组成,第一是事件的发生时间,第二是事件的标识(event identifier)。有时,事件记录中还会有参与事件的实体名称等信息。

面向事件仿真模型总控程序的算法结构如下:

(1) 时间扫描:

① 扫描事件表,确定下一事件发生时间;

② 推进仿真时钟至下一事件发生时间;

③ 从事件表中产生当前事件表(current event list ,CEL),CEL 中包含了所有当前发生事件的事件记录。

(2) 事件执行。依序安排 CEL 中的各个事件的发生,调用相应的事件例程。某一事件一旦发生,将其事件记录从当前事件表中移出。

上述两个步骤反复进行,直到仿真结束。

显然,如果仿真模型很复杂,那么事件表中可能会存放很多事件。因此,总控程序的设计人员需要使用表处理技术来减少事件表扫描和操作所占用的时间,包括检索、存取等操作时间。常用的事件表处理技术有两种:顺序分配法和链表分配法。

面向事件仿真模型的第二层由事件例程组成,所谓事件例程是描述事件发生后所要完成的一组操作的处理程序,其中包括对将来事件的安排。如果某一事件例程中安排了将来事件,就要将该事件的记录添加到事件表中。

例 5-3 排队服务系统问题。假设只有一台机器的加工系统,工件到达的时间间隔服从泊松分布,参数为 $\lambda_1=2$,工件加工时间服从负指数分布,参数为 $\lambda_2=5$,仿真时间长度 $t_f=1000$,排队规则为先到先加工。按照事件调度法对该工件加工系统进行仿真。

解 工件加工系统共有 3 类事件,分别是:$i=1$:工件到达系统事件;$i=2$:工件开始加工事件;$i=3$:工件离开事件。

系统状态变量有:仿真时钟 TIME;队列长度 Queue_Length;机器状态 Machine_State,值为 0 表示空闲,值为 1 表示忙;工件到达时间 Workpiece_Arrivetime;工件开始加工时间 Workpiece_Operationstart_time;工件离开时间 Workpiece_Leavetime;工件加工时间 Workpiece_Operationtime;到达的工件个数 Count。

系统初始状态:TIME=0,Queue_Length=0,Machine_State=0。

初始事件:第一个工件于仿真时间为 4 时到达系统。

工件加工仿真系统的事件调度法算法如图 5.9 所示。

5.4.2 活动扫描法

从 5.4.1 节的讨论中,我们可以看出,事件调度法仿真时钟的推进仅仅依据"下一个最早发生事件"的准则,而该事件发生的任何条件的测试则必须在该事件处理程序内部去处理。如果条件满足,该事件发生;如果条件不满足,则推迟或取消该事件发生。因此,从本质上来说,事件调度法是一种"预定事件发生时间"的策略。这样,仿真模型中必须预定系统中最先发生的事件,以便启动仿真进程。在每一类事件处理子程序中,除了要修改系统的有关状态外,还要预定本类事件的下一事件将要发生的时间。这种策略对于活动持续时间的确

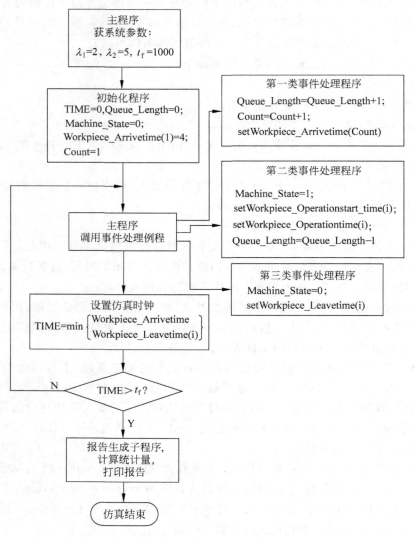

图 5.9 单机器加工系统仿真流程图

定性较强的系统是比较方便的。当事件的发生不仅与时间有关,而且与其他条件有关,即只有满足某些条件时才会发生的情况下,采用事件调度法策略则显示出这种策略的弱点。原因在于,这类系统的活动持续时间不确定,因而无法预定活动的开始或终止时间。

活动扫描法(activity scanning)最早出现在 1962 年 Buxton 和 Laski 发布的 CSL 语言中。以活动为分析系统的基本单元,认为仿真系统在运行的每一个时刻都由若干活动构成,每一活动对应一个活动处理模块,来处理与活动相关的事件。活动与实体有关,主动实体可以主动产生活动,如单机器加工系统中的工件,它的到达产生排队活动或加工活动;被动实体本身不能产生活动,只有在主动实体的作用下才产生状态变化,如单机器加工系统中的机器。

活动的激发与终止都是由事件引起的,活动周期图中的任一活动都可以由开始和结束两个事件表示，每一事件都有相应的活动处理。处理中的操作能否进行取决于一定的测试条件，该条件一般与时间和系统的状态有关，而且时间条件须优先考虑。确定事件的发生时间事先可以确定，因此其活动处理的测试条件只与时间有关；条件事件的处理测试条件与系统状态有关。一个实体可以有几个活动处理，协同活动的处理只归属于参与的一个实体（一般为永久实体）。在活动扫描法中，除了设计系统仿真全局时钟外，每一个实体都带有标志自身时钟值的时间元(time_cell)，时间元的取值由所属实体的下一确定时间刷新。

所谓时间元就是各个实体的局部时钟，而系统仿真时钟是全局时钟。时间元的取值方法有两种：

(1) 绝对时间法：将时间元的时钟值设定在相应实体的确定事件发生时刻。此时，时间扫描算法为：

```
for i=1 to m
    if (time_cell[i]> TIME) then
        if (time_cell[i]<MIN) then
            MIN= time_cell[i]
        endif
    endif
endfor
TIME=MIN
```

(2) 相对时间法：将时间元的时钟值设定在相应实体确定事件发生的时间间隔上。此时时间扫描算法为：

```
for i=1 to m
    if (time_cell[i]>0) then
        if (time_cell[i]<MIN) then
            MIN=time_cell[i]
        endif
    endif
endfor
TIME=TIME+ MIN
for i=1 to m
    time_cell[i]=time_cell[i]-MIN
endfor
```

本小节给出的活动扫描法的仿真过程中采用的是绝对时间法。

每一个进入系统的主动实体都处于某种活动的状态。活动扫描法在每个事件发生时，扫描系统，检验哪些活动可以激发，哪些活动继续保持，哪些活动可以终止。活动的激发与终止都会策划新的事件。活动的发生必须满足一定的条件，其中活动发生的时间是优先级最高的条件，即首先应判断该活动的发生时间是否满足，然后再判断其他条件。

活动扫描法的基本思想是，用各实体时间元的最小值推进仿真时钟，将仿真时钟推进到一个新的时刻点，按优先序执行可激活实体的活动处理，使测试通过的事件得以发生并改变系统的状态和安排相关确定事件的发生时间。因此与事件调度法中的事件处理模块相当，活动处理是活动扫描法的基本处理单元。

活动扫描法的仿真过程如下：

(1) 初始化：

① 置仿真的开始时间 t_0 和结束时间 t_f。

② 置各实体的初始状态。

③ 置各个实体时间元 time_cell[i] 的初值；$i=1,2,\cdots,m$；m 是实体个数。

(2) 置仿真时钟 TIME$=t_0$。

(3) 如果 TIME$\geqslant t_f$，转至第(4)步，否则执行：

活动处理扫描：

  for j=1 to n（优先序从高到低）

   处理模块 A_j 隶属于实体 En_i；

   if（time_cell[i]$\leqslant$TIME）then

    执行活动处理 A_j；

    若 A_j 中安排了 En_i 的下一事件，则刷新 time_cell[i]；

   endif

   若处理模块 A_j 的结束测试条件 D[j]=true，则退出当前循环，重新开始扫描；

  endfor

  推进仿真时钟 TIME= min {time_cell[i]|time_cell[i]>TIME}；

重复执行第(3)步；

(4) 仿真结束。

从上面的仿真算法可知，活动扫描法要求在某一仿真时刻点上要对所有当前（time_cell[i]=TIME）可能发生的和过去（time_cell[i]<TIME）应该发生的事件反复进行扫描，直到确认已没有可能发生的事件时才推进仿真时钟。

根据活动扫描法建立的仿真模型称为面向活动的仿真模型。在面向活动的仿真模型中，处于仿真模型第二层的每个活动处理例程都由两部分构成：

(1) 探测头：测试是否执行活动例程中操作的判断条件；

(2) 动作序列：活动例程所要完成的具体操作，只有测试条件通过后才被执行。

总控程序的主要任务是进行时间扫描，以确定仿真时钟的下一时刻。根据活动扫描仿真策略，下一时刻是由下一最早发生的确定事件决定的。在面向事件的仿真模型中，时间扫描是通过事件表完成的。而在面向活动的仿真模型中，时间扫描是通过时间元 time_cell 完成的。

与面向事件仿真模型不同，面向活动仿真模型中在进行时间扫描时虽然也可采用表的方法，但表处理的结果仅仅是求出最小的时间值，而无需确定当前要发生的事件。因此，时间元表中只要存放时间值即可，与事件表相比，其结构及处理过程要简单很多。

面向活动仿真模型总控程序的算法结构包括：时间扫描和活动例程扫描。

考虑到事件对状态的影响，活动例程扫描要反复进行。虽然对于简单系统这种不断跳出循环从头搜索的过程是多余的，但这是处理条件事件的需要。时间元中最新时间值的计算在活动例程中完成。

5.4.3 进程交互法

事件调度法和活动扫描法的基本模型单元是事件处理和活动处理,这些处理都是针对事件而建立的;而且在事件调度法和活动扫描法策略中,各个处理都是独立存在的。

进程交互法(process interaction)的基本模型单元是进程,进程与处理的概念有着本质的区别,它是针对某类实体的生命周期而建立的,因此一个进程中要处理实体流动中发生的所有事件(包括确定事件和条件事件)。为了说明进程交互法的基本思想,我们以单机器加工系统为例,工件的生命周期可用下述进程描述:

工件到达;

排队等待,直到位于队首;

进入加工通道;

停留于加工通道之中,直到加工完毕离去。

这一进程可用图 5.10 表示。图中,符号"＊"或"＋"标定的是进程的复活点。

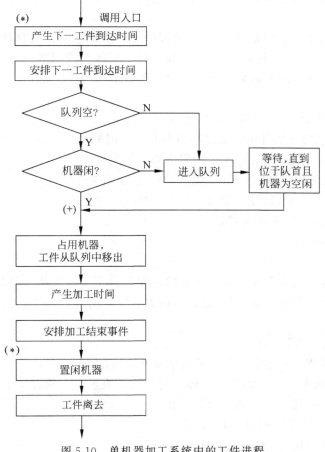

图 5.10 单机器加工系统中的工件进程

进程交互法的设计特点是为每一个实体建立一个进程,该进程反映某一个动态实体从产生开始到结束为止的全部活动。这里所建立进程的实体一般是指临时实体（如工件），当然建立的进程中还要包含与这个临时实体有交互的其他实体（如机器，当然机器的实体不会仅包含在一个进程中，它为多个进程所共享）。

进程交互法中实体的进程需要不断推进，直到某些延迟发生后才会暂时锁住。一般需要考虑两种延迟的作用：

(1) **无条件延迟**：在无条件延迟期，实体停留在进程中的某一点上不再向前移动，直到预先确定的延迟期满。例如，工件停留在加工通道中直到加工完成。

(2) **条件延迟**：条件延迟期的长短与系统的状态有关，事先无法确定。条件延迟发生后，实体停留在进程中的某一点，直到某些条件得以满足后才能继续向前移动。例如，队列中的工件一直在排队，等到机器空闲而且自己处于队首时方能离开队列开始加工。

进程中的复活点表示延迟结束后实体所到达的位置，即进程继续推进的起点。在单机器加工系统中，工件进程的复活点与事件存在对应关系。

在使用进程交互仿真策略时，不一定对所有各类实体都进行进程描述。例如，单机器加工系统的例子中，只需给出工件（临时实体）的进程就可以描述所有事件的处理流程。这体现了进程交互法的一种建模观点，即将系统的演进过程归结为临时实体产生、等待和被永久实体处理的过程。

进程交互法的基本思想是，通过所有进程中时间值最小的无条件延迟复活点来推进仿真时钟，当时钟推进到一个新的时刻点后，如果某一实体在进程中解锁，就将该实体从当前复活点一直推进到下一次延迟发生为止。这种仿真策略的过程如下：

(1) 初始化：

① 置仿真的开始时间 t_0 和结束时间 t_f。

② 置各进程中每一实体的初始复活点及相应的时间值 $T[i,j]$；$i=1,2,\cdots,m$；m 为进程数；$j=1,2,\cdots,n[i]$；$n[i]$ 是第 i 个进程中的实体个数。

(2) 推进仿真时钟 TIME$=\min\{T[i,j]|j$ 处于无条件延迟$\}$。

(3) 如果 TIME$\geqslant t_f$，则转至第(4)步，否则执行：

for i=1 to m（优先序从高到低）

  for j=1 to n[i]

    if (T[i,j]=TIME) then

      从当前复活点开始推进实体 j 的进程 i，直至下一次延迟发生为止；

      如果下一延迟是无条件延迟，则设置实体 j 在进程 i 中复活时间 $T[i,j]$；

    endif

    if (T[i,j]<TIME) then

      如果实体 j 在进程 i 中的延迟结束条件满足，则

      $\{$从当前复活点开始推进实体 j 的进程 i，直至下一延迟发生为止；

      如果下一延迟是无条件延迟，则

      $\{$设置 j 在 i 中的复活时间 $T[i,j]\}$；

      退出当前循环，重新开始扫描$\}$；

    endif

  endfor

endfor
返回到第(2)步；
(4) 仿真结束。

显然,进程交互法兼有事件调度法和活动扫描法的特点,但其算法比两者更为复杂。根据进程交互法建立的仿真模型称为面向进程的仿真模型。面向进程仿真模型总控程序设计的简单方法是采用两个事件表。其中,未来事件表中的实体需要满足两个条件：
(1) 实体的进程被锁住；
(2) 被锁实体的复活时间是已知的。

为了方便,FEL中除存放实体名外,还存放实体的复活时间及复活点位置。另一个事件表是当前事件表(CEL),它含有以下两类实体的记录：
(1) 进程被锁而复活时间等于当前仿真时钟值的实体；
(2) 进程被锁且只有当某些条件满足时方能解锁的实体。

从另一方面理解,FEL中存放的是处于无条件延迟的实体记录；CEL中存放的或者是当前可以解锁的无条件延迟的实体记录,或者是处于条件延迟的实体记录。

面向进程仿真模型的总控程序包含3个步骤：
(1) 未来事件表扫描：从FEL的实体记录中检出复活时间最小的实体,并将仿真时钟推进到该实体的复活时间。
(2) 移动记录：将FEL中当前时间复活的实体记录移至CEL中。
(3) 当前事件表扫描：如果可能,将CEL中的实体进程从其复活点开始尽量向前推进,直到进程被锁住。如果锁住进程的是一个无条件延迟,则在FEL中为对应的实体建立一个新的记录,记录中应含有复活点及其时间值；否则,在CEL中为该实体建立一个含有复活点的新记录。在上述两种情况下,都要将进程已得以推进的实体的原有记录从CEL中删除。如果某一时刻实体已完成其全部进程,则将其记录全部删除。对CEL的扫描要重复进行,直到任一实体的进程均无法推进为止。

小结与讨论

离散事件系统是指状态仅在离散的时间点上发生变化的系统,而且这些离散时间点一般是不确定的,排队系统是一个典型的离散事件系统。离散事件系统中的基本要素一般有：实体、属性、状态、事件、活动、进程、仿真时钟、规则。对于离散事件系统,通常可以采用实体流图法进行建模。离散事件系统仿真模型的部件与结构主要有：系统状态、仿真时钟、事件表、统计计数器、定时子程序、初始化子程序、事件子程序、仿真报告子程序、主程序。在离散事件系统仿真中,仿真时钟的推进主要有下次事件时钟推进机制和固定步长时钟推进机制。在物流系统仿真中,绝大部分的仿真时钟的推进采用的是下次事件时钟推进机制。离散事件系统仿真策略主要有：事件调度法、活动扫描法和进程交互法,其中事件调度法是应用最为广泛的离散事件系统仿真策略。

习题

1. 离散事件系统的基本要素有哪些？排队服务系统都包含了哪些离散事件系统的基本要素？

2. 用实体流图法进行建模的步骤有哪些？

3. 离散事件系统仿真模型的基本部件有哪些？对于排队服务系统仿真,怎样设计离散事件系统仿真模型？

4. 试分别用事件调度法、活动扫描法、进程交互法对例 5-3 中的排队服务系统进行仿真描述（即用相应的算法描述仿真过程）。

5. 用 Matlab 语言实现例 5-2 中下次事件时间推进机制算法,并画出下次事件时间推进机制图。

第6章 仿真输入数据分析

仿真的输入数据是仿真的基础和源泉,对仿真具有重要的意义,如在排队系统仿真中,典型的输入数据可以是到达的时间间隔和服务时间的分布;在库存系统仿真中,输入数据包括需求的分布和提前期的分布;在生产系统仿真中,输入数据包括作业到达的时间间隔、作业类型的概率分布以及每种作业每道工序服务时间的分布。几乎所有的仿真模型都包括随机输入,这些输入数据的正确与否直接影响仿真输出结果的正确性和合理性,因此正确地收集和分析仿真输入数据是系统仿真的重要前提和基础。

6.1 仿真输入数据分析概述

对具有随机变量的系统进行仿真,首先必须确定其随机变量的概率分布,以便在仿真模型中对这些分布进行取样以得到需要的随机变量。确定随机变量模型的基础是搜集该随机变量的观测数据,当输入随机变量的分布已知时,可以用合适的方法生成相应分布的随机数作为系统的输入。然而,在实际问题中,常常是只能通过对系统的观察,收集到感兴趣的输入随机变量的观察数据,而对输入的总体分布一无所知或仅有部分信息。在这种情况下,必须采用相应的方法来确定随机变量的分布模型,通常的方法有两种:一种方法是利用观察数据建立实验分布函数,并用实验分布抽样法生成相应的输入随机数;另一种方法是通过对这些数据的分布形式假定、参数估计和分布拟合优度检验等过程,确定输入随机变量的分布模型。

一般来讲,要得到一个正确的输入数据的分布模型需要经过以下4个步骤:

(1) 收集原始数据并进行适当预处理,比如进行独立性检验等。

(2) 分布类型的假设。通过点统计法、直方图(线图)法、概率图法等方法确定随机变量的分布类型或分布族。

(3) 参数估计。通过合适的参数估计方法,如极大似然估计、最小二乘估计等方法确定随机变量分布的参数,这些参数反映了分布的特征,从而确定随机变量的具体分布。

(4) 拟合优度检验。采用拟合优度检验方法如 χ^2 检验、K-S 检验等,对得到的随机变量分布与观测数据吻合的程度进行检验,判断该分布的正确性和合理性。如果收集到的观测数据和假设的分布形式不相符合,则返回到第(2)步,给出另一个新的分布假设,重复上述过程。如果重复进行若干次之后仍不符合,那么就可以使用经验分布形式来确定随机变量的分布。

本章主要介绍如何根据上述的步骤和方法确定输入随机变量的分布模型。

6.2 数据的收集与处理

为保证系统仿真结果的正确、可靠，必须要有大量高质量的原始数据。因此，收集正确的原始数据是系统仿真成败的关键因素之一。实际系统可能会有许多输入数据，如何根据仿真对象和仿真目的收集数据、收集哪些数据历来都是系统仿真的重要课题。在进行系统仿真时，数据的收集是工作量最大的一项工作，也是在仿真中最重要、最困难的工作。即使仿真系统的模型结构是正确的，但若收集到的输入数据不正确或数据分析方法不正确，那么利用这样的数据进行仿真必将导致仿真结果错误，从而造成决策失误和损失，丧失仿真的意义。因此，在进行数据收集时应该注意以下几个问题：

（1）在收集数据的同时要注意分析数据，确定所收集的数据是否足够，是否足以确定仿真中的输入分布，而对仿真无用的数据就无需收集。

（2）尽量把性质相同的数据集组合在一起，形成不同类型的数据分组，既便于数据本身的管理，也便于仿真的对比分析。

（3）确定在两个随机变量之间是否存在相关。要进行回归分析，同时阐述相应的检验，以确定相关的显著性。

（4）考察一个似乎是独立的观察序列存在自相关的可能性。自相关可能存在于相继时间周期或相继的顾客中。

在进行系统仿真时，收集输入数据的方法主要有如下几种：

（1）通过实际观测获得系统的输入数据。例如，观测在一段时间内到达理发店的顾客数目，观测超市中顾客到达收银台的时间间隔。

（2）由系统管理人员提供实际系统的运行数据。例如，仓库在一段时间内收到的订单数目，自动化立库的堆垛机在一段时间内执行入库或出库的托盘数目等。

（3）从公开发表的研究资料中收集类似系统的输入数据模型。这是目前非常重要的一种数据收集方法，现在很多研究机构或组织都提供用于测试仿真模型或算法的数据包，使用这些数据进行仿真或进行算法性能对比，具有很高的可信度和权威性，也便于和别人的工作进行对比分析。

收集系统输入数据并分析这些数据，然后利用这些数据建立输入数据模型，使得所建立的输入数据模型能够正确反映数据的随机特征，这是能否得到正确仿真结果的重要前提。在收集到系统输入数据后，可以采用如下的方法来建立输入的数据模型。

（1）在仿真运行中直接使用收集到的实际系统的输入数据。该方法很直接，便于对比仿真系统和实际系统的输出结果，但是只能使用收集到的历史数据来驱动仿真模型，而且往往难以有足够多的数据来进行多次仿真实验。现有的很多仿真软件都可以直接导入实际系统的观测数据进行仿真，如 Flexsim、AutoMod。

（2）把收集到的数据定义为经验分布。可以根据收集到的数据，采用经验分布的处理方法得到数据的经验分布，然后可以用经验分布产生所需要的随机变量值，这样可以产生足够多的数据，便于进行反复、多次的仿真实验。

（3）把收集到的数据拟合为某种特定的理论分布。根据少量样本建立的经验分布可能与实际变量所服从的分布有偏差,而理论分布则正确地反映了大量样本所服从的分布,避免了由经验分布产生的不规则性。另外,理论分布能够用简洁、规范的形式建立输入数据模型,因此,输入数据的修改非常方便,便于将产生的多种仿真结果进行对比分析。

6.3 数据分布的分析与假设

由观测数据来确定随机变量的分布类型,最常用的方法是对观测数据进行适当的预处理,然后根据预处理的结果对分布类型进行假设。

本节分别就连续分布及离散分布的观测数据的预处理方法进行讨论,并在此基础上进行分布类型的假设。

6.3.1 连续分布类型的假设

若观测数据来自连续分布,最常用的预处理方法有 3 种,即点统计法、直方图法及概率图法。

1. 点统计法

点统计法是基于连续分布的偏差系数特征来进行分布类型的假设。偏差系数的定义是

$$\delta = \sqrt{S^2(n)}/\bar{x}(n)$$

式中,$S^2(n)$ 与 $\bar{x}(n)$ 分别为观测数据 $x_1, x_2, \cdots, x_n$ 的方差与均值。

点统计法对观测数据进行如下预处理,即计算其均值和方差:

$$\bar{x}(n) = \sum_{i=1}^{n} x_i / n$$

$$S^2(n) = \sum_{i=1}^{n} [x_i - \bar{x}(n)]^2 / (n-1)$$

则 δ 的似然估计为

$$\hat{\delta} = \sqrt{S^2(n)}/\bar{x}(n)$$

然后根据 $\hat{\delta}$ 值并参照各类分布的偏差数据 δ 来假设观测数据的分布类型。点统计法虽然很简单,但从各类分布的变异数表不能唯一地确定分布的类型。这是因为许多分布的偏差系数的取值范围是重合的,并且 $\hat{\delta}$ 是 δ 的似然估计,但不一定是无偏的。尽管如此,点统计法仍可作为分布假设的一种粗糙的指导性方法加以使用。

2. 直方图法

将观测数据 $x_1, x_2, \cdots, x_n$ 的取值范围分成 k 个断开的相邻区间 $[b_0, b_1), [b_1, b_2), \cdots, [b_{k-1}, b_k)$;每个区间宽度相等,记为 $\Delta b = b_j - b_{j-1}, j = 1, 2, \cdots, k$。

对任意 j,设 n_j 为第 j 个区间上观测点的个数,记 $g_j = n_j/n, j = 1, 2, \cdots, k$,定义函数:

$$h(x) = \begin{cases} 0, & x < b_0 \\ g_j, & b_{j-1} \leq x < b_j \\ 0, & x_k \leq x \end{cases}$$

作出 $h(x)$ 的直方图,再将该图与基本理论分布的密度函数图形进行比较(先忽略位置及比例尺的差别),观察何种分布与 $h(x)$ 的图形类似,则可假设观测数据 $x_1,x_2,\cdots,x_n$ 服从该类型分布,然后再采用后面介绍的方法确定其参数。

在实际使用时,可能需要增加一些其值特别大或特别小的观测数据,以便与理论分布进行比较。使用直方图法的困难在于如何确定区间长度 Δb。Δb 太大,将丢失信息;Δb 太小,则观测数据中的噪声滤除得不够(一般观测数据中总是存在一定的噪声)。

3. 概率图法

直方图法的基本原理是将观测数据的直方图与理论分布的密度函数进行比较,而概率图法的基本原理是将观测数据定义成一个实验分布函数,然后将它与理论分布函数进行比较后再进行假设。

设观测数据 $x_1,x_2,\cdots,x_n$ 共有 m 个取值($m \leqslant n$,因为可能存在取值相同的观测点),分别记为 $x_{(1)},x_{(2)},\cdots,x_{(m)}$。实验分布函数定义为

$$\overline{F}[x(i)]=n_i/n, \quad i=1,2,\cdots,m$$

式中,n_i 表示小于或等于的观测数据的个数,且 $n_m=n$。为了避免由有限个观测数据得到的实验分布函数值等于1,对上式可略加修正,可采用下式来定义:

$$\widetilde{F}_n[x(i)]=(n_i-0.5)/n$$

概率图法采用所谓"分位点"比较法,其定义为:分布函数的分位点设为 $0<g<1$,则 $x_g=F^{-1}(g)$ 称为 $F(x)$ 的分位点。

如果 $F(x)$ 与 $G(y)$ 都是分布函数,分别取不同的 g 值,相应得到不同的 (x_g,y_g),若 $F(x)$ 与 $G(y)$ 是相同的分布函数,则由 (x_g,y_g) 形成的轨迹是斜率为 $45°$ 的直线。

反过来说,如果由两个分布函数 $F(x)$ 与 $G(y)$ 按相同的一组 g 值求得各自的分位点 (x_g,y_g),在 xOy 平面上确定 (x_g,y_g) 的轨迹,若该轨迹是一条斜率为 $45°$ 的直线,则可以确认 $F(x)$ 与 $G(y)$ 的分布是相同的。

为了假设 $\widetilde{F}[x(i)]=(n_i-0.5)/n=g_i$ 的分布类型,可取 $\widetilde{F}[x(i)]$ 的分位点为 $x(i)$,分别对应 $\widetilde{F}[x(i)]$ 的值为 g_i,然后从基本理论分布中选择一种,按 g_i 分别求得其分位点 y_i,然后在 xOy 平面上画出 $(x(i),y_i)$ 的轨迹,观察是否是斜率为 $45°$ 的直线,若比较接近,则可假设观测数据的分布类型与所选分布的类型相同。

有时,$(x(i),y_i)$ 的轨迹虽然呈直线形状,但斜率却不是 $45°$,这说明这两个分布的类型是相同的,只是位置参数和(或)比例参数不同,那么可对 $x(i)$ 进行如下变换:

$$y_i=\gamma+\beta x(i)$$

得到的 $(x(i),y_i)$ 的轨迹必然是斜率为 $45°$ 的直线。这就说明,只要分位点 $(x(i),y_i)$ 的轨迹接近直线,不管其斜率如何,观测数据的分布与所选分布的类型是相同的。概率图法只需要判断分位点轨迹偏离线性度的程度,不会对观测数据造成信息丢失。

下面通过一个例子来说明如何运用点统计法、直方图法、概率图法对观测数据进行分布类型的假设。

例 6-1 某交通干道车辆流模型,观测 90 min,共 220 辆汽车通过观测点,时间间隔 x_i 观测数据如表 6.1 所示。

表 6.1 汽车到达时间间隔观测数据

时间间隔	数据个数	时间间隔	数据个数	时间间隔	数据个数	时间间隔	数据个数
0.01	8	0.25	5	0.51	3	0.88	2
0.02	2	0.26	5	0.52	3	0.90	1
0.03	3	0.27	1	0.53	2	0.93	2
0.04	6	0.28	2	0.54	2	0.95	1
0.05	10	0.29	2	0.55	2	0.97	1
0.06	4	0.30	1	0.56	1	1.03	1
0.07	10	0.31	2	0.57	2	1.05	2
0.08	4	0.32	1	0.60	1	1.06	1
0.09	2	0.35	3	0.61	2	1.09	1
0.10	9	0.36	3	0.63	2	1.10	1
0.11	5	0.37	2	0.64	1	1.11	1
0.12	4	0.38	5	0.65	3	1.12	1
0.13	2	0.39	1	0.69	2	1.17	1
0.14	4	0.40	2	0.70	1	1.18	1
0.15	6	0.41	2	0.72	3	1.24	1
0.17	1	0.43	3	0.74	1	1.28	1
0.18	1	0.44	1	0.75	1	1.33	1
0.19	3	0.45	2	0.76	1	1.38	1
0.20	1	0.46	1	0.77	1	1.44	1
0.21	5	0.47	3	0.79	1	1.51	1
0.22	3	0.48	1	0.84	1	1.72	1
0.23	5	0.49	4	0.86	1	1.83	1
0.24	1	0.50	3	0.87	1	1.96	1

解：(1) 点统计法

由表 6.1 中的数据计算 x_i 观测数据的均值和方差：

$$\bar{x}(n) = \sum_{i=1}^{n} x_i/n = 0.399$$

$$S^2(n) = \sum_{i=1}^{n} [x_i - \bar{x}(n)]^2/(n-1) = 0.144$$

则：

$$\delta = \sqrt{S^2(n)}/\bar{x}(n) = \frac{\sqrt{0.144}}{0.399} = 0.951$$

由于 δ 的值接近 1，根据偏差系数表，可以假设该观测数据服从指数分布，其参数 $\beta = 0.399$，参数的具体计算方法参见 6.4 节的参数估计。

(2) 直方图法

将表 6.1 中的观测数据的取值范围分成若干个等长区间，每个区间的长度 Δb 分别取为 0.05、0.075、0.10，且令 $b_0 = 0$，得到 3 个直方图分别如图 6.1、图 6.2 和图 6.3 所示。

比较图 6.1～图 6.3 可以看出，$\Delta b = 0.10$ 时图形比较平滑，其形状确与指数分布的密度函数接近，因而可以假设该观测数据服从指数分布。

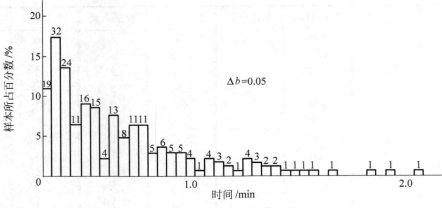

图 6.1　$\Delta b = 0.05$ 时的直方图

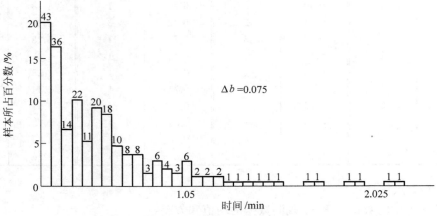

图 6.2　$\Delta b = 0.075$ 时的直方图

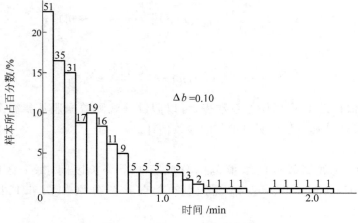

图 6.3　$\Delta b = 0.10$ 时的直方图

(3) 概率图法

先定义观测数据的实验分布函数为：$\tilde{F}_{219}[x(i)] = (n_i - 0.5)/219 (i = 1, 2, \cdots, 92)$。然后，根据表 6.1 计算出 $g_i = (n_i - 0.5)/219$。

再选择一个分布函数 $F(x)$，不妨分别选择指数分布函数 $\mathrm{Exp}(1.0)$ 及正态分布函数 $N(0,1)$。按 g_i 分别对 $\mathrm{Exp}(1.0)$ 及 $N(0,1)$ 进行逆运算，分别得到 y_{Ei} 及 y_{Ni}，其中 y_{Ei} 表示对 $\mathrm{Exp}(1.0)$ 进行逆运算的结果，y_{Ni} 表示对 $N(0,1)$ 进行逆运算的结果，然后分别作出 $(x(i), y_{Ei})$ 及 $(x(i), y_{Ni})$ 的轨迹图形如图 6.4(a) 和图 6.4(b) 所示。

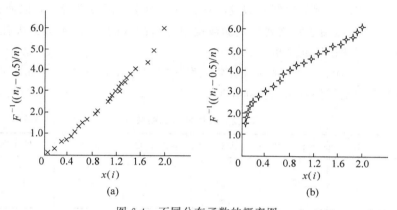

图 6.4 不同分布函数的概率图
(a) 观测数据与 $\mathrm{Exp}(1.0)$ 概率图；(b) 观测数据与 $N(0,1)$ 概率图

由图 6.4(a) 可以看到，由 $(x(i), y_{Ei})$ 形成的图形是相当直的；而在图 6.4(b) 中，在其低端呈现出明显的非线性。因而，假设观测数据服从正态分布是不合理的，而假设它们服从指数分布的则是比较合理的。当然，由于样本的有限性，所得图形往往不可能恰好形成一条直线。对这种分布假设的进一步检验，则要借助于拟合优度检验方法，这将在 6.5 节中讨论。

6.3.2 离散分布类型的假设

对于离散随机变量，进行分布类型假设的方法有两种，即点统计法与线图法。其中线图法相应于连续分布的直方图法，由于离散分布的分布函数是不连续的，其分布函数的逆函数不易定义，因而一般不采用概率图法。

1. 点统计法

离散情形下的点统计法与连续情形的做法是相同的，即由观测数据 $x_1, x_2, \cdots, x_n$ 计算出均值和方差，并得到偏差系数 δ 的似然估计：

$$\bar{x}(n) = \sum_{i=1}^{n} x_i / n$$

$$S^2(n) = \sum_{i=1}^{n} [x_i - \bar{x}(n)]^2 / (n-1)$$

则 δ 的似然估计为 $\hat{\delta} = \sqrt{S^2(n)} / \bar{x}(n)$。将 $\hat{\delta}$ 值与理论分布的 δ 值进行比较后，就可进

行分布类型的假设。

2. 线图法

设观测数据为 $x_1, x_2, \cdots, x_n$。将其按递增顺序排列,设共有 m 个取值($m \leqslant n$),分别记为 $x_{(1)}, x_{(2)}, \cdots, x_{(m)}$。记 $x_{(i)}$ 的数据个数占整个观测数据个数的比例数为 h_i。以 $x_{(i)}$ 作为自变量,以 h_i 的值作为函数值,即

$$h_i = f(x_{(i)})$$

由函数值 h_i 向相应的自变量 $x_{(i)}$ 作垂线所得到的图形称为线图。

线图法是将观测数据的线图与假设的理论分布的质量函数进行比较以便找到相似的图形。由此可以看出,线图法不需要将观测数据划分新的区间,因而不会丢失任何信息,较之连续情形的直方图法使用起来更为方便。

例 6-2 对于某库存系统,观测统计每天发送的零件数量,观测结果如表 6.2 所示,现根据该表中的数据确定零件发送的分布模型。

表 6.2 零件发送观测数据

零件个数	天数	零件个数	天数	零件个数	天数	零件个数	天数
1	2	4	10	7	10	10	2
2	4	5	12	8	10	11	1
3	6	6	18	9	10	12	2

解:

(1) 点统计法

表 6.2 中的观测数据共 87 个,计算观测数据的均值和方差:

$$\bar{x}(87) = \sum_{i=1}^{87} x_i / 87 = 6.103$$

$$S^2(87) = \sum_{i=1}^{87} [x_i - \bar{x}(n)]^2 / (87 - 1) = 32.208$$

则:

$$\delta = \sqrt{S^2(87)} / \bar{x}(87) = \frac{\sqrt{32.208}}{6.103} = 0.93$$

由于 δ 的值接近 1,根据偏差系数表,可以假设该观测数据服从泊松分布。

(2) 线图法

表 6.2 中的观测数据已按递增顺序分组,容易计算出 $h_i (i=1, 2, \cdots, 12)$,并根据线图的处理方法作出其线图如图 6.5 所示。将其与泊松分布的质量函数比较,它们的形状是很接近的,因此可以假设观测数据服从泊松分布。

6.3.3 实验分布

如果由原始观测数据难以确定一个理论分布,则可以采用实验分布作为观测数据的模型。原始观测数据一般有两种形式:一种是原始单个数据;另一种是分组数据。

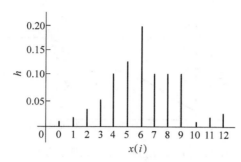

图 6.5 零件发送观测数据的线图

若原始观测数据为单个数据 $x_1, x_2, \cdots, x_n$。先将该 n 个数据按递增顺序排列,由于可能有相同值的数据,经排序后得到 $x(1), x(2), \cdots, x(m)(m \leqslant n)$,则该观测数据的实验分布可由下式来定义:

$$F(x) = \begin{cases} 0, & x < x(1) \\ \dfrac{i-1}{n-1} + \dfrac{1}{n-1} \dfrac{x-x(j)}{x(j+1)-x(j)}, & x(j) \leqslant x < x(j+1); j=1,2,\cdots,m-1 \\ 1, & x > x(m) \end{cases}$$

其中 i 定义为:将所有观测数据递增排序后,每一个数据对应一个序号,当 $x(j) \leqslant x \leqslant x(j+1)$ 成立时,取 $x(j)$ 的观测数据中的最大序号值记为 i。

若原始观测数据是分组数据,不知道观测数据的数值,但知道该 n 个数据分布在 m 个相邻区间 $[a_0, a_1), [a_1, a_2), \cdots, [a_{m-1}, a_m)$ 上及每个区间上数据的个数。记第 j 个区间上的个数为 $n_j(j=1,2,\cdots,m)$,则 $n_1 + n_2 + \cdots + n_m = n$,则实验分布函数的表达式为:

$$F(x) = \begin{cases} 0, & x < a_0 \\ \dfrac{\sum_{i=1}^{j-1} n_i}{n} + \dfrac{n_j}{n} \dfrac{x-a_{j-1}}{a_j - a_{j-1}}, & a_{j-1} \leqslant x < a_j; j=1,2,\cdots,m \\ 1, & x \geqslant a_m \end{cases}$$

例 6-3 已知观测数据为 8、0、-1、2、2、4、6、4、7、9、11,试定义其连续实验分布函数。

解: 将 x_i 排序,并将数据值相同的分成一组,统计每组数据的个数,按上式计算每个 $x(j)(j=1,2,\cdots,m)$ 对应的 $F[x(j)]$ 的值,其结果如表 6.3 所示。

表 6.3 观测数据及中间数据对照关系表

i	1	2	3	4	5	6	7	8	9	10	11
x_i	-1	0	2	2	4	4	6	7	8	9	11
j	1	2	3		4		5	6	7	8	9
$x(j)$	-1	0	2		4		6	7	8	9	11
$F[x(j)]$	0	0.1	0.3		0.5		0.6	0.7	0.8	0.9	1.0

从而可以得到 $F[x(j)]$ 所定义的实验分布函数,如图 6.6 所示。

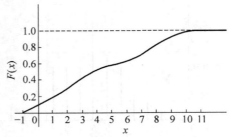

图 6.6 $F[x(j)]$ 定义的连续实验分布函数

6.4 参数的估计

6.4.1 分布参数的类型

1. 位置参数（记为 γ）

确定分布函数取值范围的横坐标。当 γ 改变时，相应的分布函数仅仅向左或向右移动而不发生其他变化，因而又称为位移参数。例如，均匀分布函数 $U(a,b)$，其密度函数为

$$f(x) = \begin{cases} \dfrac{1}{b-a}, & a \leqslant x \leqslant b \\ 0, & 其他 \end{cases}$$

式中，参数 a 定义为位置参数，当 a 改变时（保持 $b-a$ 不变），$f(x)$ 向左或向右移动。

2. 比例参数（记为 β）

决定分布函数在其取值范围内取值的比例尺。β 的改变只压缩或扩张分布函数，而不会改变其基本形状。

例如，指数分布函数 $\mathrm{Exp}(\beta)$，其密度函数为

$$f(x) = \begin{cases} \dfrac{1}{\beta} \mathrm{e}^{-x/\beta}, & x \geqslant 0 \\ 0, & 其他 \end{cases}$$

3. 形状参数（记为 α）

确定分布函数的形状，从而改变分布函数的性质。

例如，韦伯分布 $\mathrm{Weibull}(\alpha, \beta)$，其密度函数为（见图 6.7）

$$f(x) = \begin{cases} \alpha \beta^{-\alpha} x^{\alpha-1} \mathrm{e}^{-(x/\beta)^\alpha}, & x > 0 \\ 0, & 其他 \end{cases}$$

当 α 改变时，其形状也相应发生很大的变化。

随机变量 X、Y，如果存在一个实数 γ，使 X 与 Y 具有相同的分布，则称 X 与 Y 仅仅是位置上不

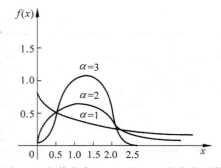

图 6.7 韦伯分布 $\mathrm{Weibull}(\alpha, \beta)$ 的密度函数

同的变量。如果对于某个正实数 β，使得 βX 与 Y 具有相同的分布，则称 X 与 Y 仅仅是比例尺不同的随机变量；如果 $\gamma+\beta X$ 与 Y 具有相同的分布，则称 X 与 Y 仅在位置与比例上不同。

6.4.2 分布参数的估计

当输入随机变量的分布族确定后，为了完全确定一个具体的分布以便在仿真过程中进行抽样，必须设法确定分布族中参数的值，我们仍然用观测数据来估计这些参数的值。这种总体分布形式已知，但其中包含未知参数，可以直接用样本估计未知参数，从而确定总体分布的方法，在统计学中称为参数估计问题。

用样本估计未知参数有许多不同的方法，本节只介绍一种常用的方法——极大似然估计法。极大似然估计法受到人们重视的原因：一是它的统计思想符合人们的认识和经验；二是它有很多优良性质，如大样本性质、极大似然估计的渐近分布是正态分布。

1. 离散分布场合

设总体 X 是离散型随机变量，其概率函数为 $p(x;\theta)$，其中 θ 是未知参数。设 $X_1, X_2, \cdots, X_n$ 为取自总体 X 的样本。$X_1, X_2, \cdots, X_n$ 的联合概率函数为 $\prod_{i=1}^{n} p(X_i;\theta)$。这里，$\theta$ 是常量；$X_1, X_2, \cdots, X_n$ 是变量。若我们已知样本取的值是 $x_1, x_2, \cdots, x_n$；则事件 $\{X_1 = x_1, X_2 = x_2, \cdots, X_n = x_n\}$ 发生的概率为 $\prod_{i=1}^{n} p(x_i;\theta)$，这一概率随 θ 的值而变化。从直观上来看，既然样本值 $x_1, x_2, \cdots, x_n$ 出现了，它们出现的概率相对来说应比较大，应使 $\prod_{i=1}^{n} p(x_i;\theta)$ 取比较大的值。换句话说，θ 应使样本值 $x_1, x_2, \cdots, x_n$ 的出现具有最大的概率。将上式看作 θ 的函数，并用 $L(\theta)$ 表示，就有：

$$L(\theta) = L(x_1, x_2, \cdots, x_n; \theta) = \prod_{i=1}^{n} p(x_i; \theta)$$

称 $L(\theta)$ 为似然函数。极大似然估计法就是在参数 θ 的可能取值范围 Θ 内，选取使 $L(\theta)$ 达到最大的参数值 $\hat{\theta}$，作为参数 θ 的估计值。因此，求总体参数 θ 的极大似然估计值的问题就是求似然函数 $L(\theta)$ 的最大值问题。这可通过解下面的方程来解决：

$$\frac{\mathrm{d}L(\theta)}{\mathrm{d}\theta} = 0 \tag{6.1}$$

因为 $\ln L$ 是 L 的增函数，所以 $\ln L$ 与 L 在 θ 的同一值处取得最大值。我们称 $l(\theta) = \ln L(\theta)$ 为对数似然函数。因此，常将方程(6.1)写成：

$$\frac{\mathrm{d}\ln L(\theta)}{\mathrm{d}\theta} = 0 \tag{6.2}$$

方程(6.2)称为似然方程。解方程(6.1)或方程(6.2)得到的 $\hat{\theta}$ 就是参数 θ 的极大似然估计值。如果方程(6.2)有唯一解，又能验证它是一个极大值点，则它必是所求的极大似然估计值。有时，直接用式(6.2)行不通，这时必须回到原始定义式(6.1)进行求解。

例 6-4 设某工序生产的产品的不合格率为 p，抽 n 个产品作检验，发现有 T 个不合格,试求 p 的极大似然估计。

分析:设 X 是抽查一批产品时的不合格品个数,则 X 服从参数为 p 的二点分布 $b(1,p)$。抽查 n 个产品,则得样本 $X_1,X_2,\cdots,X_n$;其观测值为 $x_1,x_2,\cdots,x_n$。假如样本有 T 个不合格,即表示 $x_1,x_2,\cdots,x_n$ 中有 T 个取值为 1,$n-T$ 个取值为 0。按离散分布场合方法,求 p 的极大似然估计。

解:(1) 写出似然函数:

$$L(p)=\prod_{i=1}^{n}p^{x_i}(1-P)^{1-x_i}$$

(2) 对 $L(p)$ 取对数,得对数似然函数:

$$l(p)=\sum_{i=1}^{n}[x_i\ln p+(1-x_i)\ln(1-p)]$$

$$=n\ln(1-p)+\sum_{i=1}^{n}x_i[\ln p-\ln(1-p)]$$

(3) 由于 $l(p)$ 对 p 的导数存在,故将 $l(p)$ 对 p 求导,令其为 0,得似然方程:

$$\frac{\mathrm{d}l(p)}{\mathrm{d}p}=-\frac{n}{1-p}+\sum_{i=1}^{n}x_i\left(\frac{1}{p}+\frac{1}{1-p}\right)=-\frac{n}{1-p}+\frac{1}{p(1-p)}\sum_{i=1}^{n}x_i=0$$

(4) 解似然方程得

$$\hat{p}=\frac{1}{n}\sum_{i=1}^{n}x_i=\bar{x}$$

(5) 经验证,在 $\hat{p}=\bar{x}$ 时,$\mathrm{d}^2l(p)/\mathrm{d}p^2<0$,这表明 $\hat{p}=\bar{x}$ 可使似然函数达到最大。

(6) 上述过程对任一样本观测值都成立,故用样本代替观察值便得 p 的极大似然估计为 $\hat{p}=\bar{X}$。将观察值代入,可得 p 的极大似然估计值为 $\hat{p}=\bar{x}=T/n$,其中 $T=\sum_{i=1}^{n}x_i$。

2. 连续分布场合

设总体 X 是连续离散型随机变量,其概率密度函数为 $f(x;\theta)$,若取得样本观察值为 $x_1,x_2,\cdots,x_n$;则因为随机点 $(X_1,X_2,\cdots,X_n)$ 取值为 $(x_1,x_2,\cdots,x_n)$ 时联合密度函数值为 $\prod_{i=1}^{n}f(x_i;\theta)$。所以,按极大似然法,应选择 θ 的值使此概率达到最大。取似然函数为 $L(\theta)=\prod_{i=1}^{n}f(x_i;\theta)$,再按前述方法求参数 θ 的极大似然估计值。

例 6-5 设某机床加工的轴的直径与图纸规定的中心尺寸的偏差服从 $N(\mu,\sigma^2)$,其中 μ,σ^2 未知。为估计 μ,σ^2,从中随机抽取 $n=100$ 根轴,测得其偏差为 $x_1,x_2,\cdots,x_{100}$。试求 μ,σ^2 的极大似然估计。

分析:显然,该问题是求解含有多个(两个)未知参数的极大似然估计问题,可通过建立关于未知参数 μ,σ^2 的似然方程组,从而进行求解。

解:(1) 写出似然函数:

$$L(\mu,\sigma^2)=\prod_{i=1}^{n}\frac{1}{\sqrt{2\pi}\sigma}\mathrm{e}^{-\frac{(x_i-\mu)^2}{2\sigma^2}}=(2\pi\sigma^2)^{-\frac{n}{2}}\mathrm{e}^{\frac{\sum_{i=1}^{n}(x_i-\mu)^2}{2\sigma^2}}$$

(2) 写出对数似然函数：
$$l(\mu,\sigma^2) = -\frac{n}{2}\ln(2\pi\sigma^2) - \frac{1}{2\sigma^2}\sum_{i=1}^{n}(x_i-\mu)^2$$

(3) 将 $l(\mu,\sigma^2)$ 分别对 μ、σ^2 求偏导，并令它们都为 0，得似然方程组为
$$\begin{cases} \dfrac{\partial l(\mu,\sigma^2)}{\partial \mu} = \dfrac{1}{\sigma^2}\sum_{i=1}^{n}(x_i-\mu)^2 = 0 \\ \dfrac{\partial l(\mu,\sigma^2)}{\partial \sigma^2} = -\dfrac{n}{2\sigma^2} + \dfrac{1}{2\sigma^4}\sum_{i=1}^{n}(x_i-\mu)^2 = 0 \end{cases}$$

(4) 解似然方程组得
$$\hat{\mu} = \bar{x}, \qquad \hat{\sigma}^2 = \frac{1}{n}\sum_{i=1}^{n}(x_i-\bar{x})^2$$

(5) 经验证 $\hat{\mu}$、$\hat{\sigma}^2$ 使 $l(\mu,\sigma^2)$ 达到极大。

(6) 上述过程对一切样本观察值成立，故用样本代替观测值，便得 μ,σ^2 的极大似然估计分别为
$$\hat{\mu} = \bar{X}, \qquad \hat{\sigma}^2 = \frac{1}{n}\sum_{i=1}^{n}(X_i-\bar{X})^2 = S_n^2$$

3. 求极大似然估计的方法和步骤

一般来讲，求极大似然估计可按如下方法和步骤进行：

(1) 由总体分布导出样本的联合概率函数（或联合密度）。

(2) 把样本联合概率函数（或联合密度）中自变量看成已知常数，而把参数 θ 看作自变量，得到似然函数 $L(\theta)$。

(3) 求似然函数 $L(\theta)$ 的最大值点（常转化为求对数似然函数 $l(\theta)$ 的最大值点）。

(4) 在最大值点的表达式中，用样本值代入就得到参数的极大似然估计值。

(5) 若总体 X 的分布中含有多个未知参数 $\theta_1,\theta_2,\cdots,\theta_k$ 时，似然函数 L 是这些参数的多元函数 $L(\theta_1,\theta_2,\cdots,\theta_k)$。代替方程(6.1)，可得方程组 $\dfrac{\partial(\ln L)}{\partial \theta_i} = 0, i = 1, 2, \cdots, k$，由这个方程组解得 $\hat{\theta}_1,\hat{\theta}_2,\cdots,\hat{\theta}_k$ 分别是参数 $\theta_1,\theta_2,\cdots,\theta_k$ 的极大似然估计值。

(6) 求未知参数 θ 的某种函数 $g(\theta)$ 的极大似然估计可用极大似然估计的不变原则。即若 $\hat{\theta}$ 是 θ 的极大似然估计，$g(\theta)$ 是 θ 的连续函数；则 $g(\theta)$ 的极大似然估计为 $g(\hat{\theta})$。

例 6-6 设某元件失效时间服从参数为 λ 的指数分布，其密度函数为 $f(x;\lambda) = \lambda e^{-\lambda x}$，$x \geq 0$，$\lambda$ 未知。现从中抽取 n 个元件测得其失效时间为 $x_1,x_2,\cdots,x_n$。试求 λ 及平均寿命的极大似然估计。

分析：可先求 λ 的极大似然估计，由于元件的平均寿命即为 X 的期望值，在指数分布场合，有 $E(X) = 1/\lambda$，它是 λ 的函数，故可用极大似然估计的不变原则，求其极大似然估计。

解：(1) 写出似然函数：
$$L(\lambda) = \prod_{i=1}^{n}\lambda e^{-\lambda x_i} = \lambda^n e^{-\lambda \sum_{i=1}^{n} x_i}$$

(2) 取对数得对数似然函数:
$$l(\lambda) = n\ln\lambda - \lambda\sum_{i=1}^{n}x_i$$

(3) 将 $l(\lambda)$ 对 λ 求导得似然方程为
$$\frac{dl(\lambda)}{d\lambda} = \frac{n}{\lambda} - \sum_{i=1}^{n}x_i = 0$$

(4) 解似然方程得
$$\hat{\lambda} = \frac{n}{\sum_{i=1}^{n}x_i} = \frac{1}{\bar{x}}$$

经验证,$\hat{\lambda}$ 能使 $l(\lambda)$ 达到最大,由于上述过程对一切样本观察值成立,故 λ 的极大似然估计为 $\hat{\lambda} = \frac{1}{\bar{X}}$。根据极大似然估计的不变原则,元件的平均寿命的极大似然估计为 $E(X) = \frac{1}{\hat{\lambda}} = \bar{X}$。

表 6.4 给出了常见分布的未知参数的极大似然估计,采用上述方法求解得到的未知参数的极大似然估计可以和表 6.4 中的结果进行对照、检验。

表 6.4 常见分布的未知参数的极大似然估计

总体分布	未知总体参数	极大似然估计
正态分布 $N(\mu,\sigma^2)$	μ,σ^2	$\hat{\mu} = \bar{x} = \frac{1}{n}\sum_{i=1}^{n}x_i$ $\hat{\sigma}^2 = S_n^2 = \frac{1}{n}\sum_{i=1}^{n}(x_i-\bar{x})^2$
均匀分布 $U(a,b)$	a,b	$\hat{a} = \min\{x_1,x_2,\cdots,x_n\}$ $\hat{b} = \max\{x_1,x_2,\cdots,x_n\}$
指数分布 $Exp(\lambda)$	λ	$\hat{\lambda} = \dfrac{n}{\sum_{i=1}^{n}x_i}$
泊松分布 $P(\lambda)$	λ	$\hat{\lambda} = \bar{x} = \frac{1}{n}\sum_{i=1}^{n}x_i$
二项分布 $B(n,p)$	p	$\hat{p} = \bar{x} = \frac{1}{n}\sum_{i=1}^{n}x_i$

6.5 拟合优度检验

由观测数据假设了其分布的类型并估计出其参数以后,一般需要检验该分布与这些观测数据吻合的程度,即进行拟合优度检验。本节介绍两种常用的检验方法:χ^2 检验和 K-S

检验。

6.5.1 χ^2 检验

设 $(X_1, X_2, \cdots, X_n)$ 是来自总体 X 的样本,但并不知道 X 的分布是什么,现欲检验,假设:$H_0: X$ 的分布函数为 $F(x) \leftrightarrow H_1: X$ 的分布函数不是 $F(x)$,这里的 $F(x)$ 是一已知的分布函数。如果 $F(x)$ 中带有未知参数 $\theta=(\theta_1, \theta_2, \cdots, \theta_k)'$,则记为 $F(x;\theta)$。

拟合优度检验的思想和处理步骤为:

(1) 将 $(-\infty, +\infty)$ 划分成 r 个小区间:$-\infty = a_0 < a_1 < \cdots < a_{r-1} < a_r = +\infty$,

记为:$I_1 = (a_0, a_1], I_2 = (a_1, a_2], \cdots, I_r = (a_{r-1}, a_r)$。

(2) 计算各区间上的理论频数。如果原假设为真,即总体 X 的分布函数为 $F(x;\theta)$,从而 $X_i (i=1, 2, \cdots, n)$ 落入区间 I_i 的概率为

$$p_i(\theta) = F(a_i; \theta) - F(a_{i-1}; \theta), \quad i=1, 2, \cdots, r \quad (6.3)$$

由于样本容量为 n,因此样本中落入区间 I_i 的个数为 $np_i(\theta)$,这里的 $np_i(\theta)$ 称为理论频数。如果 θ 是未知的,可用 θ 的极大似然估计 $\hat{\theta}$ 代入式(6.3),得到 $p_i(\hat{\theta})$,这时的理论频数为 $np_i(\hat{\theta})$。

(3) 计算各区间上的实际频数。设 $(X_1, X_2, \cdots, X_n)$ 中落入区间 I_i 的个数为 n_i,称 n_i 为实际频数。

(4) 作出度量抽样结果与原假设差异的统计量。

$$\chi^2 = \sum_{i=1}^{r} \frac{(n_i - np_i(\hat{\theta}))^2}{np_i(\hat{\theta})} \quad (6.4)$$

由于 $np_i(\hat{\theta})$ 是从分布函数 $F(x;\theta)$ 计算出来的区间 I_i 上的理论频数,而 n_i 是样本中落入 I_i 的实际频数,它们差异的大小度量了样本与分布 $F(x;\theta)$ 的拟合程度。统计量 χ^2 称为 Pearson 拟合优度 χ^2 统计量。由于 $\chi^2 = \sum_{i=1}^{r} np_i(\hat{\theta}) \cdot \left[\frac{n_i - np_i(\hat{\theta})}{np_i(\hat{\theta})} \right]^2$,因此可将 χ^2 看成是实际频数与理论频数的相对偏差的加权平方和,而使用 $np_i(\hat{\theta})$ 作为权的主要目的是使 H_0 为真,且当 n 充分大时,统计量 χ^2 的近似分布较简单。事实上可以证明:若 H_0 为真,则当 $n \to \infty$ 时,统计量 χ^2 的分布收敛到自由度为 $r-k-1$ 的 χ^2 分布。

(5) 借助第(4)步中的统计量 χ^2,制定检验方案。

式(6.4)的统计量 χ^2 的观察值比较小时,说明拟合较好,接受 H_0;反之,说明拟合不好,即 X 的分布函数不是 $F(x)$,从而拒绝 H_0。对于给定的显著性水平 α,查自由度为 $r-k-1$ 的 χ^2 分布表,可得 $C_{1-\alpha}(r-k-1)$,满足:

$$P(\chi^2 \geq C_{1-\alpha}(r-k-1)) = \alpha$$

根据样本观察值算出 Pearson 统计量 χ^2 的观察值 c。当 $c \geq C_{1-\alpha}(r-k-1)$ 时,拒绝 H_0;否则接受 H_0。

在运用 Pearson 统计量 χ^2 进行检验时,使用的是统计量式(6.4)的极限分布,所以在应用时要求 n 较大,并且在划分时,应该使各个 $np_i(\hat{\theta})$ 都不太小,这样才会使极限分布有较好

的近似。通常认为 n 应不小于 50，并且每个 $np_i(\hat{\theta})$ 都不小于 5。如果 $(-\infty,+\infty)$ 的初始划分不满足后一个条件，则需将相邻区间合并，以满足这一要求。

例 6-7　某灯泡厂生产 220 V、25 W 的灯泡，现抽查 120 个灯泡测量其光通量，样本观察值的频数分布如表 6.5 所示。且 $\bar{x}=209$，$s_n=6.5$，试检验：灯泡的光通量是否服从正态分布（$\alpha=0.05$）。

解：记 X 为灯泡的光通量，欲检验的统计假设为：$H_0: X \sim N(\mu,\sigma^2)$（$\mu,\sigma^2$ 未知）$\leftrightarrow$ $H_1: X$ 不服从正态分布。

表 6.5　灯泡光通量观测数据的频数分布表

光通量区间	$(-\infty,198.5)$	$(198.5,201.5)$	$(201.5,204.5)$	$(204.5,207.5)$	$(207.5,210.5)$
频数	6	7	14	20	23
光通量区间	$(210.5,213.5)$	$(213.5,216.5)$	$(216.5,219.5)$	$(219.5,+\infty)$	
频数	22	14	8	6	

由于参数 μ 和 θ 未知，分别用它们的极大似然估计 $\hat{\mu}=\bar{X}$，$\hat{\sigma}^2=S_n^2$ 来代替 $\hat{\mu}=209$，$\hat{\sigma}^2=6.5^2$。当 H_0 为真时，对于服从 $N(209,6.5^2)$ 的随机变量 X，计算它落入表 6.5 中每个区间上的概率 $p_i(\hat{\theta})$。

例如：

$$p_1(\hat{\theta})=P(X<198.5)=\Phi\left(\frac{198.5-209}{6.5}\right)=0.0532$$

$$p_2(\hat{\theta})=P(198.5\leqslant X<201.5)=\Phi\left(\frac{201.5-209}{6.5}\right)-\Phi\left(\frac{198.5-209}{6.5}\right)=0.0719$$

等。并且计算 χ^2 统计量的值：

$$c=\sum_{i=1}^{9}\frac{(n_i-np_i(\hat{\theta}))^2}{np_i(\hat{\theta})}=0.785$$

由于 $r=9$，$k=2$，所以 χ^2 统计量的自由度为 $9-2-1=6$，对于 $\alpha=0.05$，查 χ^2 分布表，得 $C_{1-\alpha}(r-k-1)=C_{0.95}(6)=12.592$，因为 $c=0.785<12.592=C_{1-\alpha}(r-k-1)$，故接受 H_0，即认为该种灯泡的光通量服从正态分布。

6.5.2　柯尔莫哥洛夫-斯米尔洛夫检验（K-S 检验）

χ^2 检验的困难是：按 P_j 相等来确定 $[a_{j-1},a_j)$ 时，要对 $\hat{F}(x)$ 进行逆运算。而在某些情况下，求 $\hat{F}(x)$ 的逆运算比较困难，有时甚至 $\hat{F}(x)$ 无封闭形式导致根本无法求 $\hat{F}(x)$ 的逆运算，导致检验无法进行。另外，当 n 较小时，$P_j\geqslant 5/n$ 的值较大，从而得到的区间过大，结果造成观测数据的信息丢失。因此，需要采用其他的检验方法来进行检验。

柯尔莫哥洛夫-斯米尔洛夫检验，简称 K-S 检验，基本原理是将拟合的分布函数 $\hat{F}(x)$ 与由观测数据定义的实验分布函数 $\tilde{F}(x)$ 进行比较。设观测数据为 $x_1,x_2,\cdots,x_n$。观测数

据的实验分布函数 $\tilde{F}(x)$ 采用如下定义：

$$\tilde{F}_n(x) = \frac{(x_i \leqslant x) \text{数据的个数}}{n} \quad (\text{对所有 } x)$$

这样，$\tilde{F}(x)$ 是右连续的阶跃函数。

K-S 检验规则：根据 $\hat{F}(x)$ 与 $\tilde{F}(x)$ 的接近程度来决定是否拒绝原假设 H_0。

评价接近程度的指标是采用 $\hat{F}(x)$ 与 $\tilde{F}(x)$ 之间的最大距离 D_n：

$$D_n = \sup_x \{|\hat{F}_n(x) - \tilde{F}(x)|\}$$

若 D_n 超过规定的常数 $d_{n,1-\alpha}$（其中 α 是要求的检验水平），则拒绝 H_0；否则不拒绝 H_0。

问题：对于不同的分布，d_n 的值是不同的；即使是同一分布，不同的 α 下 $d_{n,1-\alpha}$ 也不相同，而且尚无通用的表可查。下面是两个常见分布在不同的 α 下的 $d_{n,1-\alpha}$ 关系对照表。

(1) 指数分布 $\mathrm{Exp}(\beta)$：$\left(D_n - \dfrac{0.2}{n}\right)\left(\sqrt{n} + 0.26 + \dfrac{0.5}{\sqrt{n}}\right) > d_{1-\alpha}$ 若成立，则拒绝 H_0，其中 $d_{1-\alpha}$ 的值如表 6.6 所示。

表 6.6 指数分布的检验水平 α 和 $d_{1-\alpha}$ 关系对照表

α	0.150	0.100	0.050	0.025	0.010
$d_{1-\alpha}$	0.926	0.990	1.094	1.190	1.308

(2) 正态分布 $N(\hat{\mu}, \hat{\sigma}^2)$：$\left(n - 0.01 + \dfrac{0.85}{n}\right) D_n > d_{1-\alpha}$ 若成立，则拒绝 H_0，其中 $d_{1-\alpha}$ 的值如表 6.7 所示。

表 6.7 正态分布的检验水平 α 和 $d_{1-\alpha}$ 关系对照表

α	0.150	0.100	0.050	0.025	0.010
$d_{1-\alpha}$	0.775	0.819	0.895	0.955	1.035

小结与讨论

对具有随机变量的系统进行仿真，首先必须确定随机变量的分布模型，通常的方法有两种：一种是实验分布函数法，即利用观测数据建立实验分布函数，如果由原始观测数据难以确定一个理论分布，则可以采用实验分布作为随机变量的分布模型。另一种是标准分布检验法，即通过对样本数据的分布类型的假设、参数估计和分布拟合优度检验等过程，确定输入随机变量的分布模型。对于连续型随机变量，可通过点统计法、直方图法和概率图法等方法确定随机变量的分布类型；对于离散型随机变量，可通过点统计法、线图法等方法确定随机变量的分布类型。确定了随机变量的分布类型后，可以通过极大似然估计方法确定随机变量分布的参数，从而确定随机变量的具体分布。最后，可以采用 χ^2 检验、K-S 检验等拟合优度检验方法对得到的随机变量分布与观测数据吻合的程度进行检验,判断该随机变量分布模型的正确性和合理性。

习题

1. 仿真输入数据分析一般应遵循怎样的步骤?收集输入数据有哪些方法?应该注意哪些问题?

2. 设 $X \sim B(1, p)$,$X_1, X_2, \cdots, X_n$ 是来自 X 的一个样本,求参数 p 的极大似然估计。

3. 利用 K-S 检验法检验表 6.8 所示样本是否符合均值为 0.0、方差为 2.5 的正态分布。检验水平为 $\alpha = 0.05$。

表 6.8 习题 3 用表

1.549 422	2.444 344	−1.356 287	−1.158 468	1.986 288
−1.317 650	1.203 433	−2.405 187	−0.983 101	−0.942 457
2.627 202	2.295 194	0.253 501	0.256 372	−1.221 426
−2.819 277	2.729 291	1.374 238	−0.028 606	0.940 219
−1.100 076	−2.032 944	−1.105 679	1.694 956	0.019 935

4. 若有一批样本数为 50 的三极管,其放大倍数 β 值如表 6.9 所示。

表 6.9 习题 4 用表

34.7	56.2	38.4	54.1	57.4	51.7	60.6	67.7	78.1	38.2
49.2	42.8	45.2	53.4	80.4	97.4	84.5	65.3	66.4	73.4
61.1	68.4	69.4	81.3	74.4	36.3	47.2	52.4	69.2	89.7
76.6	67.3	66.2	59.8	59.2	63.2	38.4	44.6	70.1	28.1
52.3	44.5	46.4	64.4	66.4	54.2	78.8	62.0	32.4	48.5

设 β 为随机变量 X,X 的取值范围为 $(0, 100)$,试计算其均值和方差,且用直方图法确定该随机变量的分布类型,并对其进行 $\alpha = 0.10$ 水平的 χ^2 检验。

第 7 章　仿真输出数据分析与评价

系统仿真的目的就是分析比较系统的性能。在多数情况下，仿真实验的结果是由计算机计算得出，而计算机输出的数据往往并不能直接反映系统的性能，需要经过分析整理并形成仿真报告。所以仿真输出数据分析与评价是系统仿真中的一个重要环节。

许多仿真系统模型存在一些随机变量，在对这类系统的仿真结果进行分析时，一般采用统计方法来估计系统的性能，用随机变量的概率分布、数学期望和方差等统计特征进行描述。利用统计分析方法要求样本数据具有统计独立性，但实际上在很多情况下这个条件并不能满足。例如，一个库存系统的每周总费用 Y 是满足一定分布的随机变量，一周运行长度的运行结果即对 Y 所有可能的观测结果是总体的一个样本。如果增加运行长度，那么样本量也增加，由于每周结束时所具有的最终库存是下一周的初始库存，从而上一周的采样值对下一周的采样值有一定的影响，这意味着随机变量序列缺乏统计独立性。这样就不能直接利用经典的统计方法来分析仿真输出数据。解决这一难题的途径无非两条：一是对样本序列进行处理，使之尽量满足统计独立性条件；二是在经典统计方法的基础上进行修正，使之适合于处理相关的样本序列。

根据仿真模型运行实验的基本方法和统计分析方法的不同，仿真运行方式可分为终态仿真（又称为暂态仿真）和稳态仿真两大类。终态仿真是指仿真实验在某个持续时间段上运行。在终态仿真中，系统的初始状态必须加以明确制定，同时必须制定仿真结束时间或给出停止时间的定义，终态仿真的结果对初始状态有明显的依赖性。稳态仿真则是通过系统的仿真实验，希望得到一些系统性能测度指标在系统达到稳态时的估计值，因而它常常需要很长一段时间的运行，结束条件一般是充分长的仿真实验时间或充分多的观测样本，或某些系统稳态判据为真等，稳态仿真的实验结果一般应该与初始状态无关。

对仿真的输出结果进行统计分析的主要目的是获得系统状态变量的高精度的统计特性，以便能够对仿真结果加以正确的利用。但获取高精度的代价却是计算时间和存储空间的巨大耗费。尤其是对复杂而庞大的系统来说，为进行统计分析而要求的计算能力和存储能力无法被满足，在这种情况下就不得不降低仿真结果的精度，甚至降低精度到无法接受的程度。因此，为了消除这个矛盾，有必要采用方差减小技术，即在相同的仿真运行次数下获得较小方差的仿真输出结果。

7.1 终态仿真的结果分析

7.1.1 重复运行法

一般情况下终态仿真采用的是重复运行法,又称为复演法。利用重复运行仿真方法可以得到独立的仿真结果。所谓重复运行法是指选用不同的独立随机数序列,采用相同的参数、初始条件以及用相同的采样次数 n 对系统重复进行仿真运行。

对于某一终态仿真的系统,由于每次运行是相互独立的,因此可以认为每次仿真运行结果 $X_i(i=1,2,\cdots,n)$ 是独立同分布的随机数,从而可以直接采用经典的统计分析方法进行仿真结果的分析。由于每次仿真运行的初始条件和参数是相同的,每次仿真运行的结果也必然是相近的,相互之间的偏差不会很大,因此,很自然地可以假设仿真结果 $X_1,X_2,\cdots,X_n$ 是服从正态分布的随机数。设随机变量 X 的期望值的置信区间为 $1-\alpha$,它的估计值 μ 为

$$\mu = \frac{1}{n}\sum_{j=1}^{n} X_j \pm t_{n-1,\frac{\alpha}{2}} \sqrt{S^2(n)/n} \tag{7.1}$$

其中

$$S^2(n) = \sum_{j=1}^{n} [\overline{X}(n) - X_j]^2/(n-1)$$

$$\overline{X} = \frac{1}{n}\sum_{j=1}^{n} X_j$$

式中,α 为置信水平。

根据中心极限定理,若产生的样本点 X_j 越多,即仿真运行的次数越多,则 X_j 越接近于正态分布,因此在终态仿真中使用仿真方法运行的重复次数 n 不能选取得太小。

例 7-1 某一机床加工零件的仿真系统,仿真的目的是分析机床的利用率 ρ 和一个工作日内机床每加工一个零件的平均时间。在相同的初始条件下经过 4 次独立的仿真运行,得出结果如表 7.1 所示。

表 7.1 例 7-1 用表

运行序号	机床利用率 ρ	零件加工时间 ω/min
1	0.808	3.74
2	0.875	4.53
3	0.708	3.84
4	0.842	3.98

试计算机床利用率 ρ 的 95% 置信区间和零件加工平均时间 ω 的 95% 置信区间。

解:(1) 首先计算机床利用率的点估计值:

$$\bar{\rho} = \frac{1}{4}\sum_{i=1}^{4} \rho_i = 0.808$$

$\bar{\rho}$ 的方差为

$$\frac{S^2(n)}{n} = \frac{1}{n(n-1)}\sum_{i=1}^{4}(\rho_i - \bar{\rho})^2 = (0.036)^2$$

查表得 $t_{3,0.025} = 3.18$,故有

$$\rho = \bar{\rho} \pm t_{3,0.025}\sqrt{S^2(n)/n} = 0.808 \pm 3.18 \times 0.036$$

ρ 的置信区间为 $0.694 \leqslant \rho \leqslant 0.922$。

(2) 类似地计算零件平均加工时间的点估计值:

$$\bar{\omega} = \frac{1}{4}\sum_{i=1}^{4}\omega_i = 4.02$$

方差为

$$\frac{S^2(n)}{n} = \frac{1}{n(n-1)}\sum_{i=1}^{4}(\omega_i - \bar{\omega})^2 = (0.176)^2$$

故有

$$\omega = \bar{\omega} \pm t_{3,0.025}\sqrt{S^2(n)/n} = 4.02 \pm 3.18 \times 0.176$$

ω 的 95% 置信区间为 $3.64 \leqslant \omega \leqslant 4.58$。

7.1.2 序贯程序法

在终态仿真结果分析的重复运行法中,通过规定次数的仿真可以得到随机变量取值的置信区间,置信区间的长度与仿真次数的平方根成反比。显然,若要缩小置信区间的长度就必然增加仿真次数 n。这样就产生了另一个方面的问题,即在一定的精度要求下,规定仿真结果的置信区间,无法确定能够达到精度要求的仿真次数。这样就可以对置信区间的长度进行控制,避免得出不适用的结论。

由式(7.1)可知,样本 X 的 $100(1-\alpha)\%$ 置信区间的半长为

$$\beta = t_{n-1,\alpha/2}\hat{\sigma}(\hat{X})$$

其中

$$\hat{\sigma}(\hat{X}) = S/\sqrt{n}$$

式中,S 为样本的标准差;n 为重复运行次数。

设给定一准确的临界值 ε,即限定置信区间的长度为 $[\hat{X}-\varepsilon, \hat{X}+\varepsilon]$,并给定精度 $1-\alpha$。为了达到此精度要求,需要取足够大的仿真运行次数 n,使之满足:

$$P(|\hat{X}-\bar{X}|<\varepsilon) \geqslant 1-\alpha$$

假设仿真已经重复运行了 n_0 次($n_0 \geqslant 2$),为了满足置信区间半长的临界值,必须选择重复运行次数 n,使得

$$n \geqslant n_0$$

且

$$\beta = \frac{t_{n-1,\alpha/2}S_0}{\sqrt{n}} \leqslant \varepsilon$$

初始运行仿真运行的次数应当至少大于 2,最好取 4 或 5。由此可推出 n 应当满足

$$n \geqslant \left(\frac{t_{n-1,\alpha/2}S_0}{\varepsilon}\right)^2$$

显然 n 的解就是满足上式的最小整数：

$$n = \min\left\{i : i \geqslant \left(\frac{t_{n-1,\alpha/2}S_0}{\varepsilon}\right)^2\right\}$$

注意，这里假定 n 次独立重复运行结果总体方差 σ^2 的估计值 $S^2(n)$ 随着增加 n 次运行没有显著的变化，因此可以用 n_0 的总体方差代替。

例 7-2 在例 7-1 中，如果希望估计出的机床利用率以 0.95 的概率落在半长为 0.04 的区间，确定附加仿真运行的次数。

解：从例 7-1 中，有初始样本量 $n_0 = 4$，总体方差的初步估计值为

$$S_0^2 = 4 \times (0.036)^2 = 0.005\ 18$$

以置信度 $1-\alpha = 0.95$，分别对不同的 n 值进行查表，结果如表 7.2 所示。

表 7.2 例 7-2 用表

n	$t_{n-1,\alpha/2}$	$t_{n-1,\alpha/2}^2 S_0^2/\varepsilon^2$	n	$t_{n-1,\alpha/2}$	$t_{n-1,\alpha/2}^2 S_0^2/\varepsilon^2$
5	2.57	21.38	12	2.18	15.39
6	2.45	19.43	13	2.16	15.10
7	2.36	18.03	14	2.14	14.83
8	2.31	17.28	15	2.13	14.69
9	2.26	16.54	16	2.12	14.55
10	2.23	16.10	17	2.11	14.41
11	2.20	15.67	18	2.10	14.28

由此得出 $n = 15$，故附加仿真运行次数为 $n - n_0 = 11$。

实际上，利用 n_0 次仿真运行的方差 $S^2(n_0)$ 来替代 n 次仿真运行的方差，会使得计算得出的 n 值偏大。为了消除这种影响，一般采用序贯程序法，其步骤为：

(1) 预定独立仿真运行的初始次数 $n_0 \geqslant 2$，置 $n = n_0$，独立运行 n 次；

(2) 计算该 n 次运行的样本 $X_1, X_2, \cdots, X_n$ 以及相应的 $S^2(n)$；

(3) 利用下式计算 β 值：

$$\beta = t_{n-1,\alpha/2}\sqrt{\frac{S^2(n)}{n}}$$

如果 $\beta \leqslant \varepsilon$，则得到置信度为 $1-\alpha$ 的满足精度要求的置信区间 $[\overline{X}(n)-\beta, \overline{X}(n)+\beta]$，从而确定了相应的仿真次数 n；

(4) 否则令 $n = n+1$，进行仿真得到样本值 X_{n+1}；

(5) 返回步骤(2)。

例 7-3 在例 7-1 中，利用序贯程序法计算可得表 7.3 的数据，其中 ρ 是仿真运行结果。

表 7.3 例 7-3 用表

n	ρ	$\overline{X}$	S^2	t	β
4		0.808	0.005 18	2.78	0.106
5	0.742	0.795	0.004 79	2.57	0.079

续表

n	ρ	$\overline{X}$	S^2	t	β
6	0.767	0.790	0.003 96	2.45	0.063
7	0.792	0.791	0.003 30	2.36	0.051
8	0.950	0.811	0.006 00	2.31	0.063
9	0.833	0.813	0.005 31	2.26	0.055
10	0.717	0.803	0.005 64	2.23	0.053
11	0.817	0.805	0.005 10	2.20	0.047
12	0.842	0.808	0.004 75	2.18	0.043
13	0.85	0.811	0.004 50	2.16	0.040
14	0.85	0.814	0.004 25	2.14	0.037
15	0.767	0.811	0.004 10	2.13	0.035

由表 7.3 中可以看出,满足精度要求的最小仿真重复运行次数为 $n=13$,比例 7-2 中的计算结果有所减小。

一般说来,在同样精度要求下,采用序贯程序法得出的仿真重复运行次数比利用解析法得到的次数要少。

7.2 稳态仿真的结果分析

在仿真研究中,除了终态仿真研究之外,还需要研究一次运行时间很长的仿真,研究系统的稳态性能。在仿真运行过程中,每隔一段时间即可获得一个观测值 Y_i,从而可以得到一组自相关时间序列的采样值 $Y_1, Y_2, \cdots, Y_n$。其稳态平均值定义为

$$\nu = \lim_{n \to \infty} \frac{1}{n} \sum_{i=1}^{n} Y_i$$

如果 ν 的极值存在,则 ν 与仿真的初始条件无关。

稳态仿真结果分析的主要目的仍然是对系统状态变量的估计以及使估计值达到给定精度要求时停止。下面我们将介绍 4 种稳态仿真结果分析计算的方法。

7.2.1 批均值法

一般说来,对于稳态仿真若采用类似重复运行法那样利用全部观测值进行估计,得到的估计值 $\hat{Y}$ 与实际的稳态值 Y 之间会有偏差:

$$b = \hat{Y} - Y$$

这里 b 称为在点估计 $\hat{Y}$ 中的偏移。这个偏移是由人为的或任意的初始条件所引起,我们希望得到一个无偏估计,至少希望偏移值 b 相对于 Y 值尽可能地小。如果在点估计中有明显的偏移,采用大量的重复运行来减少点估计的变化范围,可能会导致错误的置信区间。这是因为偏移不受重复运行次数的影响,增加重复运行次数只会使置信区间围绕错误的估计点 $Y+b$ 变短,而不会围绕 Y 变短。

为了降低偏移的影响,可以采用批均值法。批均值法的基本思想是:设仿真运行时间足够长,可以得到足够多的观测值 $Y_1, Y_2, \cdots, Y_m$;将 $Y_i(i=1,2,\cdots,m)$ 分为 n 批,每一批中有 l 个观测值,则每批观测数据如下:

第一批:$Y_1, Y_2, \cdots, Y_l$

第二批:$Y_{l+1}, Y_{l+2}, \cdots, Y_{2l}$

$\vdots$

第 n 批:$Y_{(n-1)l+1}, Y_{(n-1)l+2}, \cdots, Y_{nl}$

首先对每批数据进行处理,分别得出每批数据的均值:

$$\overline{Y}_j = \frac{1}{l} \sum_{k=1}^{l} Y_{(j-1)l+k}$$

由此可得总得样本均值为

$$\overline{Y} = \frac{1}{n} \sum_{j=1}^{n} \overline{Y}_j = \frac{1}{m} \sum_{i=1}^{m} Y_i$$

此即 ν 的点估计。

为了构造 ν 的置信区间,需要假定 $\overline{Y}_j$ 是独立的且服从正态分布的随机变量,并具有相同的均值和方差。此时 ν 的近似置信区间的计算公式为

$$\nu = \overline{Y} \pm t_{n-1,\alpha/2} \sqrt{\frac{S_j^2(n)}{n}}$$

其中

$$S_j^2(n) = \frac{1}{n-1} \sum_{j=1}^{n} (\overline{Y}_j - \overline{Y})^2$$

式中,n 为观测值的批数。

例 7-4 考察一个单服务台排队模型,顾客到达服从平均到达速率为每 10 min 一个 ($\lambda = 0.1/\text{min}$),服务时间服从均值为 9.5 min 及标准差为 1.75 min 的正态分布。系统进行了 5000 min 的仿真运行,考察顾客的平均队长。5000 min 的仿真分成 5 个相等区间计算出每个区间的平均队长列于表 7.4,求平均队长 L 的 95% 置信区间。

表 7.4 例 7-4 用表

分批区间	批次	观测值	分批区间	批次	观测值
[0,1000)	1	3.61	[3000,4000)	4	6.92
[1000,2000)	2	3.21	[4000,5000)	5	2.82
[2000,3000)	3	2.18			

解:采用批均值法,将 5000 个观测值分为 5 组,每组 1000 个观测值,假定每一组观测值的均值是统计独立的,这时可以得到点估计值为

$$\overline{Y} = \frac{1}{5} \sum_{j=1}^{5} \overline{Y}_j = 3.75$$

样本方差为

$$S^2 = \frac{1}{4} \sum_{j=1}^{5} (\overline{Y}_j - \overline{Y})^2 = 3.4$$

标准差为

$$\sigma = \frac{S}{\sqrt{5}} = 0.825$$

查表得 $t_{4,0.025} = 2.78$,故

$$\nu = \overline{Y} \pm t_{4,0.025}\sqrt{S^2/5} = 3.75 \pm 2.78 \times 0.825$$

从而得 ν 的置信区间为 $1.46 \leqslant \nu \leqslant 6.04$,也就是说真实的平均队长以 95% 的置信度介于 1.46~6.04 个顾客之间。

7.2.2 稳态序贯法

设某次稳态运行得到的观测值是 $Y_1, Y_2, \cdots, Y_m$。其批长度为 l,共 n 批,每批观测值的均值为 $\overline{Y}_k (k=1,2,\cdots,n)$,总体样本均值为 $\overline{Y}$。

在利用批均值法进行计算时,假定每批观测值的均值是独立的,但实际上 $\overline{Y}_1, \overline{Y}_2, \cdots, \overline{Y}_n$ 是相关的。为了得到不相关的 $\overline{Y}_k$,直观的做法是:保持批数 n 不变,不断增大 l,直到满足不相关的条件为止。但是如果 n 选择过小,则 $\overline{Y}_k$ 的方差加大,结果得到的置信区间就会偏大,为此 n 也必须足够大。这样为了达到精度要求就必须选择足够大的 n 和 l,使得样本总量 $m = n \times l$ 特别大,而仿真过程中时间的消耗也是必须考虑的重要因素。这里介绍一种尽可能减少 m 的方法。

设仿真运行观测值的批长度为 l,已经有观测值 n 批,考察相隔为 j 的两批观测值批均值的相关系数:

$$\rho_j(l) = \text{cov}[\overline{Y}_k, \overline{Y}_{k+j}], \quad k=1,2,\cdots,n$$

$\rho_j(l)$ 随 l 的变化规律大致有 3 种情况:

(1) $\rho_j(l)$ 为递减函数(见图 7.1);
(2) $\rho_j(l)$ 的值一次或多次改变方向,然后严格地递减到 0(见图 7.2);

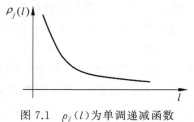

图 7.1 $\rho_j(l)$ 为单调递减函数

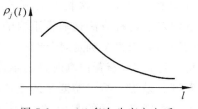

图 7.2 $\rho_j(l)$ 多次改变方向后

(3) $\rho_j(l) < 0$ 或者随着 l 变化没有一定的规律。

设仿真运行观测值的批长度为 l,已经有观测值 n 批,相隔为 j 的两批观测值批均值的相关系数为

$$\rho_j(n,l) = \text{cov}[\overline{Y}_k, \overline{Y}_{k+j}], \quad k=1,2,\cdots,n$$

也满足以上 3 种性质。基于批均值法的稳态序贯法原理如下:

(1) 给定批数因子 n 以及仿真长度 m_1(m_1 是 n 的整数倍),$\rho_j(n,l)$ 的判断值为 u,置信区间的相对精度 γ,置信水平 α。令 $i=1$。

(2) 进行长度为 m_i 的仿真运行,获得 m_i 个观测值 $Y_1, Y_2, \cdots, Y_{m_i}$。

(3) 令 $l = m_i/n$,计算 $\overline{Y}_k(k=1,2,\cdots,n)$ 和 $\rho_j(n,l)$(可以取 $j=1$)。

(4) 如果 $\rho_j(n,l) \geqslant u$,则说明 m_i 太小,需加大,可以令 $i = i+1$,且 $m_i = 2m_{i-1}$,返回第(2)步获取其余 m_{i-1} 个观测值。

(5) 如果 $\rho_j(n,l) \leqslant 0$,则表明增长仿真运行长度无助于 $\rho_j(n,l)$ 的判断,执行第(8)步。

(6) 如果 $0 < \rho_j(n,l) < u$,计算 $\overline{Y}_k(2l)(k=1,2,\cdots,n/2)$、$\rho_j(n/2,2l)(j=1)$,判断相关系数是否具有第 2 类特征;如果 $\rho_j(n/2,2l) \geqslant \rho_j(n,l)$,则说明该相关系数确实具有第 2 类特征,需要进一步加大 m_i,令 $i = i+1$,且 $m_i = 2m_{i-1}$,返回第(2)步获取其余 m_{i-1} 个观测值。

(7) 如果 $\rho_j(n/2,2l) < \rho_j(n,l)$,则说明 $\rho_j(n,l)$ 已经具有第 1 类特征,而且达到 $\rho_j(n,l)$ 判断值 n 的 l 已经得到,可以相信 $\rho_j(n,l)$ 的值满足独立性要求,此时用批均值法计算该 n 批长度为 l 的置信区间。

(8) 计算 $\overline{Y}_k$、$\overline{Y}$ 以及置信区间的半长 $\delta = t_{n-1,1-\alpha/2}\sqrt{\dfrac{S^2}{n}}$,最后得

$$\hat{\gamma} = \frac{\delta}{\overline{Y}}$$

(9) 如果 $\hat{\gamma} > \gamma$,说明精度不满足要求,令 $i = i+1$,且 $m_i = 2m_{i-1}$,返回第(2)步获取其余 m_{i-1} 个观测值。

(10) 如果 $\hat{\gamma} \leqslant \gamma$,则精度满足要求,可以令估计值 $\nu = \overline{Y} \pm \delta$,仿真停止。

稳态序贯法较好地解决了批长度的确定以及仿真运行总长度的确定问题,并能满足规定的置信区间精度的要求。

7.2.3 再生法

在批均值法中,将一次长度为 m 的稳态仿真结果分成等长的若干批数据进行处理,批长度的确定对于这种方法是非常重要的,它直接影响批均值法的效能。但到目前为止,选取批长度的原则尚未完全确定,因此有必要考虑其他有效的方法。

在仿真过程中,随着仿真时钟的推进,系统的状态变量在不断地发生变化。如果在某一时刻观测到了系统一组状态变量的数值,而在其后的若干时间之后又重新观测到系统的完全相同的一组状态变量的数值,则称所观测到的系统为再生系统。也就是说,在稳态仿真中,系统从某一初始状态开始运行,若干时间后重新达到该状态。这时可以认为系统重新达到该状态后的过程相对于以前的过程是独立的,这就相当于系统在此时重新运行。显然在若干时间后这种情况将重新发生,因此这个重复的过程称为系统的再生周期,而系统初始状态重复出现的时刻点称为系统的再生点。再生法的思想就是要找出稳态仿真过程中系统的再生点,由每个再生点开始的再生周期中所获得的统计样本都是独立同分布的,可以采用经典统计方法对参数进行评估并构造参数值的置信区间。

下面以 M/M/1 系统为例介绍再生法,要求估计系统的稳态平均排队等待时间及稳态平均队长。

(1) 系统的初始状态为服务台空闲,队长为 0;

(2) 当第一个实体到达时,服务台由闲变忙;

(3) 当其他实体到达时,如果服务台的状态为忙,则该实体进入队列排队等候;

(4) 当服务台服务完毕,被服务实体离开之后,如果队列长度不为0,则队列中的实体以先到达先服务的规则进入服务台接受服务,服务台的状态保持为忙;

(5) 若被服务实体离开后,队列长度为0,即没有实体等待服务,此时服务台的状态重新回到空闲状态。

通常服务台的强度小于1,总会有对实体服务完毕后没有实体等候服务的状况出现。服务台的空闲状态一直保持到下一个实体到达为止,此时服务台再次转变为忙状态,而这个时刻点就是系统的一个再生点,这个过程就是一个再生周期。在此再生周期中,受到服务的实体数是随机变化的,实体接受服务的时间也是随机变化的,因此等待时间和队列长度也是随机变化的。

假设在 M/M/1 系统的观测中有 p 个完整的再生周期,令 Y_j 为第 j 个再生周期中各个实体等待时间的总和:

$$Y_j = \sum_{k=1}^{n_j} \tilde{\omega}_{kj}$$

n_j 为第 j 个再生周期中受到服务的实体个数。$\{Y_j\}$ 和 $\{n_j\}$ 都是独立同分布的随机序列,然而 Y_j 和 n_j 并不相互独立,因为较大的 Y_j 值可望有较大的 n_j 值伴随产生。

假设总观测次数为 N,各个实体的等待时间分别为 $\tilde{\omega}_1, \tilde{\omega}_2, \cdots, \tilde{\omega}_N$。则实体的平均等待时间的估计值由下式给出:

$$\overline{W} = \frac{1}{N} \sum_{i=1}^{N} \tilde{\omega}_i$$

如果将各个实体等待时间根据再生周期进行分组,则上式又可以写为

$$\overline{W} = \frac{Y_1 + Y_2 + \cdots + Y_N}{n_1 + n_2 + \cdots + n_N} = \frac{\overline{Y}}{\overline{n}}$$

其中

$$\overline{Y} = \frac{1}{N} \sum_{j=1}^{N} Y_j$$

$$\overline{n} = \frac{1}{N} \sum_{j=1}^{N} n_j$$

$\overline{Y}$ 是一个再生周期中实体等待时间综合的估计值,$\overline{n}$ 是一个再生周期中受到服务的实体个数的估计值。当 p 足够大时,$\overline{W}$ 是渐近无偏的,即

$$\lim_{p \to \infty} E(\overline{W}) = E(W)$$

而实际上,$\overline{W}$ 对 W 的估计值是有偏的,因而需要估计统计值 $\overline{W}$ 的方差,以确定平均等待时间的置信区间,由于 Y_j 和 n_j 皆为随机变量,为了避免直接处理随机变量之比,引入变量 V_j:

$$V_j = Y_j - E(W)n_j$$

这是一个独立同分布的随机变量序列,同时可以得到

$$E(V_j) = E(Y_j) - E(W)E(n_j) = 0$$

设 σ^2 为随机变量 V_j 的方差,根据中心极限定理,当 $p \to \infty$ 时,下列随机变量:

$$Z = \frac{\bar{V}}{\sigma/\sqrt{p}}$$

为收敛于标准正态分布的随机变量。式中：

$$\bar{V} = \frac{1}{p}\sum_{j=1}^{p} V_j = \frac{1}{p}\sum_{j=1}^{p} Y_j - E(W)\frac{1}{p}\sum_{j=1}^{p} n_j = \bar{Y} - E(W)\bar{n} \tag{7.2}$$

从而有

$$P\left(-Z_{1-\alpha/2} \leqslant \frac{\bar{V}}{\sigma/\sqrt{p}} \leqslant Z_{1-\alpha/2}\right) = 1 - \alpha \tag{7.3}$$

式中，$Z_{1-\alpha/2}$ 为对应显著水平为 α 的标准正态分布的临界限。

将式(7.2)代入式(7.3)，可以得出

$$P\left(-\frac{\sigma Z_{1-\alpha/2}}{\sqrt{p}} \leqslant \bar{Y} - E(W)\bar{n} \leqslant \frac{\sigma Z_{1-\alpha/2}}{\sqrt{p}}\right) = 1 - \alpha$$

即

$$P\left(\bar{W} - \frac{\sigma Z_{1-\alpha/2}}{\bar{n}\sqrt{p}} \leqslant E(W) \leqslant \bar{W} + \frac{\sigma Z_{1-\alpha/2}}{\bar{n}\sqrt{p}}\right) = 1 - \alpha$$

从而得到平均等待时间的近似 $100(1-\alpha)\%$ 置信区间为 $\bar{W} \pm \frac{\sigma Z_{1-\alpha/2}}{\bar{n}\sqrt{p}}$。

再生法的缺点在于系统再生点的数量要求足够多，而且每个再生周期应该是独立的。而实际系统的仿真运行中可能不存在再生点或者再生周期过长，这样就要求仿真运行的总长度要足够大。另外，这种方法难以预先确定置信区间的精度，因而无法得到规定精度要求的置信区间。

7.2.4 重复运行-删除法

设某次稳态运行得到的观测值是 $Y_1, Y_2, \cdots, Y_m$。系统的稳态性能测度为

$$\nu = \lim_{n \to \infty} \frac{1}{n} \sum_{i=1}^{n} Y_i$$

且 ν 与系统的初始条件无关。然而对系统作无限长时间的仿真运行是不现实的，仍然需要规定终止仿真运行的条件。由于初始条件的影响，系统的性能往往会经过一段时间的波动（瞬态过程）以后，才逐渐趋于平稳（稳态过程）。应当说明，这里指的稳态，并不是指性能测度不变，而是该性能参数的概率分布达到平衡状态。

给定初始条件 $(L(0) = l)$ 时，系统性能参数在 n 时的瞬态概率分布设为 $F_{n,l}(x)$，即

$$F_{n,l}(x) = P\{Y(n) \leqslant x \mid L(0) = l\}$$

从理论上说，系统性能的稳态概率分布应为

$$F(x) = \lim_{n \to \infty} F_{n,l}(x)$$

但是，从实际应用的观点出发，总存在一个 n^*（n^* 为有限值），使得

$$F_{n,l}(x) \approx F(x), \quad n \geqslant n^*$$

当 $F_{n,l}(x)$ 基本上不随 n 的增大而变化时，系统进入平衡状态。根据这一概念，在稳态仿真中仍可作有限次仿真运行，来估计系统性能的置信区间。

重复运行-删除法将每次仿真运行分为瞬态阶段$(0,T_0)$和数据收集阶段(T_0,T_E)，在T_E时终止仿真运行，要求$t=T_0$时系统的状态有一定的稳态代表性。在此基础上作多次独立重复运行，即可对输出结果进行统计分析，如图 7.3 所示。

图 7.3　稳态仿真的时间分段

按上述思路对系统作 R 次独立重复运行，可得到如表 7.5 所示的结果。

表 7.5　重复运行的输出结果

r	1	$\cdots$	d	$d+1$	$\cdots$	n	均　值
1	Y_{11}	$\cdots$	Y_{1d}	$Y_{1,d+1}$	$\cdots$	Y_{1n}	$\bar{Y}_1(n,d)$
2	Y_{21}	$\cdots$	Y_{2d}	$Y_{2,d+1}$	$\cdots$	Y_{2n}	$\bar{Y}_2(n,d)$
$\vdots$	$\vdots$	$\vdots$	$\vdots$	$\vdots$	$\vdots$	$\vdots$	$\vdots$
R	Y_{R1}	$\cdots$	Y_{Rd}	$Y_{R,d+1}$	$\cdots$	Y_{Rn}	$\bar{Y}_R(n,d)$
均值	$\bar{Y}_1$	$\cdots$	$\bar{Y}_d$	$\bar{Y}_{d+1}$	$\cdots$	$\bar{Y}_n$	$\bar{Y}(n,d)$

每次重复运行都是对 ν 估计的一个样本，对于第 r 次重复运行，其均值为

$$\bar{Y}_r(n,d) = \frac{1}{n-d} \sum_{j=d+1}^{n} Y_{rj}$$

即对每次运行都删去初始 d 个仿真数据，以消除初始条件的影响，同时，每次仿真运行均用不同的随机数流，在 $t=0$ 时置相同的初始条件，则

$$\bar{Y}_1(n,d), \bar{Y}_2(n,d), \cdots, \bar{Y}_R(n,d)$$

是独立的具有相同分布的随机样本，其点估计为

$$\bar{Y}(n,d) = \frac{1}{R} \sum_{r=1}^{R} \bar{Y}_r(n,d)$$

因此 $E[\bar{Y}(n,d)] = E(Y_{n,d})$。

若 n 和 d 都足够大，则 $\bar{Y}(n,d)$ 就是 ν 的近似无偏点估计。相应的方差为

$$S^2 = \frac{1}{R-1} \sum_{r=1}^{R} [\bar{Y}_r(n,d) - \bar{Y}(n,d)]^2$$

与前述终态仿真的方法类似，可确定稳态仿真的置信区间为

$$\bar{Y}(n,d) - t_{a/2,R-1} \frac{S}{\sqrt{R}} \leqslant E(Y) \leqslant \bar{Y}(n,d) + t_{a/2,R-1} \frac{S}{\sqrt{R}}$$

使用重复运行删除法有几个潜在的困难：第一，难于正确选择要去除的观察值数目；第二，使用数据的效率低；第三，仿真过程中必须人为干涉中断仿真运行来收集数据，而且每次运行结束时重新初始化系统。如果系统能较快进入稳态并运行长度有限，用重复运行-删除法较为适宜。

7.3 方差减小技术

7.3.1 公用随机数法

公用随机数法(CRN)是最有用也是最普遍采用的方差减小技术,这种方法可以应用于对两个或者几个不同的系统模型进行比较的情况。对于不同的系统模型来说,所观测到的仿真运行结果是有差异的。造成这种差异的原因可能有两个:一个是系统模型构造上的差异,另一个是环境因素。这主要表现在:对于系统的同一随机特征量,不同的模型所取的随机变量不同。采用公用随机数法的目的就是在其他环境条件完全相同的情况下,尽量消除因为选取随机数造成的仿真运行结果的差异,而使得所观测到的差异仅仅只是来源于系统模型本身的差异。

公用随机数法的思想为:在不同模型的仿真运行过程中,采用相同随机数种子的[0,1]均匀分布随机数流。随机数是由随机种子根据一定的算法计算出来的一系列数值,算法的初始值就是随机数的种子。例如,在线性同余法中,$X_{n+1}=(aX_n+c) \bmod M$,X_n的初始值就是随机数的种子。只要计算方法一定,随机数种子一定,那么产生的随机数就不会变。从这个意义上理解,种子就是一个序号,通过这个序号可以确定随机数系列的"起点",起点确定了,随机数也就确定了,也就是说种子和随机数系列是一一对应的。一般来说,随机数种子通常由计算机系统当前时间来确定,这是完全随机的,因此,系统每次产生的随机数都不一样。比如,在 Matlab 中执行如下产生随机数的代码,每次产生的随机数都不相同。

```
>>x=rand(1,6)
x =
    0.3321    0.2723    0.6293    0.8022    0.4147    0.4058
>>x=rand(1,6)
x =
    0.9787    0.3226    0.4059    0.7161    0.6592    0.7426
>>x=rand(1,6)
x =
    0.3761    0.7238    0.9303    0.9046    0.2600    0.2980
```

如果要产生相同的随机数系列,就需要设置相同的随机数种子。在 Matlab 中,可以通过"rng"指令获取当前种子并保存起来,以后要用的时候,再将保留的种子值设置为当前种子即可。

```
>>s=rng;                    //保留随机数种子
>>x=rand(1,6)
x =
    0.3578    0.2322    0.3582    0.9031    0.5872    0.4747
>>rng(s);                   //采用相同的种子
>>y=rand(1,6);
```

```
>>y
y =
    0.3578    0.2322    0.3582    0.9031    0.5872    0.4747
```

考虑两个模型,设 X_{1j} 和 X_{2j} 分别是从第一个模型和第二个模型的仿真运行中得到的第 j 个独立再生周期中的数据,对 $\alpha = E(X_{1j}) - E(X_{2j})$ 进行估计。如果对每个模型产生了 n 个再生周期,并且设定:

$$Z_j = X_{1j} - X_{2j}, \quad j=1,2,\cdots,n$$

则 $E(Z_j) = \alpha$,而 $\bar{Z}(n) = \frac{1}{n}\sum_{j=1}^{n} Z_j$ 是 α 的一个无偏估计。由于 Z_j 是独立同分布的随机变量。因此,可以得出:

$$D[\bar{Z}(n)] = \frac{D(Z_j)}{n} = \frac{D(X_{1j}) + D(X_{2j}) - 2\text{cov}(X_{1j}, X_{2j})}{n}$$

如果两个模型的运行是独立的,则 X_{1j} 和 X_{2j} 是独立的,即 $\text{cov}(X_{1j}, X_{2j}) = 0$;而如果能够使得 X_{1j} 和 X_{2j} 是正相关的,即使 $\text{cov}(X_{1j}, X_{2j}) > 0$,这样得到的估计 $\bar{Z}(n)$ 的方差就减小了。

为了实施公用随机数法,需要使各个模型中的随机数同步,即在一个模型中使用一个具体目的的随机数,在所有其他模型中也应该使用于同一目的,在仿真中达到这种同步的一般原则为:

(1) 如果能够有几个可以同时工作的不同随机数发生器,则可以用一个发生器专门为一个指定的随机变量产生种子。不同的随机变量用不同的随机数发生器。

(2) 实现产生出所需要的随机数并存储起来,在对各个模型仿真运行时按照需要取用这些随机数。

(3) 使用逆变换法产生随机变量,因为这种方法每产生一个随机变量仅仅只需要一个单位均匀分布的随机数。

在系统模拟中要采用公共随机数法作不同方案的模拟运行,主要取决于模型的结构和参数以及产生随机数的方法。当模型在结构上有所不同但输入随机变量相同时,可在模拟程序中同时调用若干个不同的随机数发生器,不同参数用不同的随机数发生器,但在不同方案的模拟运行中,对应参数都调用同一随机数发生器,并保持其同步运行。例如,不同方案的到达间隔时间都从同一起点,调用同一个随机数发生器。类似地,服务时间也调用另一同步随机数发生器等。这种方法称为完全同步的公共随机数法。

当模型在结构上差异较大,往往不易实现完全同步的公共随机数模拟,这时也可采取部分参数同步的公共随机数模拟,这也有助于缩减方差。

例 7-5 某服务系统可以采用一台效率比较高的设备,构成 M/M/1 排队系统,也可采用两台效率较低的设备,构成 M/M/2 单队列排队系统。若不同方案的系统的服务率相同,均为 $\rho = 0.9$,系统的性能测度为前 100 名顾客的平均等待时间。

解:为了比较不同模拟运行的输出参数的方差,分别对两个方案作不同的模拟运行:

(1) 用独立随机数流对两个方案分别作 100 次独立重复运行,记为方案 I;

(2) 只对到达间隔时间实现部分参数同步的公共随机数模拟,其他参数仍保持独立随机数模拟,记为方案 A;

(3) 只对服务时间实现参数同步的公共随机数模拟,其他参数仍保持独立随机数模拟,记为方案 S;

(4) 到达过程和服务过程都实现同步的公共随机数模拟,记为方案 A,S。

对两个方案分别用以上 4 种模拟方式作 100 次重复运行,相应的输出观察值为

$$z_j = y_{1j} - y_{2j}, \quad j = 1, 2, \cdots, 100$$

z_j 的方差为

$$S^2 = \frac{\sum_{j=1}^{100}[z_j - \bar{z}(100)]^2}{100 - 1}$$

其数值如下:

| 模拟方式 | I | A | S | A,S |
| 样本方差 S^2 | 25.491 | 11.647 | 10.473 | 0.103 |

可见,在完全同步时,其输出参数的方差将比独立运行时降低 99.6%。而在达到完全同步运行的模拟精度时,独立模拟运行需要增加 247 次重复模拟运行。由此可见采用公共随机数法起到提高模拟效率的效果。

但是,公共随机数法对缩减方差的幅度主要取决于模型本身的特征,目前还不能给出关于公共随机数法对缩减方差的一般表达式,此问题有待于进一步研究。

7.3.2 对偶变量法

对偶变量法(AV)是一种应用于单个系统模型仿真运行时的方差减小技术。对于同一个系统模型,每一次仿真运行中得到的观测数据是存在差异的,同样这种差异可能由随机数的选取而引起,采用对偶变量法的目的就是尽量消除这种差异。

对偶变量法的中心思想就是在系统模型的两次仿真运行过程中,设法使得第一次运行中的小观测值能够被第二次仿真运行中的大观测值所补偿,或者是反过来。这就相当于采用两次运行中观测值的平均值作为分析的基准数据点,而这个平均值与所估计的观测值的期望更加接近。一般情况下,对偶变量法使用互补的随机数驱动系统模型的两次运行。也就是说,如果 U_k 是用于第一次运行中某一具体目的的单位均匀分布随机数,则在第二次运行中将 $1-U_k$ 用于同一目的。

考察系统模型所进行的两次仿真运行,设定每次运行产生 n 个再生周期,这样可以构成一系列观测值对:$(X_1^{(1)}, X_1^{(2)}), \cdots, (X_n^{(1)}, X_n^{(2)})$。各观测值对相互独立,令

$$X_j = \frac{1}{2}(X_j^{(1)}, X_j^{(2)}), \quad j = 1, 2, \cdots, n$$

而 $\bar{X}(n) = \frac{1}{n}\sum_{j=1}^{n} X_j$ 为 $\mu = E(X_j)$ 的点估计,由于 X_j 是独立同分布的随机变量,因此有

$$D[\bar{X}(n)] = \frac{D(X_j)}{n} = \frac{D(X_j^{(1)}) + D(X_j^{(2)}) + 2\text{cov}(X_j^{(1)}, X_j^{(2)})}{n}$$

如果两次运行是相互独立的,则 $\text{cov}(X_j^{(1)}, X_j^{(2)}) = 0$。如果能设法使得 $X_j^{(1)}$ 和 $X_j^{(2)}$ 之

间形成负相关,也就是使 $\mathrm{cov}(X_j^{(1)}, X_j^{(2)}) < 0$,方差便会减小。

7.3.3 控制变量法

控制变量法是利用随机变量之间的相关性来实现方差衰减的目的。设 Y 是某一个输出随机变量,我们要估计 $\mu = E(Y)$,而 X 是一个均值 $\nu = E(X)$ 已知,且与 Y 相关的随机变量。令

$$Y_c = Y - \alpha(X - \nu)$$

其中:α 为任意实数,易见 Y_c 也是 μ 的无偏估计。由于

$$\mathrm{var}(Y_c) = E[Y - \alpha(X - \nu)]^2 = \mathrm{var}(Y) + \alpha^2 \mathrm{var}(X) - 2\alpha \mathrm{cov}(X, Y) \tag{7.4}$$

如果 $\alpha^2 \mathrm{var}(X) - 2\alpha \mathrm{cov}(X, Y) < 0$,则 Y_c 的方差将小于 Y 的方差,称 X 为 Y 的控制变量,因为 X 部分地控制了 Y。

从上面的讨论可以看出,控制变量法的两个关键问题是寻找适当的控制变量和确定系数 α,使 $\mathrm{var}(Y_c)$ 尽可能小。

优良的控制变量 X 应当与 Y 是强相关的,这取决于模型本身的结构。例如,在排队系统中取输出变量 Y 为顾客的平均等待时间,则控制变量可以选用已知分布的输入变量。当选用到达时间间隔为控制变量,则它与 Y 之间构成负相关关系。如果选用服务时间为控制变量,则它与 Y 之间构成正相关关系。利用这种控制变量的优点是,它们在仿真中自然产生,因此不必另外花时间去专门产生这种随机变量。

为了确定系数 α,在式(7.4)中对 α 求导,得

$$\frac{\mathrm{d}\mathrm{var}(Y_c)}{\mathrm{d}\alpha} = 2\alpha \mathrm{var}(X) - 2\mathrm{cov}(X, Y)$$

令上式为 0,有

$$\alpha^* = \frac{\mathrm{cov}(X, Y)}{\mathrm{var}(X)}$$

将 α^* 代入式(7.4)中得

$$\begin{aligned}\mathrm{var}(Y_c) &= \mathrm{var}(Y) + \left[\frac{\mathrm{cov}(X, Y)}{\mathrm{var}(X)}\right]^2 \mathrm{var}(X) - 2\frac{\mathrm{cov}(X, Y)}{\mathrm{var}(X)} \mathrm{cov}(X, Y) \\ &= \mathrm{var}(Y) - \frac{[\mathrm{cov}(X, Y)]^2}{\mathrm{var}(X)}\end{aligned} \tag{7.5}$$

当 X 与 Y 相关时,$\mathrm{cov}(X, Y) \neq 0$,从而由式(7.5)易见 $\mathrm{var}(Y_c) < \mathrm{var}(Y)$,即只要能找到与 Y 相关的控制变量 X,就能实现方差缩减。从式(7.5)还可以看出,控制变量 X 与 Y 相关性越强,方差缩减的效果越好。

小结与讨论

物流系统仿真的目的就是研究物流系统的性能,为物流系统分析、设计及运行提供决策支持。由于仿真系统模型存在一些随机变量,仿真实验的结果也具有随机性,需要用统计方

法来估计可信的系统性能,仿真输出数据分析与评价是系统仿真中的一个重要环节。仿真输出数据分析与评价主要是设计不同仿真模型运行方式或采用不同的统计分析方法,使通过仿真得到的性能指标更加可信。本章主要介绍了 3 种仿真输出数据分析方法:第一,终态仿真,这一仿真运行方式是指选用不同的独立随机数序列,采用相同的参数、初始条件以及用相同的采样次数对系统重复进行仿真运行,根据这些不同的观测值,得到系统的性能指标,其仿真的结果对初始状态有一定的依赖性;第二,稳态仿真,这一仿真运行方式是让仿真运行很长时间,希望得到一些系统性能测度指标在系统达到稳态时的估计值,其实验结果一般应该与初始状态无关;第三,方差减小技术,主要是对仿真的输出结果进行统计分析,从而获得系统性能的高精度的统计特性,其实质是在相同的仿真运行次数下获得较小方差的仿真输出结果,主要介绍了公用随机数、对偶变量和控制变量等 3 种方差减小技术。

习题

1. 某一排队系统,在相同的初始条件下经过 10 次独立的仿真运行,得到顾客排队平均等待时间如表 7.6 所示。如果希望估计出的顾客排队平均等待时间以 0.95 的概率落在半长为 0.4 的区间,求还需要附加仿真运行的次数。

表 7.6　习题 1 用表

运行序号 i	1	2	3	4	5	6	7	8	9	10
平均等待时间 D_i	1.05	6.44	2.65	0.81	1.51	0.55	2.28	2.82	0.41	1.81

2. 表 7.7 是某一 M/G/1 排队系统仿真运行后所得到的队列中人数仿真结果。共运行了 10 次,每次运行长度为 15 000 min,按批统计,每批长度为 1000 min。试对每次运行结果分别用批均值法计算其平均队长及其方差。然后用重复运行-删除法,删除的批数依次分别为 1、3、2、5、6、4、11、7、9、12,再计算其平均队长及其方差,最后比较两种方法的结果。

表 7.7　习题 2 用表

运行次数	子区间														
	1	2	3	4	5	6	7	8	9	10	11	12	13	14	15
1	3.61	3.21	2.18	6.92	2.82	1.59	3.55	5.60	3.04	2.57	1.41	3.07	4.03	2.70	2.71
2	2.91	9.00	16.1	24.5	25.2	21.6	24.5	8.45	8.53	14.8	23.6	27.6	24.2	8.58	4.06
3	7.07	19.5	20.6	8.11	12.6	22.1	14.1	9.87	24.0	24.5	14.6	6.08	4.82	16.0	23.4
4	6.62	1.75	12.9	8.77	1.25	1.16	1.92	6.29	4.74	17.4	18.2	18.6	4.62	2.76	1.57
5	2.16	1.32	2.14	2.18	2.59	1.20	4.11	6.21	7.31	1.58	2.16	3.08	2.32	2.21	3.32
6	0.93	3.54	4.80	0.72	2.95	5.56	1.96	2.07	2.74	3.45	14.2	13.4	7.87	0.94	3.19
7	1.12	2.59	5.05	1.16	2.72	5.12	5.03	4.14	4.98	15.8	9.29	2.14	8.72	29.8	28.9
8	1.54	5.94	5.33	2.91	2.69	1.91	3.27	3.61	10.4	9.66	4.13	6.14	7.90	2.61	7.95
9	8.93	4.78	0.74	2.56	9.43	18.6	8.14	1.49	4.51	1.69	12.7	11.3	3.32	3.42	3.35
10	4.78	3.84	10.4	5.87	1.01	2.59	16.8	27.3	26.8	20.9	7.26	2.32	5.04	3.50	9.11

第8章 物流系统可视化交互仿真

可视化交互仿真自20世纪70年代出现至今,在物流系统的研究和实践中得到日益广泛深入的应用和发展。与传统的数字仿真相比,可视化交互仿真实现了仿真模型、仿真运行过程以及仿真结果的可视化,并在建模和模型运行过程中实现了模型与用户之间的交互,从而很大程度上提高了物流系统仿真的效率,增强了利用仿真模型对系统进行认识、分析和决策支持的功能。

8.1 可视化交互仿真基本概念

8.1.1 可视化交互仿真的发展过程

计算机仿真最早的可视化是采用一些典型的图形,如曲线图、直条图、饼形图、直方图和时间序列,对仿真结果进行图形化的描述,对仿真系统进行分析,并对进一步的仿真实验设计起到指导作用。另外,采用简单的动画演示正在运行的离散事件系统仿真,也是早期的可视化仿真的主要方式。1965年,Amiry用动画演示了一个钢冶炼车间的仿真结果,Bazjanac和Palme也分别在1976年和1977年对动画在仿真演示上的应用进行了讨论,并且,Bazjanac对于电梯在大楼疏散中的使用过程的仿真很好地证明了在某些情形下可视化的仿真输出比统计输出更为有效。

在20世纪70—80年代,Hurrion在研究生产调度问题的过程中提出了可视化交互仿真(visual interactive simulation,VIS)的构想。1979年,VIS方法首次商业化为SEE-WHY软件包,随后,围绕VIS开展了大量的研究和开发工作,并且涌现出了许多种VIS物流系统仿真软件(见第9章)。如今,VIS已经成为研究和分析物流系统的重要工具之一。

8.1.2 可视化交互仿真的基本概念和内容

可视化交互仿真(VIS)是借助图形化编程环境建立计算机仿真模型,利用该模型有针对性地进行仿真实验和分析,实现模型对象和系统布局可视化、内部行为可视化、建模过程可视化、仿真运行过程可视化以及仿真输出可视化,并在这一过程中,通过图形化环境实现模型与用户之间的交互。模型与用户之间的交互可以由模型或者用户触发。例如,模型提示用户作出调度决策就是由模型触发的交互行为。事实上,用户需要根据系统当前状态作出决策,系统再根据用户决策继续运行,而这种需求就是开展 VIS 研究的源动力。由用户触发的交互包括用户修改模型参数,并继续执行仿真,而这也是用户了解系统的一种重要方式。可视化交互建模(visual interactive modeling)是指建立 VIS 模型的过程。

可视化交互仿真的内容包括:

(1) 仿真模型可视化。用户对所仿真的系统进行图形化的描述,包括系统布局、模型对象、组件对象。可视场景由框图、图标、动画、逻辑显示和文本显示组成。例如,用图标或图形表示机器或者工件等。

(2) 建模过程可视化。在布置场景、确定仿真对象的相关参数和特性,以及确定对象间的相互关系的过程中,通过图形化的模型部件、动画显示和人机交互,对所仿真的系统进行组织。

(3) 仿真过程可视化。仿真过程的可视化是可视化仿真的核心内容,它可以以直观、逼真的形式显示仿真过程中的状态和进程变化,从而使用户能更为准确地把握被仿真的系统在运行过程中可能出现的各种情况。通过动态图形或动画显示,模仿系统中的物理变化,例如显示移动或操作中的工件;通过逻辑显示或者文本显示,显示动态变化中的系统状态。与图形显示不同的是,逻辑显示不强调物理模仿,主要强调的是逻辑关系,例如对工件加工的路径或物料运输的路径的描述。

(4) 仿真结果可视化。对仿真结果的分析可以由用户进行或者调用其他分析系统。通常 VIS 软件会提供基本的统计分析工具,以方便用户得到有效的仿真数据,及时作出决策。一般来讲,仿真结果的可视化有如下几种形式:

① 数据表格;

② 图形:直方图、饼图、散点图;

③ 视频或动画:以视频或动画形式重现仿真过程及结果。

(5) 用户和模型的交互。VIS 可以通过动态图形显示在仿真过程中实现用户和模型的交互。例如允许用户修改模型参数,或者选择显示目标,可视化的交互方式使用户和模型的交互更加直观、方便。

(6) 提供智能化的建议。VIS 有能力为用户提供在线或离线的智能化建议,从而帮助用户完成建模和仿真的过程。例如在建模过程中进行错误提示,并给出修改意见。

8.1.3 可视化交互仿真系统的功能

可视化交互仿真系统具有三类基本功能:

1. 可视化功能

可视化工具是 VIS 至关重要也是难度最大的环节,直接决定了整个 VIS 界面的效率,计算机图形显示贯穿于 VIS 的各个阶段。VIS 系统所能实现的任何类型的单一图形实例被称为"显示"(display)。VIS 中的显示,可以按其属性从两个角度进行划分:

(1) 按照模型数据的表达方式,可以分为形象化显示(representative display)和抽象显示(abstract display)。

形象化显示是系统真实面貌的简化形式,通过对系统近似的视觉再现,来帮助分析人员理解系统动态。形象化显示与系统中的实体(entity)或进程(process)基本上是一对一的关系。形象化显示并不是从尺寸上完全再现系统,而是强调空间比例和相对关系,通常采用符号或图标代表实体,不考虑不相关的细节,从而简化显示。例如,制造车间生产过程的布局显示和动画显示就是典型的形象化显示。

抽象显示则是以替代形式显示模型数据,从而增强其可理解性,通过对数据进行组织和筛选,帮助分析人员清晰地理解系统特性。例如,用图表绘制变量随时间的变化曲线图,从而理解该变量的动态特性。

(2) 按照其是否随时间变化,可以分为动态显示(dynamic display)和静态显示(static display)。

形象化显示可以是动态的,也可以是静态的。例如代表实体的图表是静态的,而动画显示则是动态的。同时,有效和灵活的抽象显示也需要具备构造静态和动态显示的能力。

2. 模型执行过程中的用户干预功能

在仿真执行过程中的用户干预是 VIS 最为重要的功能之一,是交互性的重要保证,用户干预可以分为 3 类:

(1) 由用户触发的干预是指用户通过输入设备发出命令,从而引起模型或仿真系统的状态变化。

(2) 由模型触发的干预是指模型在达到特定状态时需要用户提供信息。

(3) 由系统触发的干预是指 VIS 系统在达到某状态时需要用户提供信息。例如打开的视窗与动态显示发生冲突时,系统会要求用户提供信息解决冲突。

VIS 系统可以提供动态的仿真时间,保证了用户可以在必要的时间进行干预、修改模型数据。另外,VIS 系统通常提供一些标准的功能键,用以执行预先设定的用户干预,例如设定图形视窗参数、修改统计参数等。

3. 数据说明和检查

数据说明和检查的界面应当友好而且易懂。在仿真建模过程中,通常鼓励采用与系统本身相同的层次结构来设计数据说明系统。具有层次的菜单系统是一种有效的仿真数据组织方案,通过数据表格存储模型数据,通过菜单可以访问各层次的数据表格,同时表格提供友好且自然的数据检查界面,可以实现数据的输入、表格间的数据复制等功能。

8.1.4 可视化交互仿真的优点

与传统的仿真方法相比,VIS 具有以下显著的优点:

(1) 从模型开发者的角度来说,VIS 可以提高仿真模型的"卖点"。因为 VIS 通过可视化提供了有效的交流和表达的途径,在仿真过程中,便于开发人员与客户对模型的有效性、建模过程、仿真实验等各个环节进行交流。而可视化的结果分析也便于阐述实验的结果,理解系统特性。

(2) 从使用者的角度来说,VIS 增强了仿真模型的决策能力。通过交互功能,使得使用者的决策信息可以参与到仿真过程中来,这一点对于复杂系统的分析尤为重要。事实上,这种仿真中决策方法的交互正是 Hurrion 最早在研究生产调度问题时提出 VIS 的主要目的。

(3) 对使用者来说,VIS 可以加强系统的学习性。因为 VIS 具有模型与用户的交互功能,通过交互,用户可以采用不同方法对模型进行管理和控制,从而使用户可以更充分地对所仿真的系统进行调查研究,了解系统中的因果关系以及各种策略的运作效率,获得系统管理的知识积累。

(4) VIS 可以增强模型的可信度。VIS 的动态可视化能力加强了对运行结果的表述能力,使用者即使不具备丰富的仿真知识背景也可以有效地了解仿真实验的结论。有学者经过调查发现,通过使用 VIS,他们的方案更加容易被采用。

(5) VIS 更便于验证模型的准确性和有效性。分析人员更容易观察到模型的异常情况,VIS 可以提高模型验证的效率。

(6) VIS 使模型的用户可以更容易地参与到模型开发者的工作中来,模型的开发可以更加符合用户的需要,减少彼此理解的偏差,提高建模的效率。

虽然 VIS 是仿真领域的先进技术,具有显著的优点,但是 VIS 仍具有一些不足之处。与传统的仿真方法相比,VIS 对模型结构和结果表述方面有更多的要求,建模与图形显示都需要考虑,而且某些模型行为无法或难以进行可视化描述,这也给 VIS 的建模带来一定的困难,这些在对于复杂系统的仿真中更加明显。

8.2 可视化仿真建模的概念框架

8.2.1 可视化仿真建模概念框架

概念框架(conceptual framwork,CF)是指确定各组成要素、构建基本框架的深层结构和组织理念,用以指导建模者如何以模型的形式表示一个系统。

可视化仿真模型由模型部件(model component)和部件间的交互关系(interation)组成,部件可以分为实部件(real component)和虚部件(virtual component)、静态部件(static component)和动态部件(dynamic component)。可视化仿真建模的相关概念可以分为以下 4 类。

1. 部件

实部件是系统的直接代表,真实代表模型的某个部分,例如机器、车辆、产品等。与之形成对比的是虚部件,作为系统的间接代表,虚部件包括统计收集部件、随机数生成部件和模型启动部件,这些部件对模型执行来说至关重要,但却并非真实代表模型的某个部分。静态模型部件在模型执行期间在模型界限以内呈静止状态,不会移动,子模型和静态对象都是静态部件。而动态部件则会有空间、时间或逻辑上的移动和变化。动态对象、子动态对象和基本动态对象都属于动态模型部件。模型部件定义和规范遵循面向对象方法。

2. 结构概念

模型静态结构是由静态部件构成的,模型动态结构由动态部件构成。一个模型具有一个静态结构和多个动态结构,动态结构的数量取决于动态部件的数量。

1) 静态结构(static structure)

一个模型具有唯一的静态结构,它是模型的基础。子模型(sub-model)和静态对象

(static object)是模型静态结构的主要组成部分。模型可以被分解成子模型和静态对象,每个子模型又可以进一步分解成子模型和静态对象。静态对象是模型中的最小单位,无法再进行分解。因此,模型的静态结构层次由许多子静态结构构成,或由子模型和静态对象形成的部件层次组成。一个系统部件是否由子模型或静态对象来代表主要取决于模型静态层次结构的分解点。层次结构的分解使建模者可以将一个大型问题分解成相对较小、便于管理的多个子问题。

实子模型的例子有:机场控制塔、军事作战区、计算中心、电路、医院、局域网、数据库查询器、维修中心、海军基地、停车场、生产控制部门、交通路口、仓库等。

虚子模型的例子有:数据库接口模块、时间调度模型、实验设计模块、图形显示模块、模型启动模块、输出模块、随机数发生器、随机变量发生器、静态数据收集模块等。

实静态对象的例子有:中央处理器、桌子、输入输出单元、机器、打印机、交通灯等。

虚静态对象的例子有:数据文件、数据结构、逻辑记录、内存缓冲区等。

2) 动态结构(dynamic structure)

动态对象和子动态对象是组成模型动态结构的动态模型部件。模型静态结构和动态结构间具有结构关系。模型动态结构的根源是动态对象。动态对象可以被分解成子动态对象(subdynamic object)和基本动态对象(base dynamic object),基本动态对象是不可再被分解的最小元素。因而,模型的动态结构是由许多简单的动态结构组成的组件层次。

实动态对象(real dynamic object)有:航空母舰、汽车、自行车、导弹、卫星、旅行维修工、会报、战舰等。虚动态对象(virtual dynamic object)有:发送到输出模块激活打印的虚动态对象、仿真开始时用以生成模型初始组件的虚动态对象等。

实子动态对象(real subdynamic object)有:飞机行李舱、公交车座位、汽车引擎、航空母舰的飞行甲板、货物列车的集装箱等。虚子动态对象(virtual subdynamic object)有:从可分解信息分解出的子信息,用以在不同情况下进行统计信息收集,对应于某特定情况每个子信息还可以被进一步分解,例如再对应于某个数值范围。

实基本动态对象(real base dynamic object)有:飞机引擎、轮船上的装货吊车、导弹弹头、汽车上的收音机等。虚基本动态对象(virtual base dynamic object)有:从可分解信息中分解出的子信息,每个子信息无法再继续分解。

3. 图形概念

模型每个分解点通常对应于一个层次的布局图(bayout),一个层次的动态对象在该层次的布局图范围内活动。首先,模型需要一个顶层布局图,对于可以分解的动态结构,每一个分解层也需要对应一个布局图。动态对象在模型部件间的移动通过路径(path)在每个布局图上指定,这些路径连接着每个布局图上的模型部件。布局图中的连接器(connector)则用于动态对象移进或移出布局图,而顶层布局图则没有连接器。交互点(interactor)允许动态对象与静态和基本动态对象进行交互。对每个层次的布局图都需要进行布局定义(layout definition),布局定义是指基于图形信息,例如模型组件的位置、连接器、交互点等,确定该布局图的空间描述。

4. 移动类型

只有动态模型部件可以"移动",分为空间上、时间上和逻辑上的移动。空间移动

(spatial movement)是指物理或逻辑位置的改变。虚动态部件和实动态部件都可以进行空间上的移动,只有实动态部件的空间移动才可以在动画中可视。例如,飞机进入战区,乘客上下公交车,顾客进入商店,计算机程序的执行控制点移进程序逻辑的不同模块,一辆汽车通过交通路口等。

时间移动(temporal movement)是指时间上的移动。虚、实动态部件都可以进行时间上的移动,只有实动态部件在动画中是可视的。例如,汽车部件从仓库进入装配线,轰炸机从一个战区进入另一个战区,公车从一个城市开到另一个城市,邮件信息从一个计算机系统进入另一个系统。这些时间移动的例子都会引起仿真时间的推进,而空间移动则未必引起仿真时间的推进。

逻辑移动(logical movement)是指动态模型部件在逻辑决策路径上的移动。实、虚动态部件都可以进行逻辑移动,只有动态部件的逻辑移动在动画中可见。例如,汽车在有车位的情况下可以进入洗车场;当服务台空闲时顾客进入服务区;工件以 0.3 的概率进入设备 1 进行加工,以 0.2 的概率进入设备 2 进行加工,以 0.5 的概率进入设备 3 进行加工。

实动态对象的空间移动通常伴随着逻辑和时间移动,因为动态对象的位置改变通常需要满足一定的逻辑条件,并引起仿真时间的推进。虚动态对象的空间移动通常伴随着逻辑移动,有时也伴随时间移动。基本动态对象和子动态对象只可以进行空间移动。动态对象通过子模型和子动态对象在模型的静态和动态结构层次中上下移动。在模型的静态结构中,动态对象可以利用静态对象的资源,并在子模型和静态对象的任何层次上移动。在模型动态结构中,动态对象也可以进入分解后的动态对象层次,在其成员对象中移动。

8.2.2 可视化仿真建模的特征

1. 面向对象

通过采取面向对象的设计方法,首先定义并指定实对象和虚对象的模型部件信息。这些信息包括:①属性(名称、类型、初始值);②继承层次(类、子类数据);③类对象和布局图形;④逻辑规范,包括类方法、监督逻辑和自身逻辑。类和对象的生成、类继承机制、方法规范和消息传递是几类典型的面向对象的特征。面向对象的建模方法在 8.4 节中将有进一步阐述。

2. 基于图形

(1) 布局及部件图形:首先针对模型顶层对象、所有分解的动态对象以及所有可分解的部件对象,绘制和生成布局图形。

(2) 布局定义和类布局:布局图形的生成决定了类的布局定义(即类布局)。布局图形中的部件通过图形化界定操作(例如通过鼠标单击操作)确定部件的图形范围,称为部件实例化,每个部件分配一个变量名称。部件间通过动态对象运动路径相连接。

(3) 自顶向下定义和分层遍历:模型部件的进一步实例化通过类布局定义,自顶向下从模型顶层类布局开始进行。这实际上是模型静态结构的实例化。类似地,当对模型动态结构进行实例化时,从分解的动态根对象相应的类布局开始进行。最终,类布局部件的变量名称被转化为名称,从而可以将该部件与其他模型部件相区别。对类布局中的部件来说,从顶层开始,实例化过程中可能会包含如下操作:生成、分解、向下遍历和向上遍历。

所有的模型部件都需要进行生成,分配得到唯一的文字化名称。连接器不需要这样的实例化过程。生成后,子模型和子动态对象组件可以进行分解。分解过程使被分解的子模型或者子动态对象部件与新的类布局图形和定义相关联。通过部件生成和分解,可以将分解出的部件向下遍历,并在下一层类布局图中进行实例化。

3. 模型部件的逻辑规范

部件的逻辑规范可分为 3 类:监督逻辑、自逻辑和混合逻辑。监督部件具有监督逻辑,例如,在面向机器的模型中,监督部件(例如机器)在模型执行中起到主导作用,动态对象(例如材料)在部件间被操作和运动,并执行监督部件的监督逻辑,逻辑规范确定每个动态对象的操作和运动,确定是否进入或移向监督部件。监督部件可以是任何类型的部件:子模型、静态对象、子动态对象、基本动态对象或者分解的动态对象。动态对象(例如材料)也可以具有自逻辑,执行自逻辑,决定自身的运动。面向材料的模型就是完全按照自逻辑建立的,在这种情况下,监督部件(例如机器)是被动地被动态对象获取、占有和释放。混合逻辑结合了监督逻辑和自逻辑,模型部件可以同时或单独具有自逻辑和监督逻辑,提高了概念的灵活性,在执行过程中根据需要采用布尔变量对自逻辑和监督逻辑进行开关控制。

8.3 物流系统可视化交互仿真方法

8.3.1 物流系统可视化交互仿真框架模型

物流系统仿真是典型的离散事件系统仿真,通常根据特定事件发生的结果在离散时间点改变状态,这些事件包括用户订单到达、产品移动、机器停机等,状态可分为空闲、繁忙、阻塞或停机等。离散仿真模型中被加工的对象通常是物理产品,也可能是用户、文书工作、绘图、任务、电话、电子信息等。这些对象通过一系列的加工过程、排队和运输步骤,即所谓加工流程,在系统中依次加工下去。加工过程中的每一步都可能需要一个或多个资源,例如机器、输送机、操作员、车辆或某种工具。这些资源有些是静态的,有些是动态的,一些资源专门用于特定任务,另一些则会在多任务中共享。

随着 1979 年 SEE-WHY 的问世,涌现出越来越多的 VIS 软件,包括适用于物流系统的 VIS 软件 Flexsim、Witness、Arena、Extend、Plant Simulation 等。这些软件为用户提供了方便快捷的仿真建模和实验平台,实现可视化建模、模拟现实的仿真运行、生成动画影像,以及表格化和图形化的运行结果。

物流系统由一系列的相互关联的部件组成,其中典型的实静态部件包括处理器和缓存区,处理器是指可以产生时间推进的部件,例如生产线上的加工设备、银行服务台上的工作人员等;实动态部件包括物流仿真模型中可移动的部件,例如工件、托盘、订单、物料处理设备(叉车、堆垛机等);虚部件则包括记录模型状态和仿真数据的数据文件等。VIS 软件将这些部件进行二维或三维的图形化显示,可以在生成场景和仿真模型的过程中直接使用。在仿真运行过程中,可以借助 VIS 软件逼真的图形或 3D 动画形式展示物流设备作业过程中的运动情况(如叉车的行驶状况、堆垛机的运动情况、集装箱起重机的作业情况等),实现物流对象移动的可视化,显示物流对象在输送设备上移动的过程(如分拣线上托盘或货物的运动情况、输送机上物料的运动情况等),实现物流状态变化的可视化,实时显示作业过程中物流状态变化的情况(如堆垛机作业过程中货架托盘数量的变化、码垛机器人工作过程中托盘上货物的变化情况、服务台工作过程中队列状态变化情况等)。同时,VIS软件工具也具有强大的数据收集和统计功能,对模型状态和数据进行收集,并以表格或图形化的方式展现出来,如趋势图、饼图、柱状图等。

物流系统可视化交互仿真是数字仿真和计算机可视化技术相结合的产物,它通常包括三方面内容:一是将传统数字仿真模型中的模型对象通过三维立体形态模型的方式展现出来,提供对建模过程和仿真过程的可视化支持;二是将传统数字仿真的结果转换为图形或者图像的形式,便于理解和分析;三是仿真交互的可视化,即具有可视化交互和动画展示功能,并能实时跟踪显示仿真计算的结果。图8.1展示了物流系统可视化交互仿真框架模型,仿真用户通过可视化交互仿真系统对实际物流系统进行仿真和研究。可视化交互仿真系统是仿真用户和物流系统之间的媒介,它包括5个组成部分:

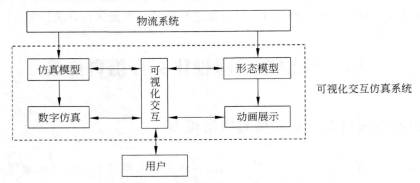

图 8.1　物流系统可视化交互仿真框架模型

（1）仿真模型。仿真模型由模型对象及对象之间的交互关系构成,是物流系统可视化交互仿真的核心。对于物流系统仿真,需要构建对应于各种物流实体的模型对象,如周转箱、托盘、机械手、传送带、叉车、货架及堆垛机等;同时,还要定义这些对象之间的连接关系及对象的行为规则,从而建立针对特定物流系统的仿真模型,如单机器加工系统模型、配送中心拣选系统模型等。

（2）数字仿真。数字仿真是计算机执行仿真的逻辑程序,通常表现为仿真调度策略和仿真算法。由于物流系统多为离散事件系统,通常会采用事件调度法、活动扫描法或进程交互法来运行仿真。数字仿真在很大程度上会影响仿真的执行效率,它是物流系统可视化交互仿真的又一核心内容。

（3）形态模型。形态模型是仿真模型的一种可视化表达方式,是可视化交互仿真的关键。物流系统可视化交互仿真的可视化效果如何,很大程度上依赖于形态模型。形态模型的基础是模型对象的组件化。在物流系统仿真模型中,模型对象是物流实体的逻辑表达,如属性、状态和方法等,而形态模型则是物流实体的外观和可视化表现形式,如叉车这一物流实体,具有速度、载重量等属性,同时,为实现其可视化,需要有一个3D的形态模型来展示它,从而使其在建模和仿真过程中表现出可视化效果。

（4）动画展示。仿真的运行过程是一个动态的变化过程，在这一过程中，需要及时跟踪与展示模型对象的状态变化、行为轨迹，因此，动画展示是一个最佳的选择，它可以实时、直观地展现模型的运行状况，给人一种真实的身临其境的体验，这也是可视化交互仿真相对于传统仿真的最大优势。

（5）可视化交互。可视化交互一方面体现为可视化交互仿真系统内部仿真模型和形态模型、数字仿真和动画展示之间的信息交互和同步，另一方面为仿真用户提供观察和操作仿真过程的直观而便捷的手段。可视化交互具有多种类型，如选择、浏览、布局重置、视图切换、动画回放等，这些可视化交互方式不但为物流系统可视化交互仿真提供了更便捷、直观的手段，而且可使用户获得更好的仿真体验。

8.3.2 面向对象的可视化交互仿真方法

在可视化建模和仿真过程中，面向对象的方法是最重要的方法，其主要思想是把现实世界中需要解决的问题映射到计算机软件系统中去，利用软件世界中的对象来代表现实世界中的实体，并利用对象之间的交互来描述现实世界中实体之间的动态关系，从而帮助我们通过软件来解决现实世界中的问题。对象建模是对于现实世界最为直接的映射，当需要解决的问题发生变化时，对象模型作适当的改动就可以迅速地适应这一变化。

面向对象的基本方法学认为：客观世界是由各种各样的对象所组成的，每种对象都有各自的内部状态和运动规律，不同对象相互间的作用和联系就构成了各种不同的系统，构成了我们所面对的客观世界。面向对象方法通过对应用领域的问题空间对象直接建模，符合人类认识客观世界的自然方式。面向对象方法首先由特殊的事物归纳出其一般特征，即类，再从事物一般特征演绎得到特殊事例，即类的对象。面向对象方法的几个重要概念如下：

（1）对象：客观世界的实体称为所研究问题空间的对象，在面向对象的分析中，对象是具有特殊属性（数据）和行为方式（方法）的实体。对象具有模块性、继承性和类比性、动态连接性、易维护性等特点。

（2）类和类层次：类由方法和数据组成，是关于对象性质的描述，包括外部特性和内部实现两个方面。通过类比，发现对象间的相似性（共同属性）是构成对象类的依据。一个类不是孤立的，它的上层可以有父类，下层可以有子类，这样就形成一种层次结构，这种层次结构的重要特点是继承性。

（3）消息和方法：消息就是通知对象去完成一个允许作用于该对象的操作的机制。方法则是指允许作用于该对象上的各种操作，即通过定义方法来说明对象的功能，对象间的相互联系是通过传递消息来完成的。消息机制是对象之间进行交互的重要方式。

（4）封装和继承：封装是信息隐蔽，它将对象行为实现的细节隐蔽在对象中，对对象的使用者是不可见的。继承是类中的数据和方法的共享机制，通过继承，子类可以全部具有父类（即上一层类）的属性和方法。

面向对象方法通过对应用领域的问题空间对象直接建模，符合人类认识客观世界的自然方式。它包括面向对象分析、设计及实现3个阶段。

面向对象分析是系统分析及设计，主要进行系统应用环境（即问题域）和用户对系统需求的分析，了解问题域内该问题所涉及的对象、对象间的关系和作用（操作）。面向对象设计是设计系统的对象模型,在系统内设计各个对象、对象间的关系(层次关系、继承关系等)和每个对象的内部功能的实现,确立对象哪些处理能力应在哪些类中进行描述。面向对象实现是建立对象间的通信方式(如消息收发机制),确定并实现系统的控制机理、界面输出形式等。

可视化交互仿真的核心是仿真建模和仿真控制,同时又要具备可视化交互和可视化过程展示功能,并且还需要实时跟踪仿真过程的特性。从面向对象方法论的角度来看,上述各环节都需描述为模型对象及对象之间的交互关系。面向对象的可视化交互仿真方法可分为对象定义、仿真建模和仿真控制3个环节,如图8.2所示。对象定义是可视化仿真建模的前提和基础,为仿真建模提供了基本组件;仿真建模就是将对象有序组织并连接,构建仿真模型的过程,如果将对象视为"积木块",则仿真建模就是搭积木的过程;仿真控制就是对仿真的执行过程进行调度和管理。

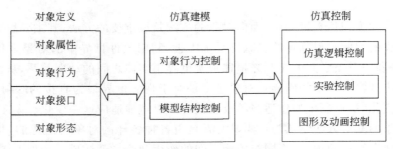

图 8.2　面向对象的可视化交互仿真方法

1. 对象定义

对象定义包括对象属性描述、对象行为描述、对象接口描述和对象形态描述。

(1) 对象属性描述。对象是对实际系统中实体的描述和抽象,它具有相应实体的有关属性和行为模式。对象是构成仿真模型的基本单元,如单机器加工系统中的工件、队列、加工机器、检验机器等都是对象。

(2) 对象行为描述。对象行为描述对象内部状态和状态之间的转移规律,通常和对象属性一起封装在对象所属的类中,体现对象和类的模块性和封装性。这也是面向对象仿真方法的核心理念。对象的行为通常表现为由外部消息或者事件触发的状态转移过程。

(3) 对象接口描述。对象接口描述对象之间的交互行为和依赖关系,对象交互过程是对象之间通过接口相互传递消息的过程,接口提供了对象之间进行通信的机制。因此,通过接口传递消息也可使对象的行为相互影响,从而形成系统。

(4) 对象形态描述。对象形态主要是确定对象的二维或三维图形形态,是对象可视化的表现,通常通过对象外形属性来取定,一般会通过设置外形属性关联的图形文件来实现。

2. 仿真建模

仿真建模包括对象行为控制和模型结构控制。

(1) 对象行为控制。对象行为控制提供定义或修改对象状态和行为的手段。对象的接口定义是对象行为控制的一个重要组成部分,它提供了一系列能够影响对象行为的操作集。

(2) 模型结构控制。模型结构是指模型对象之间的连接关系,模型结构的控制就是定义和改变这种连接关系。通过建立对象之间的连接关系,就可以确定系统中的物流和信息流,从而构建系统的仿真模型。

3. 仿真控制

仿真控制包括仿真逻辑控制、实验控制和图形及动画控制。

(1) 仿真逻辑控制。仿真逻辑控制是仿真的内部执行和调度机制,它主要包括仿真时间管理和仿真事件管理。仿真时间管理主要涉及仿真时钟的推进机制,如下次事件时间推进机制、等步长时间推进机制等。仿真事件管理主要是对事件发生的时刻及事件类型进行判断,并调用相应的事件处理程序,同时,对事件表进行管理和控制。另外,由于在仿真运行过程中,对象之间会通过相互发送消息来执行其内部定义的行为动作,因此,仿真事件管理也包括对对象之间消息交互的管理。

(2) 实验控制。实验控制通过实验框架来实现,实验框架是指对模型进行实验的运行条件,它由三个基本对象组成:输入对象、运行控制对象和输出对象。为了保证在同样的模型结构下可以进行不同分组数据的实验,模型结构和实验框架应该相对独立,只通过改变实验框架就可对模型进行不同的仿真实验,以增加仿真的灵活性。

(3) 图形及动画控制。在仿真运行过程中,图形及动画控制以直观、可视化的方式展示模型对象的状态变化、行为轨迹以及整个系统的演化过程;在仿真结束后,也可通过趋势图、饼图、柱状图等图形方式展示仿真结果。

8.4 物流系统可视化仿真技术

8.4.1 图形技术

由于人类赖以生存的环境本身就表现为一幅幅的画面,用图形方式表达信息与其他方式相比具有直观、简明、便于理解的优点,在仿真中应用图形技术,能够包含许多用语言难以表达的信息,便于交流,并降低了对用户操作水平的要求。

图形建模的思想就是利用图标代表现实中的物理设备,图标与算法库中的算法建立起对应关系,建模时在前台的图形环境中利用图标调用方式完成对后台算法库中算法的调用,用连线关联任意两个相关的图标,表示物流的方向,从而构成过程流程仿真的框架。利用图形建模技术,不仅可以直观地描述系统中各对象之间复杂的逻辑关系,简化建模过程,而且为仿真建模中的信息可视化获取以及表达提供了便捷的途径。因此,如何建立一个能够使用户简便、直观地搭建整个系统的仿真模型的可视化操作平台,已经成为一个研究的重点。

除了基本的二维图形生成技术外,在可视化交互仿真中得到广泛应用的是三维图形技术和动画技术。

1. 三维图形技术

三维图形的生成与变换比二维图形生成要复杂得多,其根本原因是我们的图形输入设备和输出设备基本上都是二维的,用这些二维的图形设备去表现空间三维实体自然会增加许多复杂性,需要运用许多新的方法去处理三维图形。在计算机图形学研究中,三维图形概念有几种：①采用线框图构成的三维图形,这是最基本、最简单的,它实际上是二维屏幕上展示的具有三维视觉效果的图形;②三维实体图形,它是采用各种颜色、图案、纹理等填充过的图形,在视觉上也具有三维效果;③三维立体图形,它借助于光照、浓淡和明暗技术,产生了真正的三维立体效果。

三维图形的应用可以根据所处理的图形是一个真实的物体还是一个设计的新物体类型来分类。我们可以通过对一个三维空间物体进行近似的描述,采用该描述数据构造相应的三维图形,例如,将立方体图形描述成线框结构或者平面集合,或者说明成曲线、曲面表示等;也可以通过构造和变换产生新的图形和物体,以组成新的三维空间形状,这在计算机和辅助设计中应用很广,例如,汽车和飞机的主题就是通过表面图形的各种拼接及安排,直至达到某些设计指标。无论何种应用,三维立体图形的描述都是在一个世界坐标系中予以说明,然后再映射到显示器或其他输出设备的二维坐标系统上。

2. 动画技术

计算机动画技术是将图形、图案和画面或者其中的一部分显示在屏幕上,并且按照一定的规律或者预定的要求在屏幕上移动、变换,从而使计算机显示出图形动态的变化。计算机动画技术除了以计算机图形学中各种图形处理技术为基础外,还涉及图像处理、摄影摄像技术、绘图艺术等。计算机动画主要分为二维动画和三维动画。二维动画是将事先手工制作的原动画逐帧输入计算机后,由计算机帮助完成描线上色,并用计算机控制完成记录工作,并可进行拷贝、粘贴、翻转、自动计算背景移动等操作,改进了传统动画的制作方法。三维动画也称为计算机生成动画,参加动画的对象不是简单由外部输入的,是根据三维数据在计算机内部生成的,运动轨迹和动作的设计也是在三维空间中考虑的。另外,根据运动控制方式又可以将计算机动画分为关键帧动画和算法动画。关键帧动画是通过一组关键参数值而得到中间的动画帧序列,可以是插值关键图像帧本身而获得中间动画帧,或是插值物体模型的关键参数值来获得中间动画帧,分别称之为形状插值和关键位插值。算法动画是采用算法实现对物体的运动控制或模拟摄像机的运动控制,一般适用于三维情形,算法包括运动学算法、动力学算法、随机运动算法等。

8.4.2 GIS 技术

地理信息系统(geographic information system,GIS)是近年来迅速发展起来的,一门介于地球科学与信息科学之间的交叉学科,它亦是一门地学空间数据与计算机技术相结合的新型空间信息技术。它是以地理空间数据库为基础,在计算机软硬件的支持下,对空间数据进行采集、管理、操作、分析、模拟和显示,并采用地理模型分析方法,适时提供多种空间和动态地理信息的计算机技术系统。地理信息系统强调对空间数据的处理,它把现实世界中实体对象的空间位置与相关信息有机地结合起来,满足用户对空间信息的管理与分析,并借助图形图像及 3D 动画技术,实现空间信息的可视化表达。GIS 特有的空间数据库结构为系统建模与仿真可视化创造了条件。GIS 技术应用于系统仿真有以下几点优越性：

(1) 系统实体对象空间坐标在 GIS 中的真实反映,能较形象逼真地表达系统对象之间的空间逻辑关系,辅助研究人员对系统的直观理解与观察,从而提高系统建模的效率和准确性。

（2）特有的空间数据库组织形式，把空间实体图形与其属性一一对应，利用对数据库的操作，可方便用户在建模时直观地获取对应实体对象的相关信息。同时，GIS 提供的地学模型可以为建模直接提供有关地理参数，如实体坐标、实体与地形交线等，从而简化建模。

（3）GIS 空间信息可视化表达不仅包括了静态三维图形图像绘制及显示，同时也包括了三维动画的生成，这种优越的功能无疑为描述复杂空间实体间逻辑关系的物流系统仿真提供了广阔的应用舞台。

（4）利用 GIS 的 3D 动画及图形图像处理技术，可避免复杂的重新开发工作，缩短开发周期，减少开发费用，而且可以获得较好的图形图像效果。

基于 GIS 的系统仿真可视化表现在建模过程中利用 GIS 的信息可视化采集，以及在仿真可视化操作过程中利用 GIS 的动态信息可视化表达。由于 GIS 特有的空间信息组织机制，使得其实现这些功能有着先天的优势。同时，在可视化仿真系统中，用户可根据显示的图像交互控制仿真的各个阶段，直到对所模拟的现象获得理解与洞察。在这一过程中，用户可以通过系统提供的操作界面随着可视化仿真系统反馈的结果来同步保持交互，并对仿真过程进行控制。图 8.3 表示的是一个基于 GIS 的交互式可视化仿真系统的框架模型。此模型清晰反映了 GIS 在系统仿真中结合的具体环节，以及用户控制仿真进程的实现手段。

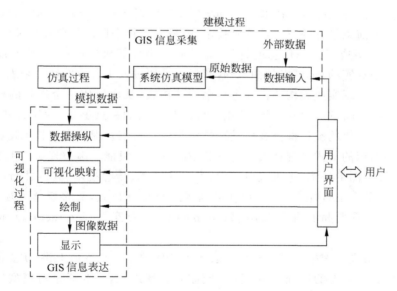

图 8.3　基于 GIS 的系统可视化交互仿真框架

GIS 利用其特有的数字化技术，把系统中所有实体对象的空间数据（图形）与属性均用数据形式匹配地储存于空间数据库中，所以得到了实体对象的图形也就得到了与之相关的空间坐标、拓扑关系及其他相关属性。因此，利用 GIS 的仿真数据可视化获取就表现为系统仿真建模和计算过程中通过直接访问空间对象获取其相应属性的过程。对于物流系统，通过访问 GIS 系统建立的数字地表模型和建筑物等数字实体模型的图形对象，就可以为系统仿真提供对应的空间坐标及空间拓扑关系。比如，建筑物基础边界的获取就可根据建立的建筑物实体与地形数字模型所反映的空间位置及拓扑关系，通过自动相交计算得到，从而亦可实现两者的无缝吻合。另外，在显示屏幕上表现为二维坐标的图形对象，由于其通过内部表识与空间数据库中相关的记录关联，因此，获取屏幕上的二维点就可得到该点在数字模型中真实的三维坐标。

基于 GIS 的三维动态演示是对任意时刻系统仿真面貌的再现，它反映了仿真系统内部数据场的动态变化过程。利用仿真模块得到物流系统的动态信息，包括时间、物流设备运行状态等。把物流过程任意时刻的整体面貌储存在图形库中，并与其一一对应的属性数据建立联系，从而在动画演示时，按时间顺序读取图形库中的形体数据及相对应的属性信息，不断更新绘图变量和属性变量赋值，同时不断刷新屏幕显示，这样就实现了物流过程的三维面貌及相应信息的动态显示。把动画技术引入到系统仿真过程，以数据的直观可视化为出发点，再现系统仿真计算的全过程，并用运动着的画面形象地描绘出来，从而揭示系统的动态行为特征，为全面、准确、快速地掌握系统演变的全过程提供有力的分析工具。由于动画的信息容量大，并能够生动而形象的演绎，有助于信息沟通，为研究者提供充分的信息服务。

8.4.3 虚拟现实技术

虚拟现实(virtual reality)技术是 20 世纪 90 年代兴起的一个新的研究领域，与多媒体、网络技术并称为前景最好的三大计算机技术，也是近几年来国内外科技界关注的一个热点。虚拟现实是一门集成了人与信息的科学，其核心是由计算机生成的三维交互式虚拟环境。这些环境可以是真实的，也可以是抽象的，其目的是通过人工合成的经历来表示信息。其本质是运用计算机对现实或虚构的世界进行全面的仿真，从而生成一个逼真的融合了三维视觉、听觉、触觉甚至嗅觉的感知世界，让用户可以从自己的视点触发，利用自然的技能，通过某些设备对这一生成的虚拟世界客体进行浏览和交互考察。虚拟现实技术使得复杂或抽象的概念以一种虚拟的形式呈现在人们的感觉空间中成为可能。虚拟现实技术是一项综合性技术，涉及计算机图形技术、人机接口技术、多媒体技术、传感技术、高度并行的实时计算技术、立体视觉以及人工智能等，是一种新的高级人机交互形式，是多媒体发展的更高层次。虚拟现实的三个重要特征是：沉浸感(immersion)、交互性(interaction)和思维构想性(imagination)。

简单地讲，仿真与虚拟现实是目的与表现方法的关系。从本质上讲，仿真的核心组成部分仅是一个计算和调度的过程。仿真不一定需要表现过程，只要通过对模型的计算最后给出一系列的数据集合，就可以达到数值仿真(numerical simulation)的目的。数值仿真的优点是对机器的要求不高，速度快；缺点是不直观，不易验证仿真程序的对错。对数值仿真的过程及结果增加文本提示、图形、图像、动画表现、人机交互，可以使仿真过程更加直观，结果更容易理解，并能够验证仿真过程是否正确，亦即本章所阐述的可视化交互仿真(visual interactive simulation)。图 8.4 示出了各类型仿真的层次关系。

虚拟现实仿真系统在航空航天、军事、科学研究、工业生产、交通运输、环境保护、生态平衡、卫生医疗、经济规划、商业经营、金融流通等领域已经得到了成功的应用，并取得了显著

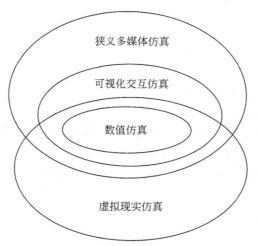

图 8.4 仿真类型层次关系图

的经济效益。虚拟现实仿真系统的发展和完善,将使工程技术人员、管理人员、领导决策人员有可能在虚拟现实环境中对所设计的系统、所管理的系统、所领导范围内的系统进行观察、设计、修改、决策、调度或者重组等,使这些系统更加完善。此外,虚拟现实仿真系统还是一种理想的训练和实践系统,操作人员在实际使用新型装备之前,可以在虚拟现实环境中进行操作训练,以便熟悉、掌握装备的操作技术。作战指挥人员可以在虚拟战场或虚拟战斗中,培养作战指挥能力,或对所制定的作战策略和战术进行仿真评估。企业领导和决策人员则可以在虚拟生产环境或虚拟市场仿真环境中,培养实时决策能力,以提高其领导和决策素质。随着虚拟现实技术的发展,基于更新的虚拟现实系统 MultiGen(open creator vega)、WTK(world tool kit)、STK(satellite tool kit)的虚拟现实仿真系统正在不断的研究和开发中。

虚拟制造技术是虚拟现实技术在物流系统仿真中的典型应用,对设计、加工、装配、维护等环节经过统一建模后,形成虚拟的环境、虚拟的过程、虚拟的产品,可以完成虚拟设计、虚拟生产、虚拟测试等,通过仿真及时发现产品可能出现的错误和缺陷,进行产品性能和工艺的优化,以保证产品质量。

小结与讨论

可视化交互仿真是现代物流系统仿真的主要方法,实现了物流系统仿真模型的可视化、建模过程的可视化、仿真运行过程的可视化和仿真结果的可视化,并在模型运行过程中支持模型与用户的交互。面向对象的可视化交互仿真方法包括对象定义、仿真建模和仿真控制 3 个环节,它具备可视化交互和可视化过程展示功能,并且需要实时跟踪仿真过程的特性,提高了建模效率,增强了系统学习和决策支持的功能,使用户可以更加有效、准确地理解并分析复杂物流系统中涉及的系统设计以及管理策略等问题。

习题

1. 可视化交互仿真有哪些基本内容?
2. 分析和比较可视化交互仿真的优缺点。
3. 可视化仿真建模过程中有哪些部件类型、结构类型和运动类型?
4. 可视化交互仿真框架模型包括哪些组成部分?各有什么功能?
5. 面向对象的可视化交互仿真方法具体包括哪些内容?

第 9 章 物流系统可视化仿真工具 Flexsim

物流系统仿真是研究物流系统的一个重要方法,目前关于物流系统可视化仿真工具主要有 Flexsim、Witness、Arena、Extend,其中 Flexsim 软件因其采用面向对象的建模思想、突出的 3D 图形显示功能、建模与调试方便、建模的扩展性好、开放性好等优点,得到了更广泛的应用。

9.1 Flexsim 软件及特点

Flexsim 是一个面向物流系统仿真的软件,它可以帮助使用者建立、规划流程设计的仿真模型,依不同决策变量之组合,分析使用率、产能、前置时间、成本等策略,达到产能最大化、排程最佳化、半成品及库存最小化、成本最小化等目标。Flexsim 为使用者提供了一个简洁的建模方式,通过拖曳的方式就能轻松地构建出图形化模型。通过 2D 图形化模式的建立,能自动产生 3D 实体化及 VR 虚拟实境的模式。控制面板能轻易控制模拟过程,通过元件编辑器能轻易地建立新的元件或修改现有的元件,允许用户加入额外的功能及更改界面。Flexsim 是一款离散事件系统的仿真软件,它集计算机三维图形技术、仿真技术、人工智能技术、数据处理技术为一体,实现了系统建模、仿真和优化的用户友好操作,并致力于制造和物流系统领域,并在不同类型的企业得到了成功的运用。

Flexsim 已成功地应用在多个领域,特别适合于生产制造、仓储配送、交通运输等物流系统领域。Flexsim 在生产制造领域的应用案例有半导体晶片制造、机器加工过程、钢铁生产、硬件电子产品生产等;在仓储和配送领域的应用有港口装卸集装箱轮船、配送中心、拣选、输送机系统及其布局、移动式货架、旋转货架以及自动立体仓库等;在交通运输领域,也成功地进行了高速公路入口的车流、人员和列车在铁路车站的运动、上下河道的船舶运输、边境线上交叉路口的交通阻塞等问题的仿真研究;Flexsim 还被应用于矿石开采和加工、快餐店制作食物并向顾客提供服务、游乐园设施上游客的运动、喷气式飞机引擎的维修、医院对病人和食品的处置、可共享访问网络存储器中的数据流、银行业务流程中对支票的处理等。

1. 基本功能

Flexsim 是用来对生产制造、物料处理、物流、交通、管理等离散事件系统进行仿真的软件,也可以使用 Flexsim 进行 Emulation(模型中含有真实的物理实体)仿真研究。Flexsim 采用面向对象技术,并具有 3D 显示功能,建模快捷方便和显示能力强是 Flexsim 仿真软件的重要特点。Flexsim 提供了原始数据拟合、输入建模、图形化的模型构建、虚拟现实显示、运行模型进行仿真实验、对结果进行优化、生成 3D 动画影像文件等功能，也提供了与其他多种工具软件的接口。

如图 9.1 所示，可以看到 Flexsim 提供了仿真模型与 ExpertFit 和 Microsoft Excel 的接口，用户可以通过 ExpertFit 对输入数据进行分布拟合，同时可以在 Microsoft Excel 中方便地实现和仿真模型之间的数据交换，包括运行模型过程中动态修改运行参数等。Flexsim 3.0 版本中功能有进一步的扩展，包括增加了优化模块 Optquest，增加了帮助迅速建模的 Microsoft Visio 的接口等。

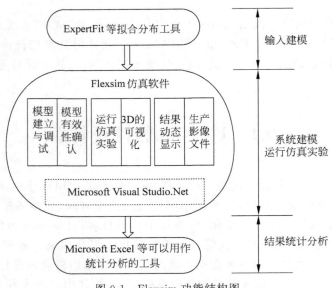

图 9.1　Flexsim 功能结构图

2. 特点

Flexsim 仿真软件的特点主要有：采用面向对象技术、突出的 3D 显示效果、建模和调试简单、方便开发、模型的可扩展性强、易于和其他软件配合使用等。

1) 基于面向对象技术建模

Flexsim 中所有用来建立模型的资源都是对象，包括模型、表格、记录、库、GUI（图形用户界面）等。用户可以使用 Flexsim 提供的对象库实现对现实世界对象、过程和系统的建模。同时，也可对 Flexsim 的对象库进行扩展，用户可以使用 C++语言或者软件自带的 Flexscript（一个 C++代码的预编译库）来修改这些对象。面向对象的建模技术使得工作人员减少了大量的重复劳动，其可扩展性为不同用户提供了方便，用户可以根据自己行业和领域的特点，扩展对象，构建自己的对象库。

2) 突出的 3D 图形显示功能

Flexsim 仿真环境中所有的模型都是逼真的 3D 模型，并且，在仿真环境中操纵这些 3D 模型也非常容易，单击鼠标并拖动就可移动或者旋转图形，转动鼠标的滚轮则可以放大缩小画面。图形可以从各个角度观看，也可以在模型中作虚拟的近距离观察。

Flexsim 中的图形显示不仅带来视觉上的美观，更可以帮助用户对研究的模型有一个直观的认识,并且可以帮助对模型进行验证。

3) 建模和调试简单方便

通常,仿真建模要耗去仿真人员大量的时间和精力,特别是在对计算机仿真模型提出3D可视化要求时。而且,很多仿真软件哪怕建立一个简单的模型也需要编写程序,这无疑提高了对使用人员的要求。而使用Flexsim建立仿真模型则容易得多,没有特殊要求一般不用编程,而且可以很轻松地做出3D模型。

Flexsim采用鼠标拖动和释放对象进行建模。从对象库中拖动预先制成的对象,在工作区中释放,并设置或修改对象的各种属性和行为,包括外观、输入输出、速度等。之后,通过鼠标的选中和在两个对象之间划线来建立对象间的连接,同时为这些连接关系设定属性。按照这种方法,就可以很简单地把整个模型逐步建立起来。拖动建模方式以灵活性和可用性为导向,降低了对尺寸和位置精度的关注。

4) 建模的扩展性强

Flexsim通过支持建立用户对象,融合C++编程,体现了其可扩展性,但其扩展性还远不止这些。用户不但可以直接使用Flexsim来建模和运行模型,而且还可以在其之上利用C++语言和软件提供的接口函数开发一定的仿真应用程序,而这些应用程序一般用来对特定行业进行建模和仿真。

5) 开放性好

开放性好、与其他软件的接口方便是Flexsim的特点。Flexsim完全支持C++,所以可以通过使用C++在Flexsim内编程,甚至修改Flexsim来实现特定的要求。所有的动画都是OpenGL,支持工业标准的3DS、DXF、WRL或者STL图形对象,这些都体现了Flexsim的开放性。同时,Flexsim可融合第三方软件,例如OptQuest、Visio、ExpertFit等,使用户使用更加便利。此外,Flexsim可以容易地连接到任何ODBC数据库,也易于和其他软件配合使用。

9.2 Flexsim的模型体系

Flexsim的模型体系主要包括3个部分:对象、连接和方法。对象是Flexsim建模的基本组件,连接是对象之间的关系表达和进行交互的方式,方法是对象的行为及完成某项任务的一系列规则集。Flexsim的模型体系是Flexsim仿真建模的基础。

9.2.1 对象

Flexsim软件以对象为基本单元对实际过程中的各元素进行建模,大部分Flexsim对象都是资源类对象FixedResource或执行类对象TaskExecuter的子对象,图9.2是Flexsim软件中对象的树状结构图,从图中可以看出各个对象之间的相互关系。图9.3是Flexsim软件中的对象库,该对象库包含了Flexsim自带的全部对象,如果Flexsim自带的对象库不能满足要求,可以应用Flexsim的高级开发功能建立其他用户自定义的对象。

从上述类对象的派生关系图中可以看出Flexsim中各种对象的逻辑关系。对象库中的

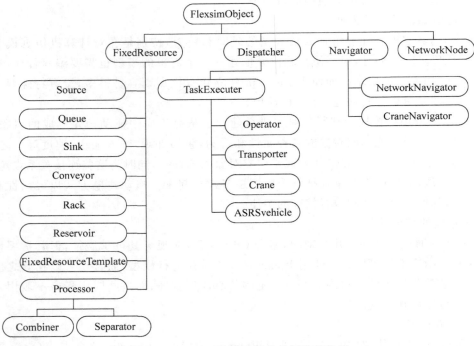

图 9.2　Flexsim 软件中对象的树状结构图

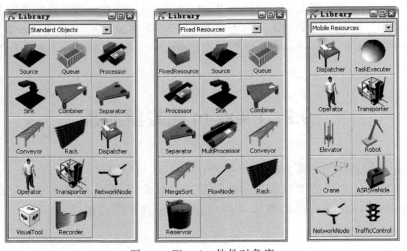

图 9.3　Flexsim 软件对象库

对象分为两种,一种是从 FixedResource 中派生下来的,另一种是从 TaskExecuter 中派生下来的。通过分析不难发现,从 FixedResource 中派生出来的对象有一个共同的特点,其本身是不会运动的,它们的作用只是产生或消除物件、存储物件、加工物件等;而从 TaskExecuter 中派生出来的对象,其本身是可以运动的,其作用是将物件从一个地点运送到另一个地点。当现有的库对象不能满足用户的需要时,用户就需要创建自己的对象。Flexsim 为用户提供了一种用户可以定制自己的库对象的机制,以方便用户根据自身需要定制自己的对象。

Flexsim 软件中自带的对象可以分为以下 4 类：

1）固定实体类(Fixed Resource)

固定实体是模型中固定不动的实体，可以代表处理流程的步骤，如处理站或存储区域。临时实体从头到尾穿过模型，经历进入、被处理、完成各个处理步骤的过程。当一个临时实体在模型中某一步被处理完成，就被发送到下一步，或者说是发送到下一个固定实体。

固定实体类包括：发生器(Source)、暂存区(Queue)、处理器(Processor)、吸收器(Sink)、合成器(Combiner)、分解器(Separator)、复合处理器(MultiProcessor)、输送机(Conveyor)、分类输送机(MergeSort)、流节点(FlowNode)、货架(Rack)和储液罐(Reservoir)。

2）任务执行器类(TaskExecuter)

任务执行器是模型中共享的可移动的资源。它们可以是操作员，在某给定步骤中处理一个临时实体时使用，或者在步骤之间运输临时实体时执行许多其他仿真功能。

任务执行器类包括：分配器(Dispatcher)、操作员(Operator)、运输机(Transporter)、升降机(Elevator)、机器人(Robot)、起重机(Crane)、堆垛机(ASRSvehicle)。

3）网络类(Node)

网络结点用来定义运输机和操作员遵循的路径网络。通过使用样条线结点来增加路径弯曲部分，从而修改路径。在默认情况下，在网络上行进的实体将沿着起始位置和目标位置之间的最短路径行进。

网络类包括：网络节点(NetworkNode)、交通控制(TrafficControl)。

4）图示类(Visual Object)

图示类对象主要是用来装饰模型空间，并对模型运行过程以及结果进行记录，以各种图形表示模型运行过程和结果，主要包括可视化工具(VisualTool)和记录器(Recorder)。

可视化工具采用道具、风景、文字和展示幻灯片来装饰模型空间，目的是给模型更逼真的外观。它们可以是简单如彩色方框、背景之类，或者是精细如 3D 图形模型、展示幻灯片之类。可视化工具也可以用作模型中其他实体的容器实体，此时，可视化工具就成为一个分级组织模型的便利工具。

9.2.2 连接

Flexsim 通过对象之间的连接定义模型的流程，对象之间是通过端口来连接的，主要有 3 种类型的端口：输入端口、输出端口和中心端口。

1. 输入端口(input ports)和输出端口(output ports)

输入端口和输出端口在设定临时实体在模型中的流动路线时使用。例如，一个邮件分拣器，根据包裹的目的地不同，把包裹放置在几个输送机中的一个上。要在 Flexsim 中模拟这个过程，需要将一个处理器实体的多个输出端口连接到几个输送机实体的输入端口，这表示一旦处理器(或邮件分拣器)完成对临时实体(或包裹)的处理，将把它发送到输送机。输入端口显示在对象的左上角，输出端口显示在对象的右上角。

2. 中心端口(center ports)

中心端口用来建立一个实体与另一个实体的相关性。中心端口通常的应用是建立固定实体与可移动实体之间的相关关系，这些固定实体如机器、暂存区、输送机，可移动实体如操作员、叉车、起重机等。中心端口显示在对象底部中心。

Flexsim 模型中的对象之间的连接主要有两种类型，分别为 s 连接和 a 连接。

(1) s 连接：按下 s 键的同时用鼠标从一个对象拖到另一个对象上以连接二者，仅用于中心端口之间的连接（即连接 TaskExecuter 和 FixedResource），可以用 w 键取消（按下 w 键的同时用鼠标从一个对象拖到另一个对象上以取消二者间的连接）。

(2) a 连接：按下 a 键的同时用鼠标从一个对象拖到另一个对象上以连接二者，用于除中心端口之外的所有其他的连接，可以用 q 键取消。

9.2.3 方法

方法是用来完成一项任务的一系列规则集，好的方法应是可以重复使用的，Flexsim 采用一系列方法集来完成所建模型的作业，对象中的方法定义了模型中各对象所需要完成的作业。

Flexsim 的方法集主要有：

(1) 到达方法：定义临时实体什么时间、以什么方式到达模型。
(2) 触发方法：定义什么时间、在什么地点、分派何种信息给临时实体。
(3) 流动方法：定义什么时间、在什么地点、采用何种方式从模型中移出临时实体。
(4) 导航方法：定义模型导航方法。
(5) 临时实体箱方法：定义临时实体特性。
(6) 任务执行器移动方法：定义哪个对象以何种方式将临时实体从一个固定实体类移动到另一处。

Flexsim 可以以二维正投影视图或三维透视图的方式显示仿真模型及仿真运行过程，并记录仿真数据，在仿真结束后通过表格和图形的形式报告仿真结果，记录实体状态信息，统计分析多种参数指标，显示各物流设备的利用率、空闲率、阻塞率等。并可根据仿真报告提供的数据对物流系统的优缺点进行判断，作出科学决策。

9.3 Flexsim 建模与仿真

9.3.1 Flexsim 建模与仿真的步骤

一般来说，通过系统建模形成系统模型后，就可以应用 Flexsim 进行仿真建模，从而得到 Flexsim 仿真模型并进行仿真。Flexsim 建模与仿真一般遵循如下 5 个步骤：实体对象及布局建模、物流流程定义、对象参数及方法设置、编译运行仿真及仿真结果分析。

(1) 实体对象及布局建模。将仿真所需要的模型对象从 Flexsim 对象库中拖拽到仿真视图窗口中的适当位置,并根据系统中模型对象的关系和数量合理设计模型布局,使模型尽可能接近实际情况,便于仿真过程中观察和分析模型行为。通常情况下,一个仿真模型以 source 对象开始,以 sink 对象结束。

(2) 物流流程定义。在 Flexsim 仿真模型中,对象与对象之间通过端口连接,物流系统的作业流程也是通过对象之间的端口连接体现出来。一个对象有 3 个端口:输入端口、中心端口和输出端口。输入端口和输出端口表示进入和离开,用于过程的衔接,中心端口主要用于特定的控制。连接对象有两种方式:临时实体的顺序流动逻辑连接,由前一对象的输出端口与后一对象的输入端口连接起来;实体间的控制逻辑连接,由前一对象的中心端口与后一对象的中心端口连接起来。根据连接类型,输入、输出端口连接按下 a 键,中心端口连接按下 s 键,同时用鼠标从一个对象拖动到另一个对象上以连接二者,也就是设置对象之间的流程。

(3) 对象参数及方法设置。每种类型的实体对象都给出了多个参数选项卡来定义有关该实体的各种特征,实体参数视窗用来配置与正在编辑的实体的类型相关的属性,参数视窗由一系列不同的选项卡组成,有哪些选项卡取决于实体的类型。双击对象可以打开对象的参数对话框,用来设置对象的各个参数。

(4) 编译运行仿真。构建好了模型布局,定义了模型之间的物流流程,设置了对象的属性参数和方法之后,就可以编译运行仿真模型,主要包括编译模型、重置模型、运行仿真等几个环节。在运行仿真时,还可以控制仿真运行的速度。

(5) 仿真结果分析。在仿真运行结束之后,就可以分析仿真结果了。仿真之前通过菜单 stats/stats collecting 选择统计对象,即需要关注的状态变量,仿真时在对象属性对话框 statistics 选项卡中可实时察看相应对象的统计数据和图表,单击 stats 下的 standard report 或 state report 可生成标准统计报告和状态统计报告,也可在这些报告的基础上进行进一步的分析处理,得到更直观、更有价值的分析结果。

9.3.2 单机器加工系统的建模与仿真

下面以单机器加工系统为例,说明利用 Flexsim 进行建模和仿真的过程。在如图 9.4 所示的单机器加工系统中,工件按照一定的概率分布到达加工系统,通常到达时间间隔满足泊松分布或指数分布;到达系统之后进行排队等待机器加工,加工时间通常满足指数分布;加工完毕后进行检验,如果合格则送往下一道工序,如果不合格则返回队列继续排队等待重新加工。

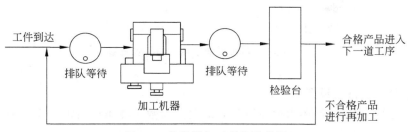

图 9.4 单机器加工系统示意图

1. 实体对象及布局建模

在单机器加工系统仿真模型中,主要有如下几类实体对象:工件、队列、加工机器、检验机器和合格率逻辑控制器。这几类实体都可以在 Flexsim 对象库找到对应的模型对象,因此,可以直接将它们从对象库中拖拽到仿真视图窗口中的适当位置进行布局设置,得到如图 9.5 所示的布局模型。单机器加工系统的实体对象如下:

(1) 工件。工件是单机器加工系统中的被加工对象,采用 Flexsim 中 source 产生的临时实体来表示,通过设定 source 中的参数来修改工件的平均到达时间间隔。

(2) 队列。队列在单机器加工系统中是很重要的一类实体,队列可以采用 Flexsim 中的 queue 实体来表示,系统中有加工队列和检验队列。

(3) 加工机器及检验机器。加工机器是永久实体,在 Flexsim 中可以采用 processor 实体来表示,检验机器也可以用 processor 来表示。

(4) 产品合格率设置。在单机器加工系统中,加工后的产品经过检验机器的检验,合格后离开系统,不合格则返回等待队列,重新加工。合格率的设置采用流动节点 flownode 来设置,flownode 有两个出口(output ports),一个是吸收器 sink,另一个是队列 queue。

(5) 工件离去。工件离去是引起系统状态发生变化的一类事件,在 Flexsim 中采用吸收器 sink 实体来表示。

2. 物流流程定义

在设计好单机器加工系统仿真模型的各个对象之后,可将这些仿真模型对象按照物流流程进行连接。在单机器加工系统中,对象之间均为输入、输出端口连接,因此,按照临时实体流动顺序将模型对象连接起来,得到如图 9.5 所示的单机器加工系统的仿真模型。值得注意的是,由于检验机器检验完后,工件有两种流向:检验合格则流向吸收器,不合格则返回到加工队列排队,等待重新加工,因此,用来模拟检验判断的流动节点 flownode 的输出端口既要连接吸收器的输入端口,也要连接加工队列的输入端口。

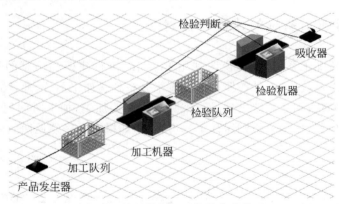

图 9.5　单机器加工系统的仿真模型

3. 对象参数及方法设置

仿真模型要能够运行,还需要设置仿真对象的参数。在单机器加工系统中,需要设置的参数主要有:

(1) 工件到达参数。在单机器加工仿真系统中,假设工件到达的时间间隔服从泊松分布。双击 source 对象,选择 source 的"arrival style"为到达时间间隔满足泊松分布,设置其参数为:(15,1)。

(2) 队列参数。加工队列和检验队列的参数只需要设置最大容量为 1000 件,排列方式为垂直排列。

(3) 加工机器参数。加工机器对象为 processor,需要设置加工时间(process time),加工时间服从指数分布,其参数为(0,20,1),其他参数如设置时间(setup time)、平均故障间隔时间(MTBF)、平均修复时间(MTTR)等都设为默认值。

(4) 检验机器参数。检验机器对象为 processor,其操作时间(process time)设置为常数,检验一个工件的平均时间为 20s。

(5) 流动节点参数。流动节点对象为 flownode,其输出端口分派规则是:98% 输出到 output port1 接收器,2% 输出到 output port2 加工队列,也就是设置不合格率为 2%。

4. 编译运行仿真

设置仿真时间长度为 3600.00s,编译通过后直接运行仿真模型。要观察仿真统计数据,可以单击各个对象的属性,单击统计标签,即可得到相应仿真结果。

5. 仿真结果分析

仿真运行结束后,对收集的仿真结果进行进一步分析处理,可以得到单机器加工系统的性能指标,如队列平均队长、设备利用率等,从而对系统进行分析、评价。

1) 队列平均队长

队列平均队长反映了等待处理工件的平均数,也是队列下游机器处理能力的一种体现。根据仿真结果计算可得加工队列的平均队长为 30.617,检验队列的平均队长是 4.355,说明等待加工的工件数比等待检验的工件数平均要多,相对等待时间要长,说明加工机器的加工能力较弱,而检验机器处理能力较强。图 9.6 和图 9.7 分别是加工队列和检验队列中的工件数随时间变化曲线图,横轴是仿真时间,纵轴是工件数。可以看出加工队列中的工件数总体稳步上升,而检验队列虽然有变化,但总体趋于平稳。

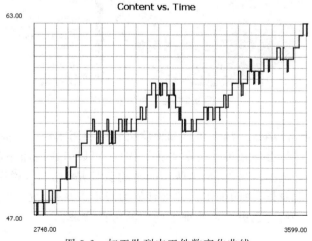

图 9.6 加工队列中工件数变化曲线

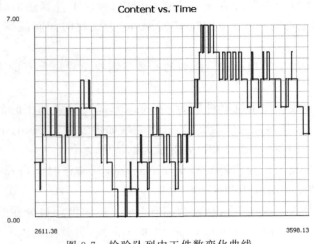

图 9.7　检验队列中工件数变化曲线

2）设备利用率

设备利用率是衡量设备忙闲程度的重要指标。图 9.8 是加工机器的工作状态图,从图中可以看出加工机器的利用率为 99.5%,空闲率为 0.5%,加工机器的利用率还是很高的。图 9.9 是检验机器的工作状态图,可以看出检验机器的利用率为 96.7%,空闲率为 3.3%,检验机器的利用率比加工机器的利用率稍低一些。

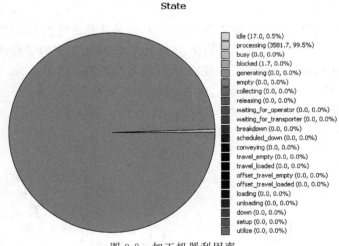

图 9.8　加工机器利用率

从以上仿真结果可以看出,加工机器和检验机器的利用率都比较高,设备处于高负荷运行状态,长时间这样运行会导致设备提前老化。因此,可以考虑增加一台加工机器和一台检验机器,减轻机器运行负担。另外,加工队列的平均队长是 30.167,说明等待加工的工件数较多,平均等待时间也较长,说明加工机器处理能力跟不上,一直处于"忙碌"工作状态,这也是其利用率较高的原因,这也进一步验证了前面的仿真结果。

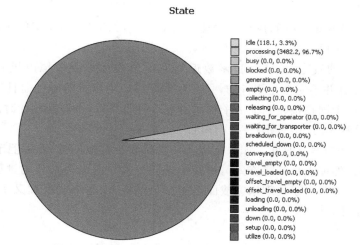

图 9.9　检验机器利用率

9.4　Flexsim 软件的高级开发技术

仿真过程中难免会遇到模型库中模型的初始设定不能满足复杂实际要求的情况,这时就要求助于 Flexsim 软件高级开发的部分功能,主要包括：C++、ToolBox 和 Experimenter。

1. C++

在 Flexsim 中主要以任务序列为框架,运用 C++的语法框架编写程序,以完成复杂对象间协作分工的仿真,或者对用户自定义的对象编写基本功能和运行规则。

语言编写可以在全局 C++代码编辑器中定义用户的全局函数和变量,也可以在某个特定对象内部编写。

2. ToolBox

工具箱用来创建和编辑模型,Flexsim 3.0 版本中标明为 ToolBox,以 GUI 的形式方便客户编辑,Flexsim 4.0 版本中把工具箱的全部内容整合到工具栏的 Tools 菜单。主要包括以下几类：

1) 全局表

全局表存储整个仿真模型的所有对象都可以调用的数据,这些数据可以是运输规则、实体的产生规则等。可以用 gettablenum()、gettablestr()、settablenum()、settablestr()、reftable()命令调用这些数据。

2) 时间表

时间表用来设定实体的状态,如设定停机时间等。一个时间表可以同时设定多个实体,而一个实体的状态也可由多个时间表规定。一个模型中可以制定多张时间表。

3) 用户事件

用户事件就是规定的时间执行用户规定的 C++ 函数动作，与特定的实体无关。

4) MTBF/MTTR

MTBF——平均故障间隔时间，函数返回非零值表示需要模拟停机和维修时间。但 MTBF 的时间计算并不完全是累计的，只有在累计到应当停机的时刻而且处理器处于处理状态时才会停机，否则在接收到下一个物品时进行时间预置，重新开始计时。处理器在预置和一次的处理过程中，最多只执行一次停机。

MTTR——平均修复时间。如果指定工作人员参与机械的修理，并且有相关人员参与机械的处理，那么处理人员和维修人员最好不是同一人。因为在处理的过程中出现机械的损坏需要维修，该人员由于处理未完成而不能参与维修，而不维修处理又不能继续进行，所以会进入死锁循环。

5) 监视列表

为了方便工作人员查看各变量的变化情况，我们可以设定监视列表。设定好变量后，监视列表会在它们的值发生变化时进行记录。

6) 全局 C++ 代码

在全局 C++ 代码编辑器中订立的全局函数和变量可以从模型的触发器和其他代码中访问，提高了代码的重用性。

7) 全局实体指针

该指针为方便引用的实体进行全局化声明。在全局对象指针编辑器中输入特定实体的名称，就表示创建一个与此实体同名的全局 fsnode* 类型变量。创建好此引用后就可以在模型代码中直接使用实体名来访问这些实体，而不需要考虑实体的外层容器，不必使用 centerobject()、outobject()、inobject()、rank()、node() 等命令了。但是必须对模型编译后才能运行。

8) 导入媒体文件

为了添加模型需要的 3D 形状及图形，可以在此设置已装载的路径的字符串。

9) 模型开始时代码

用来指定模型在编译后执行的动作或规则，并且仅在编译时执行，而非在每次预置时执行。

10) 更新列表

若修改了全局表、MTBF/MTTR、时间表、监视列表或者用户事件的名称，并想利用组合框显示这些更改，单击此按钮。

3. Experimenter

它是商业化的优化插件，可以方便快捷地将模型根据指定的标准优化。可用 Experimenter 设置仿真模型的重复运行，Experimenter 由两部分组成：Replications 和 Events。

9.5 其他物流系统仿真工具

9.5.1 Witness

Witness 是由英国 Lanner 公司推出的功能强大的仿真软件。它既可以用于离散事件系统的仿真,也可以用于连续流体(如液压、化工、水力)系统的仿真。其主要功能包括投资项目评估、现有设备改进、参数变化管理等。使用简单,模型可分阶段建立,而且在运行模型时可随时改变。它的应用范围非常广泛,如汽车工业、化学工业、电子、航空、工程、食物、造纸、银行及金融、政府和交通等。

1. 模型构成

现实的生产或物流系统总是由一系列相互关联的部分组成,比如制造系统中的原材料、机器设备、仓库、运输工具、人员、加工路线或运输路线等;服务系统中的顾客、服务台、服务路线等。Witness 软件使用与现实系统相同的事物组成相应的模型,通过运行一定的时间来模拟系统的行为。模型中的每个部件被称之为"元素(element)"。该仿真软件主要通过如下 5 类元素来构建现实系统的仿真模型:离散型元素、连续型元素、运输逻辑型元素、逻辑型元素、图形元素等。

(1) 离散型元素。离散型元素是为了表示所要研究的现实系统中可以看得见的、可以计量个数的物体,一般用来构建制造系统和服务系统等。主要包括:零部件(part)、机器(machine)、输送链(conveyor)、缓冲区(buffer)、车辆(vehicle)、轨道(track)、劳动者(labor)、路径(path)、模块(module)。

(2) 连续型元素。同离散型元素相对应,连续型元素用来表示加工或服务对象是流体的系统,比如化工、饮料等。主要包括:流体(fluid)、管道(pipe)、处理器(processor)、容器(tank)。

(3) 运输逻辑型元素。运输逻辑型元素用于建立物料运输系统。主要包括:运输网络(network)、单件运输小车(carriers)、路线集(section)、车辆站点(station)。

(4) 逻辑型元素。逻辑型元素是用来处理数据、定制报表、建立复杂逻辑结构的元素,通过这些元素可以提高模型的质量和实现对具有复杂结构的系统的建模。主要包括:属性(attribute)、变量(variable)、分布(distribution)、函数(function)、文件(file)、零部件文件(part file)、班次(shift)。

(5) 图形元素。图形元素可以将模型的运行绩效指标在仿真窗口动态地表现出来。主要包括:时间序列图(timeseries)、饼状图(pie chart)、直方图(histogram)。

2. Witness 规则

一旦在模型中创建了元素,就必须说明零部件、流体、车辆和单件运输小车在它们之间是怎样流动以及劳动者是怎样分配的,这就要用到规则。

Witness 有几类不同的规则:

(1) 输入规则。输入规则(包括装载和填入规则)。控制输入元素的零部件或者流体的流量以及在系统中的流动过程。例如：若一台空闲机器要启动,会按照输入规则输入零部件直到有足够的零部件启动它；一台尾部有空间的输送链在每向前移动一个位置时,将按照输入规则输入零部件。

(2) 输出规则。输出规则(包括连接、卸载、空闲、单件运输小车进入、车辆进入和缓冲区退场管理)控制从元素中输出的零部件、流体、车辆或者单件运输小车的流量。例如：一台机器在完成对零部件的加工后按照一个输出规则将零部件输出到另一台机器上。

(3) 劳动者规则。劳动者规则可用来详细说明劳动者的类型和劳动者的数量。机器、输送链、管道、处理器、容器、路线集和工作台都需要劳动者才能完成任务。劳动者规则可以让我们详细说明实体元素为完成任务所需要的劳动者类型和数量。

3. Witness 建模步骤

使用 Witness 软件进行物流与供应链系统的建模与仿真,同样要遵循建模与仿真的一般步骤。在使用它进行计算机模型的建立时,有其特定的步骤：

(1) 定义系统元素：可以通过在布置窗口中右击鼠标,选定快捷菜单中的 define 菜单项,来定义模型基本元素的名称、类型、数量。

(2) 显示系统元素：Witness 软件是一套优秀的可视化建模与仿真工具,它可以将被仿真系统的可视实体以二维或三维的图形显示出来。在仿真运行时,它可以显示原材料、零部件、人员、运输车辆在系统中的运动状况。所以在定义了元素的基础上,要定义元素在各种状态下的现实图形。

(3) 详细定义：本步骤详细定义模型基本元素工作参数以及各元素之间的逻辑关系,如系统结构、被加工对象在各台机器上的加工时间分布、加工对象的工艺路线以及其他规则等。

(4) 运行：通过试运行和修改模型,重复前 3 步得到正确的计算机仿真模型之后,对系统进行一定时间范围的运行,并在屏幕上动画显示系统运行的过程,运行方式可以是单步的、连续的和设定时间的。

(5) 报告：系统运行一段时间后,显示系统中各元素的运行状态统计报告。通过该报告,可以分析系统中可能存在的各种问题；或通过某项指标,来比较可选方案的优缺点。

(6) 归档：Witness 还提供了归档 documentor 模块,可以让我们提取计算机模型的各种信息,生成 Word 文档或直接打印出来。主要是生产报告模块没有包含的有关元素的说明型文字、规则、活动、中断和基本信息。

(7) 优化：Witness 还提供了系统优化 optimizer 模块。如果一个系统的绩效因为其构成元素的配置不同而得到不同的结果,并不需要建立多种配置的计算机模型,可以直接使用同一个计算机模型,然后通过 optimizer 模块来设定每一元素的可变属性值的取值范围,得到一个取值范围集合,并设定表示绩效的目标函数是取最大值还是最小值,进行优化仿真运行。

9.5.2 Arena

Arena 是美国 System Modeling 公司于 1993 年开始开发的可视化交互集成式商业化仿真软件,它是基于仿真语言 SIMAN 及可视化环境 CINEMA 研制的,为不同需求的用户开发有多种产品类型。

1. 基本功能

Arena 提供了建模、仿真、统计、分析、优化和结果输出的基本功能。

(1) 建模功能。Arena 支持图形化建模。Arena 提供了多个称为"模块"的可视化建模单元,并依照层次化的体系结构组合封装成不同类型的面板和模板。用户可以在其图形建模窗口中,通过对模块的拖放、链接等操作,构建单层或多层级的模型。

(2) 仿真功能。Arena 支持独立多次自动运行,可通过仿真运行参数设置来完成仿真过程。在仿真显示方面,Arena 支持二维动画和动态图形。系统组成部分的可视化图形动画会随着模型的运行而动态变化,且可显示统计指标的即时变化信息。

(3) 统计、分析及优化功能。Arena 提供专门的输入分析器、输出分析器辅助用户进行各种类型的输入、输出数据的处理和分析。OptQuest for Arena 则是 Arena 专用的优化工具包,可以为用户决策最优化的参数提供参考。

(4) 报告和图表输出功能。Arena 可以生成基于一次或多次仿真运行的标准报告或用户自定义的分类评价报告,并可经由输出分析器生成多样的显示图表,还可以控制和定制用户化的输出报表。

(5) 客户支持和文档。Arena 为用户提供客户支持和文档资源。Arena 提供软件学习教程,其中带有多个小型应用案例。

2. 建模思想

Arena 通过使用层次化的建模体系以保证灵活地进行各个水平上的仿真建模,其建模体系可分为 4 个层次:

(1) 第一层是基础代码层,主要是用户编写的 VB、C/C++、FORTRAN 等程序代码,常用于复杂建模过程。

(2) 第二层是基础模板即 SIMAN 模板,包括 Blocks 模板和 Elements 模板。它们由 SIMAN 语言编写,继承了 SIMAN 语言灵活建模的特点。

(3) 第三层是最新开发的通用模板即 Arena 模板,包括 Advanced Process 模板、Advanced Transfer 模板和 Basic Process 模板。

(4) 第四层是应用方案模板(简称 AST),应用这些模板可以使用户在特定领域进行更加合理的仿真建模。

Arena 建模体系的最高层是根据企业自身的需求进行用户自定义模板的开发,即用户生成模板,其建模构架如图 9.10 所示。Arena 正是通过可视化的仿真环境将各层次的建模方法交替使用,获得不同的建模能力。由此可见,Arena 提供了一个可以适用于各种建模水平的仿真环境,具有易用性和灵活性两方面的优点。在建模过程中,用户可以从图中所示模板和面板中获取需要的模块和编写相应的代码,并且不管这些部分在该体系中位置高低,都采用 Arena 提供的统一的可视化用户界面。

Arena 的面板和模板均由模块组成,便于显示、组织和使用模型的架构。模块是 Arena 中的基本建模单元,一般可分为流程图模块和数据模块。前者用于表示模型的整个逻辑流程;后者则不可见,需要经过建模窗口的工作表区域来编辑。

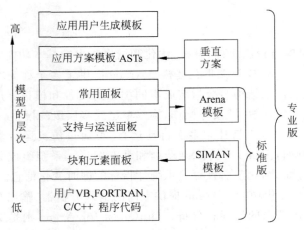

图 9.10　Arena 的层次建模结构

3. 应用领域

作为通用的可视化仿真环境，Arena 的应用范围十分广泛，几乎覆盖可视化仿真的所有领域。在物流领域，Arena 的应用涉及从供应商到客户的整个供应链，包括供应商管理、库存管理、制造过程、分销物流以及客户服务等；在生产制造领域，Arena 常用来进行工艺过程计划、设备布置、生产计划优化、虚拟组织建模等；在分销物流应用中，Arena 常用来进行配送中心选址规划、运输方法选择、承运商地点选择以及调度规则仿真等。

9.5.3　Extend

Extend 系统仿真软件是由美国 Imagine That 公司开发的通用仿真平台，Extend 目前有连续、离散、工业和套装 4 个版本的商业产品。Extend 的独特之处在于它提供了一个充分扩展的平台和一个随意发挥的仿真环境，你只要有自己的行业经验，只要懂 C 语言，就可以开发自己的行业模块。

1. 基本功能

Extend 针对不同的用户推出了具有不同功能的 4 个版本：Extend CP、Extend OR、Extend Industry 和 Extend Suite，它们的关系及功能如图 9.11 所示。

Extend 提供了输入建模、运行仿真模型、数据分析等基本功能，还提供模块化的建模功能，用户可以采用软件提供的基本模块或者自己建立的模块搭建模型。此外，Extend 包含一个基于消息传递的仿真引擎，提供迅速的模型运行机制和灵活建模机制。Extend 采用 2D 的建模与仿真显示功能，建立的模型和仿真运行都显示二维画面。Extend 也提供了专门的 StatFit 数据拟合功能，辅助用户进行各种类型的输入数据的处理和分析。

2. 建模思想

Extend 中对物件、信息的处理都是通过模块完成的。模块是 Extend 中的工作单元，使用模块可以完成建模、数据显示、优化、数据接口等各种功能。

(1) 模块预制。针对不同领域的仿真，Extend 提供了离散事件、连续系统、制造行业、

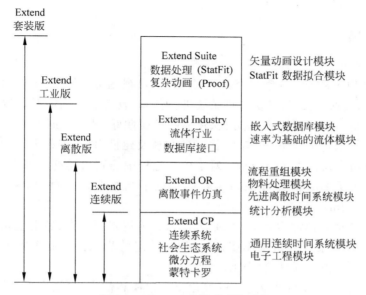

图 9.11 Extend 产品系列的功能

电子电路、流程重组、图形报表等多个模块库,共 200 多个预制模块。Extend 是面向对象的建模方式,基于模块库的图标模块来搭建模型。每一个模块代表处理过程的一个计算或一个步骤。

(2) 开放扩展。对于一些高级用户,Extend 提供了一种方法用来扩展他们的建模能力,以实现一些特殊的定制化要求。Extend 各个模块的源代码是对用户开放的,任何模块的界面和功能都可以修改。Extend 提供了 ModL 的开发环境,外部的动态链接库可以在 ModL 内部调用,这样就允许使用支持这些特征的其他语言编程,如 C 语言或 Pascal。

(3) 内嵌数据库。Extend 工业版和套装版包含了一整套关系数据库,为模型的输入、输出提供了完整的数据管理系统。数据库直接建立在模型里,并且包含了产品处理过程信息和外部结果。通过把来自于模型的数据进行分类,数据库可以快速进行情景构建、灵活分析并提高工程管理质量。

(4) 接口丰富。Extend 利用 IPC(interprocess communication)技术集成外部应用程序和数据,使其可以采取剪贴链接、IPC 函数调用、ODBC 数据源连接、内嵌 ActiveX 或 OLE、动态连接库 DLL 等任意一种方式和其他应用程序之间进行数据交互。另外,Extend 还提供了内嵌式的 Excel 表格来作为模型报告工具,通过 Extend 的剪贴链接功能,可将 Excel 表格信息与模型连接起来。Extend 与其他应用程序、数据库的连接是 Extend 的一大特色,它使得 Extend 拥有更广泛的数据来源,提高了 Extend 使用的灵活性。

3. 应用领域

Extend 得到企业、学校和政府的广泛认可,其应用领域包括通信、制造、服务、卫生、物流和军事等行业。Extend 作为一款功能强大、扩展性好、接口丰富的仿真软件,已经被广泛应用于供应链物流仿真、交通运输仿真、银行金融流程管理、社会和经济系统仿真等多个领域。

小结与讨论

  Flexsim 是物流系统仿真领域经常使用的一个可视化仿真软件，可以用来对生产制造、物料处理、物流、交通、管理等离散事件系统进行仿真，具有基于面向对象技术建模、突出的 3D 图形显示功能、建模和调试简单方便、建模的扩展性好、开放性好等特点。应用 Flexsim 软件进行仿真，一般遵循以下 5 步：实体对象布局及建模、物流流程定义、对象参数及方法设置、编译运行仿真及仿真结果分析。对于仿真过程中遇到的模型库中模型的初始设定不能满足复杂实际要求的情况，Flexsim 软件提供了高级开发的部分，主要包括：C++、ToolBox 和 Experimenter。

  Witness 主要通过离散型元素、连续型元素、运输逻辑型元素、逻辑型元素、图形元素等 5 类元素来构建现实系统的仿真模型，其应用有特定的步骤：定义系统元素、显示系统元素、详细定义、运行、报告、归档和优化。

  Arena 主要基于面板和模板进行可视化交互建模和仿真，它提供了建模、仿真、统计分析优化和结果输出的基本功能，具有可视化柔性建模、方便的输入输出分析器、定制与集成、与其他开发工具的兼容和接口等特点。

  Extend 系统仿真软件目前有连续、离散、工业和套装 4 个版本，它提供了基于预制模块建模功能和用户扩展的定制化建模功能，具有内嵌数据库和丰富的数据交互接口，具有很好的灵活性、开放性和扩展性。

习题

  1. 安装 Flexsim 软件，构建一仿真模型进行实验，并测试 s 连接与 a 连接的区别。

  2. 试用 3DMax 软件构建操作工对象，并将它导入到基于 Flexsim 建立的某一仿真模型中进行实验。

  3. 应用 Visio 软件设置一理发店布局，并将它导入到基于 Flexsim 建立的理发店仿真模型中进行实验。

  4. 试比较 Witness、Arena、Extend 软件各自的优缺点。

第 10 章 摘果式拣选系统仿真

在物流配送中心作业过程中，订单拣选是一项十分重要的工作。订单拣选效率直接影响配送中心的运作效率和经营效益。如何合理设计并安排订单拣选系统，尽可能降低作业时间与作业成本，对于物流配送中心的运营起着决定性的作用。目前，基于电子标签的摘果式拣选系统凭借其简单的操作流程、快速的订单响应能力以及较低的差错率，在配送中心作业过程中得到广泛应用。电子商务和网上购物的蓬勃发展，对配送中心拣选系统信息化、自动化和智能化水平提出了更高的要求。同时，随着配送中心布局规模日益增大、配送需求日益多样化，也迫切需要采用系统仿真方法来对拣选系统及拣选作业流程进行优化设计和科学评估，为企业决策和经营管理提供科学指导和有力支撑。

10.1 摘果式拣选系统概述与仿真目的

10.1.1 摘果式拣选系统概述

在物流配送中心拣货过程中，根据订单和拣取货物的对应关系、操作流程，可将拣货方式分为摘果式拣选和播种式拣选两类。摘果式拣选是针对每一份客户订单进行拣选，拣货人员或设备巡回于各个货物储位，根据订单所包含的货物种类和数量将所需的货物逐一取出，形似摘果的过程。播种式拣选是把多份客户需求订单依据一定的规则集合成一批，根据每种货物的数量分别进行汇总并拣取，然后再逐个品种对所有客户进行分货，形似播种的过程。在播种式拣选的过程中，由于前期也需要汇总拣选，然后再进行分播，即"先摘果，再播种"，因此，本章主要介绍摘果式拣选系统。

目前，常见的拣选系统一般采用电子标签技术来辅助拣货人员进行拣货作业，即电子标签拣货系统。电子标签是一组安装在货架储位上的 LED 电子设备，通过计算机控制灯号与数字显示，引领拣货人员正确、快速地完成拣货任务。应用电子标签辅助进行摘果式拣选，原则上要求一个储位放置一项物品，即一个电子标签代表一项物品，并且以一张订单为一次作业处理的单元，计算机控制系统会将订单中所需物品所在储位的电子标签亮起，拣货人员依照灯号与电子标签所显示的数量将货物从架上取出，及时、准确地完成拣货作业，即称为基于电子标签的摘果式拣选系统，如图 10.1 所示。目前，大多数配送中心都采用基于电子标签的摘果式拣选系统进行拣货作业，实际作业场景如图 10.2 所示。可以看出，摘果式拣选一般由多个拣货员接力完成，每个拣货员负责一定拣选区域内货物的拣选，避免跨区拣选增加行走距离、降低拣货效率。

图 10.1 摘果式拣选系统示意图

图 10.2 摘果式拣选实际作业场景

摘果式拣选的作业流程为：①后端补货：从仓储区向拆零拣选区送货，一般采用流利式货架存放货物，并且在流利式货架后端逐个货位补货上架；②前端拣选：拣货箱沿着分拣流水线移动，拣货人员根据电子标签指示从货架上取货，放入拣货箱内，完成摘果；③复核装箱：拣选结束后，仔细核对已经装入拣货箱货物的品种、数量等，必要时换箱装货；④集货发运：把已经复核装箱完毕的货箱送到发货区，等待装车发运。

摘果式拣选的特点在于：以电子标签标识每一种商品，以单个客户订单为处理单元，按订单拣货。因此，一般采用摘果式拣选方式时，订单响应速度快，拣货操作简单。由于是按单拣选，摘果式拣选时若发生差错，一般只会影响一份订单，而播种式则可能会影响一批订单，因此摘果式拣选作业流程的控制和管理相对更容易。目前，摘果式拣选往往采取分区拣选策略，即将全部拆零拣选货架分为若干区域，这样在拣选低重合度的商品时，对于没有订货品项的区域，拣货人员或叉车就不必进入，从而减少空行程次数，提高拣选作业的效率。

10.1.2 摘果式拣选系统仿真的目的

对摘果式拣选系统进行仿真,其目的是展示摘果式拣选系统的工作原理,辅助管理者改进系统设备配置并优化作业流程。在物流配送中心的作业任务中,拣选作业是最耗时,也是最耗费人力、物力的工作,同时,也最具有客户敏感度。因此,拣选作业是物流配送中心的工作核心,拣选效率直接影响其运作效率和经营效益。如何规划拣选系统并降低作业时间与成本,对物流配送中心的运营起着决定性的作用。

本章案例仿真旨在利用 Flexsim 仿真软件平台建立一个配送中心的摘果式拣选系统仿真模型,对摘果式拣选系统作业流程、作业设备配置、分拣补货规则等进行研究;通过模拟摘果式拣选系统按照订单分拣货物的作业过程,分析仿真模型的运行状况,对拣选设备的利用率和整个拣选系统工作效率进行综合分析与评价,从而为配送中心运营管理提供科学指导。

10.2 摘果式拣选系统结构及作业流程

10.2.1 摘果式拣选系统模型

本案例研究对象为某配送中心摘果式订单拣选系统。假设该配送中心共完成 8 种不同类型货物的拣选配送,8 种货物分别为 A、B、C、D、E、F、G、H,每种货物单独使用一个货架,货架编号为 1~8。摘果式拣选系统的整体布局如图 10.3 所示,系统的设备配置如下:1 条 U 形订单拣货箱传送带,4 个订单打包机,8 个货架,4 辆拣选叉车。每辆拣选叉车负责两个

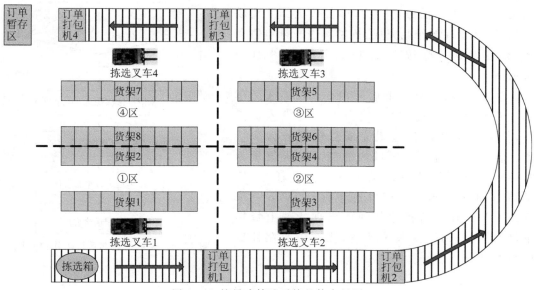

图 10.3 摘果式拣选系统整体布局图

货架内货物的拣选作业,每个货架均为 4 层 10 列,每个货位存储 2 件货物,货物存储满足先进先出的原则。为实现对拣选区库存的合理控制,配送中心一般都要设置一定的安全库存量,避免拣货作业时发生缺货现象;同时还要保证不能存储过多的货物导致库存"爆仓"。因此,在本案例中,我们库存的上下限,即当单个货架内的货物数量小于 20 时,触发补货作业,防止出现拣选区域货物数量不能满足订单需求的情况;当货物数量超过 60 时,停止补货。拣选过程中,叉车按订单从货架中拣选相应数量的货物,放入拣货箱并在订单打包机上进行打包,当一个叉车负责的货物打包完成后,将拣货箱通过传送带输送到下一个打包机,并开始下一个叉车的拣选作业。当一个订单内的所有物品全部拣出并打包完成后,进入订单暂存区,复核无误后,即可配送发往客户。

10.2.2 摘果式拣选系统工作流程

订单下达后,系统按订单编号顺序依次对订单进行拣选,一个订单由多台拣选叉车拣选完成。在图 10.3 中,拣选存储区被虚线划分为 4 个区域,每个区域包含两种货物所在的货架,由一个拣选人员,即一台拣选叉车负责。当有订单下达,拣货箱沿传送带运动,到达订单打包机 1 时,1 号拣选叉车进入负责区域①进行 A、B 两种货物的拣选。由于叉车容量有限,可能会多次进入货架区域取货。当订单内 A、B 两种货物按照需求量拣选完成时,订单打包机 1 释放拣货箱,拣货箱沿着传送带运动到订单打包机 2;同时,2 号拣选叉车进入负责区域②进行 C、D 两种货物的拣选。以此类推,依次拣选③区、④区,当 4 号拣选叉车完成拣选任务,并在订单打包机 4 上完成打包时,订单拣选作业完成,拣货箱进入订单暂存区,准备发送。拣选系统工作流程如图 10.4 所示。

总体来说,当订单下达后,1~4 号拣选叉车顺序进行拣选作业,通过接力方式完成拣货任务,任务的交接以打包机完成打包任务为交接点。若订单中对某个区域内的商品需求数量为 0,则负责该区域的拣选叉车没有作业任务,拣货箱自动进入下一台订单打包机,触发下一位拣选人员工作。若拣选作业中出现货架上货物不足的情况,则等待系统补货,拣选作业在补货后继续进行。

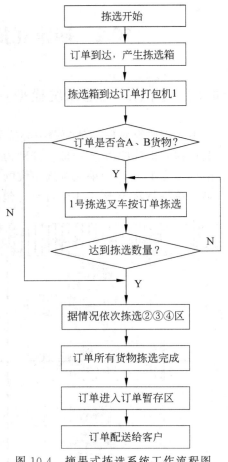

图 10.4 摘果式拣选系统工作流程图

10.3 摘果式拣选系统的仿真模型

10.3.1 摘果式拣选系统的布局模型设计

根据前述的拣选系统概念模型及整体布局图，利用 Flexsim 仿真平台建立摘果式拣选系统仿真布局模型如图 10.5 所示。该仿真模型主要包括存储货架、拣选叉车和 U 形拣货传送带。存储货架主要完成货物的分类存储和库存控制，拣选叉车负责订单集中的每一个订单所需货物的拣选，U 形拣货传送带负责接力输送拣货箱到各订单打包机，最后，拣货完成的拣货箱输送到订单发货暂存区，等待发送。

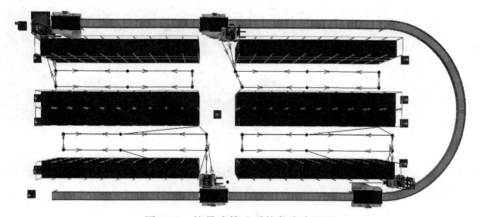

图 10.5 摘果式拣选系统仿真布局图

10.3.2 摘果式拣选系统的设备建模

本次研究中涉及的实体设备均可在 Flexsim 软件中找到其对应的仿真模型对象，不需要用户自定义模型。摘果式拣选系统实体设备和 Flexsim 中仿真模型对象的对应关系如表 10.1 所示。

表 10.1 摘果式拣选系统实体与仿真对象对应表

实体设备	Flexsim 中仿真模型对象
货物	发生器(source)产生的临时实体：box
拣货箱	发生器(source)产生的临时实体：pallet
订单打包机	合成器(combiner)
拣选叉车	运输机(transporter)
货架	货架(rack)
订单暂存区	暂存区(queue)
传送带	传送带(conveyor)

10.3.3 摘果式拣选系统的仿真

在对摘果式拣选系统进行设备建模的基础上，可以构造出系统整体仿真模型，如图10.6所示。

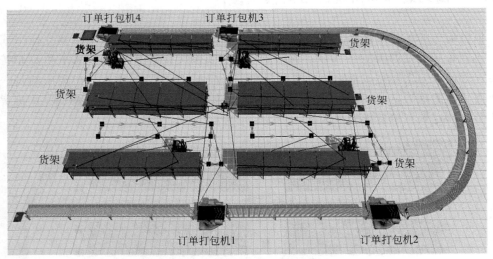

图 10.6 摘果式拣选系统仿真全景图

下面根据系统仿真的布局模型和流程，介绍摘果式拣选系统仿真模型的对象和参数设置情况。摘果式拣选系统仿真模型实体清单见表10.2。

表 10.2 摘果式拣选系统仿真模型实体清单

名 称	说 明	参 数 设 置
sourcebox	货物发生器	临时实体类型：box；到达方式：按到达时间表（arrival schedule）；生成类型：1~8
sourcepallet	订单发生器	临时实体类型：pallet；到达方式：按到达序列（arrival sequence）；生成类型：1~50
conveyor1~4	传送带1~4	最大容量（max content）：3
combiner1~4	订单打包机1~4	加工时间：2；合成模式：打包（pack）；打包件数：根据订单全局表1~4更新
rack1~8	货架1~8	4层10列，每个货格容量为2，先进先出
source1~8	补货发生器1~8	临时实体类型：box；到达方式：到达时间间隔服从参数为5的指数分布
transporter1~4	拣选叉车1~4	最大容量：默认为5，可根据仿真需要重新设置
queue1	订单暂存区	成批操作方式（perform batching），最大容量为2
sink1	订单吸收器	默认设置
networknode	网络节点N1~N32	默认设置，用于设定拣选叉车的行驶路径

下面从订单生成、摘果式拣选及存储控制等几个方面详细阐述摘果式拣选系统的仿真过程。

1. 订单处理

(1) 货物发生器。货物发生器在仿真开始分别向 8 个货架输出 8 种不同类型 (itemtype) 的临时实体,分别对应 A、B、C、D、E、F、G、H 共 8 种货物,分别设置成不同的颜色以便区分。临时实体的到达方式设置为"按时间表到达"(arrival schedule),产生类型为"box",8 种类型临时实体的数量均为 80。采用"按时间表到达"的方式可以使仿真一开始各个货架就存满货物。为实现货物与货架一一对应,即将不同类型的货物放置在不同的货架,需将发生器中的临时实体流设置为"根据临时实体类型执行不同的方案(send to port by case)";同时,在进行实体连接时,依次按顺序将货物发生器与对应的 8 个货架分别进行 a 连接。

(2) 订单发生器。订单发生器的主要功能是通过产生托盘来模拟订单下达,即一个托盘对应一个订单。将不同的托盘设置不相同的 itemtype 值,且与订单顺序分别对应,即 itemtype 为 1 的托盘对应第一个订单,itemtype 为 2 的托盘对应第二个订单,以此类推。假设在本仿真案例中共有 50 个订单,利用订单发生器"按到达序列"产生 50 个序号为 1~50 的临时实体。为体现订单需求的不确定性,采用随机数产生全局表的方式模拟客户订单需求。

表 10.3 订单表

订单序号	订单包含货物种类及其数量							
	A	B	C	D	E	F	G	H
1	5	3	4	5	1	3	3	4
2	1	3	2	3	1	5	1	1
3	0	5	4	5	0	2	0	4
4	3	2	4	4	4	3	2	1
⋮	⋮	⋮	⋮	⋮	⋮	⋮	⋮	⋮
49	4	1	1	0	0	1	0	4
50	5	2	2	3	1	4	0	5

具体做法是在 MATLAB 中编写代码,生成一个 50×8 的订单矩阵,如表 10.3 所示。其中,行表示 50 个不同的订单集合,列表示各个订单中对 8 种货物需求的数量,将每种货物的数量设定为 1~5 之间的一个随机数。矩阵可拆分成 4 个全局表,分别来模拟订单对存储在 4 个拣货区域内货物的实际需求。例如,订单 1 在第①拣货区对应于货物 A、B 的需求分别为 5、3,订单 2 在第①拣货区对应于货物 A、B 的需求分别为 1、3,以此类推,这样,所有 50 个订单在第①拣货区对应于货物 A、B 的需求就构成第一个全局表。同理,也可构建 50 个订单在第②、③、④拣货区相应种类货物需求的全局表,然后将全局表导入相应的订单打包机中,引导拣选叉车根据订单上不同的货物需求,拣选出对应货物后放置在托盘上进行打包。

(3) 订单吸收器。在本仿真案例中,利用吸收器来模拟订单拣选完成。为了能够在第 50 个订单拣选完成后仿真自动结束,设置全局变量"orderstate",其数值表示吸收器当前接收的临时实体的数量,当 orderstate 的值为 50 时,关闭全部发生器的输出端口,仿真自动停止。

2. 摘果式拣选

(1) 拣选叉车。拣选叉车共有 4 台,每台负责拣选两个货架的货物,并将货物运送至对应的订单打包机。由于在仿真中着重考虑拣选叉车的容量对该摘果式拣选系统性能的影响,可在拣选叉车的"运输机"(transporter)选项卡和"数据树视图"(data tree view)中对叉车容量进行修改。

(2) 网络节点。网络节点的主要功能是用来设定叉车的行走路径。在 Flexsim 软件的默认设置中,运输工具会沿着其当前位置与目标位置之间的直线路径行走,仿真过程中会出现运输工具在货架之间"穿行"的现象,这显然不符合现实情况。因此,添加网络节点的目的就是避免运输工具"穿墙"情况的发生,遵循规定好的路径行进,这也符合现实应用中叉车或者 AGV 小车会沿着规划好的路径行走的客观情况。

(3) 拣货传送带。拣货传送带的功能是将托盘(订单)依次运送至各个订单打包台上,实现接力式拣货作业,以完成拣货任务。为了避免不同区域拣选叉车因工作速度的差异而造成传送带上托盘堆积,对传送带的最大容量作了一定限制,将 max content 设置为 3,即当传送带上的实体数量大于等于 3 时,关闭当前传送带的输入端口;待实体数量小于 3 时再重新打开,此时托盘才可沿传送带到达订单打包台。在摘果式拣选系统的模型中共设置有 4 段传送带,除类型和长短有区别外,设置方法相同。

(4) 订单打包机。摘果式拣选系统中,根据存储区域的划分,共设置 4 个订单打包机,编号为 1~4。订单打包机 1 负责对①号区域中货架 1、2 上拣选的货物进行打包,订单打包机 2 负责对②号区域中货架 3、4 上拣选的货物进行打包并释放给后续传送带,订单打包机 3、4 接力实现下一阶段的拣选任务,以此类推。

在物流配送中心拣货过程中,拣货员根据货架上电子标签指示灯的提示依次拣选货物并放置在托盘中进行打包,单个托盘中集合了某一订单上所包含的所有货物。应用 Flexsim 软件进行仿真时,为了模拟这一集成过程,将订单打包机模型设置为"合并"(pack)模式,其作用是将拣选箱(从输入端口 1 输入)作为容器,货物 A、B(分别从输入端口 2 和 3 输入)作为放入容器中的物品,并按照组件清单(component List)要求把容器和物品合并打包成一个移动实体。只有当各输入端口中输入的临时实体数达到打包指定的数量(target quantity)时,订单打包机才会将其组合为整体并释放给输出端口。由于各订单中客户对不同类型货物的需求量不同,订单打包机不断更新组件清单,根据订单 itemtype 值与需求量的对应关系完成货物打包。

以订单打包机 1 为例,其输入端口 1 连接传送带 1,接收拣货箱,输入端口 2、3 分别连接货架 1、2,接收货物 A、B。为了实现按订单拣选的功能,需要让订单打包机自动更新其组成清单。因此,在订单打包机 1 的"进入触发"(on entry)中选择"更新合成组件列表"(update combine component list),插入如下代码:

```
string tablename ="GlobalTable1";          //选择全局表 1
if (port ==1) {
  Table thelist =getvarnode(current, "componentlist");
  treenode thesum =getvarnode(current, "targetcomponentsum");
  thesum.value =0;
  Table table = Table(tablename);          //以上均为系统默认设置
  for(int index =1; index <=thelist.numRows; index++) {
    thelist[index][1] =table[item.Type][index];
    inc(thesum, table[item.Type][index]); //从全局表 1 中读取货物 A、B 数量导入组件
                                          清单中
  }
}
```

通过上述方式,可实现按全局表中的订单需求对货物进行打包的功能,订单打包机 2～4 的触发方式也可按照同样的方法进行设置。

(5) 订单暂存区。主要功能是暂时存储拣选完成的订单货物,等待发送。

3. 存储控制

1) 货架

摘果式拣选系统模型中共有 8 个货架,存储 8 类不同的货物。每个货架均设置为 4 层 10 列,共 40 个单元货格,每个货格的最大容量为 2。因此,每个货架最多可存放的货物数量为 80。货架 1 的输入端口连接货物发生器和补货发生器 1,货物发生器保证在仿真开始时初始化货架内货物库存量 80 等待拣选,补货发生器 1 主要用于在缺货时能够快速进行补货,以确保拣选作业不受影响。货架 1 的输出端口连接订单打包机 1。由于货物需要通过拣选叉车来实现拣选与搬运,因此,将货架 1 与拣选叉车 1 进行 s 连接。为了模拟真实拣选系统中的订单拣选过程,在"拣选叉车"选项卡中勾选"标记调用运输工具的货格"(mark shelves that have called a transporter)来模拟摘果式拣选系统中的标签指示灯,并在"临时实体流"(flow)选项卡中勾选"使用运输工具"(use transporter)。

为保证拣货作业过程中不至于出现缺货现象,配送中心一般都要设置一定的安全库存,当实际库存低于安全库存量时,需要及时补货以维持一定有效库存;同时,又不能存储过多的货物导致库存"爆仓",这就需要在仿真时对库存进行有效的控制。为此,在本案例中设置了一些全局变量并设计相应的控制程序来实现库存控制。以货架 1 为例,仿真中用到的全局变量及其含义如表 10.4 所示。

表 10.4 全局变量及其含义

全局变量	含 义
rack1	货架 1 当前存储的临时实体数目,即实时库存量
inventory_alert1	库存状态标识,值为 0 时,当前库存水平低于安全库存 20,需要补货;值为 1 时,当前库存大于 60,停止补货

在货架 1"离开触发"(on exit)中写入如下代码:

```
treenode current1=node("/补货发生器 1", model());
```

```
rack1=getinput(current)-getoutput(current);
if (rack1<20){
    inventory_alert1=0;                        //当前库存量低于安全库存,触发库存状态报警
    sendmessage(current1,current,0,0,0);  //向补货发生器1发送消息
}
```

在货架1"进入触发"(on entry)中写入如下代码:

```
treenode current1=node("/补货发生器1", model());
rack1=getinput(current)-getoutput(current);
if (rack1>60){
    inventory_alert1=1;                        //当前库存量达到库存上限,设置库存上限标识
    sendmessage(current1,current,0,0,0);
}
```

2) 补货发生器

8个补货发生器与8个货架对应,主要是在某种货物的当前库存不足时,实现及时补货。补货发生器1的临时实体到达方式为"按到达时间间隔",产生的临时实体为itemtype值等于1的box,服从统计分布"exponential(0,production_rate1,1)"。在"重置触发"中写入closeoutput(current)的函数,表示在每次仿真重置时都关闭输出端口。当货架1库存量小于20时,货架1向补货发生器1发送补货提示消息,补货发生器1随即在"消息触发"(on message)作用下打开端口进行补货。

补货发生器1"消息触发"(on message)中的代码如下:

```
treenode current =ownerobject(c);
if (inventory_alert1==0){      //库存状态标识为0,库存低于安全库存,触发补货操作
    openoutput(current);           //打开补货端口
    production_rate1=5;            //此处可以根据需求设置不同的补货速率
}
if (inventory_alert1==1){      //库存状态标识为1,达到库存上限
    closeoutput(current);          //关闭补货端口
}
```

另外,当50个订单处理完成后,仿真结束,补货发生器应停止补货工作,因此,需在补货发生器1"离开触发"(on exit)中添加如下代码:

```
If (orderstate==50)
{
    closeoutput(current);
}
```

摘果式拣选系统库存控制的流程如图10.7所示。

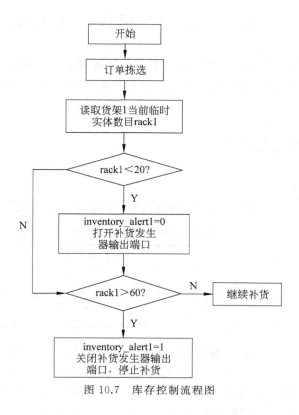

图 10.7 库存控制流程图

10.4 仿真运行及数据分析

10.4.1 仿真运行及数据处理

在本仿真案例中,以拣选叉车的容量限制为变量,分别设置拣选叉车的容量为 5、8 和 15。采用重复运行法,对每个容量限制下的系统进行 10 次仿真,以订单拣选完成时间、订单打包机利用率、拣选叉车利用率和拣选叉车行进距离作为考察指标,见表 10.5。在统计处理后,对整个摘果式拣选系统的性能进行分析评估。

表 10.5 摘果式拣选仿真性能评估指标

评估对象	拣选系统	订单打包机	拣选叉车	
性能指标	订单完成时间	设备利用率	设备利用率	拣选行进距离

订单完成时间是指系统的 50 个订单全部拣选完成所花费的总时间。由于仿真模型设定在仿真开始时订单开始拣选,因此仿真结束后的系统运行时间可以作为全部订单拣选完成所需的时间。

订单打包机的设备利用率是指打包机工作的时间与整体运行时间的比值,其中工作时间包括打包机等待货物拣选（collecting）和打包的时间，不包括打包台状态为空闲状态（idle）的时间。

拣选叉车的设备利用率是指单台拣选叉车拣选货物的时间与系统整体运行时间的比值。拣选叉车的拣选行进距离是指在全部订单的拣选过程中，单台拣选叉车在拣选作业过程中运动距离的总和。

10.4.2 仿真数据结果分析

1. 订单完成时间

表 10.6 是仿真实验中对数据统计汇总后得到的"订单完成时间"的结果。

表 10.6　订单拣选完成时间　　　　　　　　　　　　　　　s

数据项	拣选叉车容量		
	5	8	15
平均时间	3453.69	2959.55	2764.14
标准差	160.15	135.34	143.40

根据表 10.6，我们可以看出，随着拣选叉车容量的增加，拣选作业的平均完成时间逐渐缩短，说明增加拣选叉车容量可以适当提高拣选效率。为了进一步分析拣选叉车容量的影响，设置其变化间隔为 3，并重新运行仿真模型 10 次，分别得到拣选叉车容量为 3、6、9、12、15、18、21 时的订单拣选完成时间，如图 10.8 所示。

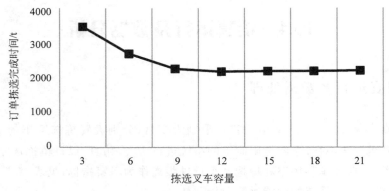

图 10.8　摘果式拣选系统订单完成时间

从图 10.8 中可以看出，随着拣选叉车容量的增加，订单拣选完成时间均呈下降趋势，但值得注意的是，当拣选叉车的容量增加到一定程度时，拣选时间几乎保持不变，其原因在于：系统中一台叉车只负责两个货架，相对来说拣选货物的数量一般较少，当叉车容量较大时容易一次性装完，无须频繁往返货架和打包台，因此，订单拣选时间变化不是很明显。但是，当拣选叉车容量较小时，即使拣选货物数量少也很容易将拣选叉车装满，导致叉车要频繁往返货架和打包台，增加工作时间。因此，我们可以通过仿真得出管理启示：在实际配送中心运营过程中，拣选器具的容量应合理选择，并不是越大越好，而是到一定程度适可而止。

2. 订单打包机利用率

表10.7是仿真实验中对数据统计汇总后得到的"订单打包机利用率"结果。

表10.7 订单打包机利用率   %

拣选叉车容量	数据项	订单打包机1	订单打包机2	订单打包机3	订单打包机4
5	平均值	81.9	87.1	66.9	67.0
5	标准差	4.40	2.60	3.30	7.10
8	平均值	77.0	87.5	65.9	64.2
8	标准差	3.60	1.25	3.00	5.10
15	平均值	81.5	87.2	67.8	67.0
15	标准差	3.00	0.83	3.00	3.80

从表10.7可以看出，拣选叉车的容量变化对订单打包机利用率的影响不大。这是因为在拣货过程中，拣选叉车的容量大小只会影响叉车搬运次数和拣选路径，而订单打包机的工作只会受到相应拣货区域需要拣选的货物数量的影响。因此，对于仓库管理人员来说，如果采用串行的摘果式拣选系统，要注意不同拣货区工作人员劳动强度的均衡，根据订单中不同种类货物需求的频度和数量，合理安排拣货人员的工作。

3. 拣选叉车利用率

表10.8是仿真实验中对数据统计汇总后得到的"拣选叉车利用率"的结果。

表10.8 拣选叉车利用率   %

拣选叉车容量	数据项	拣选叉车1	拣选叉车2	拣选叉车3	拣选叉车4
5	平均值	88.8	84.0	63.8	63.9
5	标准差	4.30	3.60	3.20	7.10
8	平均值	73.6	84.1	62.5	60.8
8	标准差	3.50	1.26	3.00	5.00
15	平均值	78.8	83.5	64.1	63.3
15	标准差	3.90	0.84	2.90	3.70

从表10.8中可以看到，拣选叉车1受到容量的影响比较大，而拣选叉车2~4几乎不受影响。经过分析，这主要是由于在仿真过程中，系统生成的订单对拣货区①中货物A、B的需求频度和数量相对较大，当拣选叉车容量较小时，拣选叉车可能需要多次往来于货架和订单打包机之间，所以利用率较高；当拣选叉车的容量扩大后，原本需要多次拣选的工作只拣选一次便可完成，所以拣选叉车的利用率有所下降。因此，对于仓库管理人员来说，需要根据不同拣货区拣货量的大小，选择容量适中的拣货叉车，使其利用率尽量保持在合理水平，一方面避免利用率过高，成为系统瓶颈；另一方面避免利用率过低，造成资源浪费。

4. 拣选叉车行进距离

表 10.9 是仿真实验中对数据统计汇总后得到的"拣选叉车行进距离"结果。

表 10.9　拣选叉车行进距离　　　　　　　　　　　　　　　　　　m

拣选叉车容量	数据项	拣选叉车 1	拣选叉车 2	拣选叉车 3	拣选叉车 4
5	平均值	4194	4515	3243	3326
5	标准差	182	217	136	291
8	平均值	3482	4055	2833	2825
8	标准差	106	151	136	165
15	平均值	3450	3680	2659	2709
15	标准差	122	119	110	138

从表 10.9 可以看出,随着拣选叉车容量的增加,叉车的行进距离在逐渐缩短。但由于在本次研究中只选取了 3 个容量限制值,不足以说明变化趋势。因此,增加容量限制档次等级,进一步对该指标进行仿真分析,得到的结果如表 10.10 和图 10.9 所示。

表 10.10　拣选叉车行进距离　　　　　　　　　　　　　　　　　　m

拣选叉车容量	3	6	9	12	15	18	21
拣选叉车 1	5675	4045	3453	3450	3450	3450	3450
拣选叉车 2	6091	4549	3711	3680	3680	3680	3680
拣选叉车 3	4344	3242	2714	2659	2659	2659	2659
拣选叉车 4	4586	3289	2749	2709	2709	2709	2709

从图 10.10 中可以看出,当拣选叉车容量到达一定程度时,其行进距离保持基本稳定,这与前面订单拣选完成时间的变化趋势是相对应的,也进一步验证了仿真实验结果的合理性。可以看出,在一定程度上选择合适容量的拣选器具不但能提升仓库拣选活动的工作效率,而且也能够减少拣选设备的行驶距离。

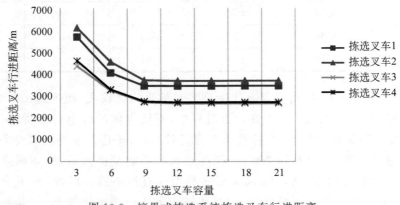

图 10.9　摘果式拣选系统拣选叉车行进距离

小结与讨论

对摘果式拣选系统进行仿真研究,其目的是了解摘果式拣选系统的工作流程,以拣选叉车的容量限制为变量,研究其对拣选系统运行效率的影响,辅助管理者对改进系统设备配置和流程优化起到启示作用。本章仿真案例针对一个摘果式拣选系统建立了仿真模型,对摘果式拣选系统作业流程、作业设备配置、分拣补货规则等进行了阐述,详细介绍了通过Flexsim仿真平台搭建模型的具体步骤,通过仿真展示了摘果式拣选系统按照订单拣选及库存控制的关键流程,对关键拣选设备的利用率和整个拣选系统的工作效率进行综合分析与评价,从而为配送中心成功应用摘果式拣选系统、提高运营管理绩效提供科学参考。

习题

1. 说明基于电子标签的摘果式拣选系统的工作流程和特点。
2. 本章摘果式拣选系统仿真过程中,临时实体产生是分别使用了货物发生器和补货发生器。试结合具体的仿真过程,说明这两类发生器的作用有何不同。
3. 在摘果式拣选系统中,要实现有效的库存控制,涉及的实体有哪些?需要对这些实体的哪些属性或方法进行设置或重定义?并画出库存控制流程图。
4. 实际配送中心的运营过程中,每天都有大量订单随机到达,如何用随机数产生的办法来模拟订单的到达?

第 11 章 半导体晶圆制造生产线仿真

半导体制造业是现代工业中发展最快的行业之一,其发展对众多相关产业具有强劲的辐射和带动作用,更对人类生活和工作具有举足轻重的影响。半导体行业的发展一直遵循 Moore 定律,即芯片上的晶体管数量每 24 个月增长一倍。因此,在几十年的时间里,半导体生产中所采用的晶片尺寸从 25 mm 发展到 300 mm,现在半导体工业又面临向 450 mm 发展的转折点。然而,技术的不断革新带来的并非都是积极的影响,它也会导致研发、设备和生产成本的不断增加,产品生命周期缩短,边际效益缩减,使行业竞争日益激烈。也正因如此,制造系统和模式不断发生变化,为生产管理带来层出不穷的新的问题和挑战,从而使科学管理从 20 世纪早期发展至今,仍然是学术界和制造业至关重要的领域之一。半导体制造系统被视为是当今最为复杂的制造系统,因此,在学术界和工业实践中,仿真方法在半导体制造系统的分析中得到广泛应用。

11.1 半导体制造系统概述与仿真目的

11.1.1 半导体制造系统概述

半导体制造系统是典型的离散制造系统,整个过程按照加工次序可以大致分为 4 个阶段:晶圆制造(wafer fabrication)、晶圆探测(wafer probe)、装配与封装(assembly and packaging)以及芯片测试(final test)。晶圆制造和晶圆探测被称为前端加工,封装和芯片测试称为后端加工。其中晶圆制造是工艺最为复杂、资金投入最大(建厂成本通常在几十亿美元以上)、运行成本最高的一个环节,也是本章讨论的重点。半导体晶圆制造的工厂称为 Wafer Fab 或 Fab。半导体晶圆制造分为两大阵营,即集成器件制造(integrated device manufacturing,IDM)和代工(foundry)。全球范围内,主要 IDM 厂商包括英特尔、意法、TI、美光、英飞凌、三星等;主要代工厂商包括台积电、台联电、特许、中芯国际等。

图 11.1 所示为 Fab 内的基本加工工艺类型,每类工艺下均包含众多子工序,其复杂性和特殊性主要体现在以下几个方面:

(1) 工艺复杂:典型的半导体产品在晶圆制造过程中通常要经过 200~600 道加工工序,平均加工周期往往在一个月以上,而且作为产品高度客户化的行业,同时在线生产的往往有几十甚至上百种产品,产品之间具有完全不同的加工工序,这点对于代工的晶圆加工厂

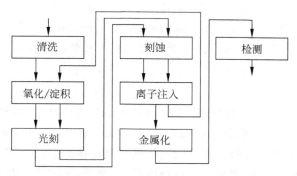

图 11.1 半导体晶圆制造主要工艺

尤为显著。

(2) 多重入加工流程：由于电路是一层层光刻在硅片上的，所以晶圆在加工过程中需要反复重新进入一些设备，这种特殊的加工流程称为多重入加工流程。例如晶圆往往要 10 次以上重复进入光刻设备进行加工，而每次重入加工之间，晶圆都要在不同的设备上进行加工。多重入加工是半导体制造系统有别于其他制造系统的重要特征，也为生产管理带来了很大的挑战。

(3) 设备特征多样化：Fab 内的设备种类通常在 60~90 类，设备台数往往有几百台之多。这些设备具有多样化的特征。例如，有些设备的加工单位是 1 卡；有些则是批加工设备，例如氧化炉(furnace)，通常可以同时加工 6 卡晶圆。

(4) 系统的不确定性：大型的复杂制造系统存在诸多不确定性。例如设备故障，在 Fab 中，许多设备的故障时间达到 10% 以上，某些设备，例如离子注入设备的故障时间甚至可以达到 30%~40%。另外，还有客户需求水平的变化，以及产成品率的随机性等。

11.1.2 半导体晶圆制造生产线仿真的目的

由于半导体制造系统的高度复杂性和特殊性，目前还不能对完整的半导体制造系统建立数学分析模型，因此，仿真方法成为学术界及工业界研究半导体制造系统的一种重要方法，尤其是在制定生产计划以及分析生产控制策略效率的时候显得尤为重要。本章建立仿真模型的主要目标在于分析半导体制造系统中生产调度策略对系统主要性能指标的影响，同时考虑不同调度策略的工作效率，从而通过调整调度策略改善系统的性能指标，降低成本，增加收益，提高企业的竞争力。

半导体制造系统主要的调度策略包括：

(1) 投料控制(job release control)策略：该策略决定了何时投入多少何种原料到生产系统中，是上层计划系统与车间调度与控制的连接和过渡。虽然投料控制适用于任何制造系统，但由于半导体制造成本高、复杂性高、生产周期长，使得投料控制在半导体生产中的地位格外突出，关于半导体生产投料控制的研究于 20 世纪 80 年代开始受到越来越多的关注。投料控制策略可以分为开环(或静态)投料策略和闭环(或动态)投料策略。开环投料控制是根据某些静态数据(例如需求预测等)按照事先设定的速率或时间进行原料投放。闭环策略则根据某些系统参数的动态变化情况决定投料的时间、种类和数量。闭环投料控制策略可以根据控制机制分为时间阶段投料策略(time phased release control methodology)和限制工作负荷的投料策略(load limited release control methodology);限制工作负荷的投料策略可以根据工作负荷的测量方法进一步分为限制车间工作负荷型(shop load limited)、限制瓶颈设备工作负荷型(bottleneck load limited)和限制各台设备工作负荷型(workstation load limited)投料策略。

(2) 工件分派(dispatching)策略:工件调度确定半导体制造过程中工件的流向,安排工件在各加工设备上的加工序列和开始加工时间,即加工排程、工件分派和工件排序。在工业实践中,工件调度主要根据实时计算及既定规则由制造执行系统完成。长期以来,工件调度问题受到学术界的普遍关注,提出了各种调度算法,使用的研究方法主要包括启发式规则、运筹学方法、离散事件系统仿真技术,以及人工智能、计算智能与群体智能等算法。在本章的仿真实验中,将考察两类常用的工件分派策略的效果。

半导体制造系统中主要的系统性能指标包括:

(1) 生产周期是指从一个产品从以原料的形式进入生产线,到以成品的形式离开生产线之间所用的时间,包括加工时间、在设备间的运送时间和在队列中的等待时间。生产周期是半导体制造中最重要的性能指标。半导体制造从晶圆制造到最后的芯片检测的生产周期为 8~30 周,其中晶圆制造为 3~15 周,晶圆探测占 2 天~2 周,装配与封装占 3 天~3 周,最终检测占 2 天~4 周。在生产实际中的平均生产周期是纯加工时间的 2~10 倍,其中工件在系统中的大部分时间都消耗在排队等待中。

作为系统性能指标,缩短生产周期的重要性在于:①生产周期同在制品库存水平成正比,缩短生产周期相当于降低库存水平;②缩短生产周期可以加快对客户订单反应速度。另外,除了平均生产周期,产品生产周期的方差也至关重要,缩小生产周期方差对工业生产意义重大,可以增强对生产周期预测的准确性,缩短交货周期,提高服务水平。

(2) 产出率(throughput)是一条生产线或一组设备在一定时间(例如单位时间)内的产量。

(3) 系统特性曲线是反应一个系统产出率和平均生产周期的关系曲线(见图 11.2),也是用来评价生产管理策略优劣的有效方法。随着产出率增长逐步靠近系统产能,平均生产周期也会增长,直到系统产能附近,微弱的生产率增长将以迅速的生产周期的增长为代价。一个有效的生产管理策略可以将系统特性曲线"下拉",如图 11.2 所示,策略 2 优于策略 1,

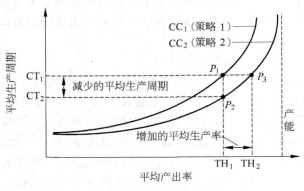

图 11.2 系统特性曲线

因为在相同的生产率水平下,策略 2 可以缩短生产周期,另一方面,在一定的生产周期水平下,策略 2 可以得到更高的产出率。

(4) 平均误工时间是衡量准时交货率的一项有效指标。工件 i 的误工时间的定义为 $L_i = C_i - D_i$,其中 L_i、C_i、D_i 分别为工件 i 的误工时间、完成时间和交货期。

(5) 在制品库存水平与系统平均生产周期成正比,是生产系统中反映库存成本和运作成本的一个重要指标。

11.2 仿真模型及实验设计

11.2.1 TRC 模型描述

TRC Fab 模型源自 Hewlett-Packard Technology Research Center Silicon Fab(简称为 TRC Fab),是位于美国加利福尼亚帕洛阿尔托的较大型的研发实验室。TRC 模型由 24 组设备组组成,每组设备组由单机器或多台并行机器组成,同组的并行机器假设性能参数和加工能力完全相同。表 11.1 列出了设备参数指标,包括设备组的名称、功能、机器台数、工件加工流程中在该设备的重入加工次数、每次加工的加工时间(假设为固定加工时间)、平均故障间隔时间、平均维修时间,其中假设故障间隔时间和维修时间呈指数分布。

表 11.1　TRC 仿真模型设备参数

编号	设备组	功能	机器数	重入次数	PT	MTTF	MTTR
1	CLEAN	淀积	2	19	1.55	42.18	2.22
2	TMGOX	淀积	2	5	4.98	101.11	10.00
3	TMNOX	淀积	2	5	5.45	113.25	5.21
4	TMFOX	淀积	1	3	4.68	103.74	12.56
5	TU11	淀积	1	1	6.14	100.55	6.99
6	TU43	淀积	1	2	7.76	113.25	5.21
7	TU72	淀积	1	1	6.23	16.78	4.38
8	TU73	淀积	1	3	4.35	13.22	3.43
9	TU74	淀积	1	2	4.71	10.59	3.74
10	PLMSL	淀积	1	3	4.05	47.53	12.71
11	PLMSU	淀积	1	1	7.86	52.67	19.78
12	SPUT	淀积	1	2	6.10	72.57	9.43
13	PHPPS	光刻	4	13	4.23	22.37	1.15
14	PHGVA	光刻	3	12	7.82	21.76	4.81
15	PHHB	光刻	1	15	0.87	387.20	12.80
16	PHBI	光刻	2	11	2.96	无故障	
17	PHFI	光刻	1	10	1.56	119.20	1.57
18	PHJPS	光刻	1	4	3.59	无故障	

续表

编 号	设备组	功 能	机器数	重入次数	PT	MTTF	MTTR
19	PLM6	刻蚀	2	2	13.88	46.38	17.42
20	PLM7	刻蚀	1	2	5.41	36.58	9.49
21	PLM8	刻蚀	2	4	7.58	36.58	9.49
22	PHWET	刻蚀	2	21	1.04	118.92	1.08
23	PHPLO	剥底膜	2	23	1.09	无故障	
24	IMP	例子注入	2	8	3.86	55.18	12.86

注：PT＝加工时间；MTTF＝平均故障间隔时间；MTTR＝平均维修时间。

模型中考虑一种产品，图 11.3 给出了工艺流程，图中所示数字是进行该加工步骤所需占用的设备编号，编号对应的设备参数参见表 11.1。

在 TRC 半导体生产简化模型中，每个产品都要在 24 个设备组上完成 172 道工序，设备组由单台机器或多台相同机器组成。产品加工流程中具有多重入工序，例如在 Photolithographic Expose Station(设备组 14)要进行 12 次加工。

11.2.2 仿真模型实现

本仿真实验采用 Flexsim 作为仿真工具。运用 Flexsim 实现 TRC 模型的具体步骤如下：

1. 生产线调度对象设置

根据图 11.3 所示的产品加工流程，将所需要的设备从工具栏中用鼠标拖曳到主界面上，并配以投料点(发生器)和成品收集点(吸收器)。模型中只考虑一种产品，因此只需要设置一个发生器作为投料点。一组设备由处理器、负责输入的临时堆放区和负责输出的临时堆放区组成。

Enter → 1 → 2 → 13 → 14 → 23 → 15 → 20 → 22 → 23 → 22 → 17 → 13 → 14 → 15 →
23 → 16 → 24 → 23 → 22 → 17 → 1 → 8 → 4 → 22 → 22 → 1 → 2 → 8 → 13 → 14 →
18 → 23 → 15 → 16 → 23 → 18 → 22 → 1 → 1 → 13 → 14 → 15 → 16 → 24 →
23 → 22 → 17 → 1 → 2 → 8 → 9 → 21 → 1 → 4 → 22 → 22 → 1 → 2 → 13 → 14 →
23 → 15 → 16 → 24 → 24 → 23 → 22 → 17 → 24 → 1 → 2 → 7 → 1 → 3 → 22 → 13 →
15 → 23 → 22 → 22 → 22 → 17 → 13 → 14 → 18 → 23 → 15 → 16 → 20 → 23 → 1 →
17 → 1 → 19 → 4 → 13 → 14 → 16 → 24 → 23 → 22 → 17 → 9 → 21 → 1 → 3 → 1 →
14 → 23 → 15 → 16 → 24 → 23 → 22 → 17 → 3 → 13 → 14 → 23 → 15 →
16 → 23 → 15 → 16 → 24 → 23 → 22 → 17 → 1 → 3 → 10 → 22 → 12 → 6 → 22 → 6 →
1 → 1 → 4 → 10 → 19 → 23 → 1 → 10 → 13 → 14 → 21 → 12 → 14 → 18 →
23 → 15 → 15 → 16 → 19 → 23 → 22 → 17 → 11 → 13 → 14 → 15 → 21 → 23 → 5 → Exit

图 11.3 TRC 仿真模型产品加工工艺流程

2. 工件加工步骤设置

首先要在各组设备上连线，连接输入临时堆放区和处理器、处理器和输出临时堆放区。为了方便后序的程序编写，可以给每组设备的临时堆放区以其组号命名。然后根据图 11.3 的产品加工流程，得到各组设备间的连线关系（表 11.2），依照表 11.2 逐次连接设备的输出临时堆放区与其后序设备的输入临时堆放区。连接后可以打开临时堆放区的 properties 面板，在 general 分页的 outputs 处查看输出连接是否正确。

表 11.2　各机器及其后序仪器号列表

设备组编号	后序设备组	设备组编号	后序设备组
1	1、2、3、4、8、10、13、17	13	14、15
2	7、8、13	14	15、16、18、23
3	10、13、22	15	15、16、20、21、23
4	10、15、22	16	19、20、21、23、24
5	exit	17	1、9、11、13、24
6	1、22	18	22、23
7	1	19	23
8	4、9、13	20	22、23
9	21	21	1、12、22、23
10	13、19、22	22	1、6、12、13、17、22、23
11	13	23	1、5、15、16、18、22
12	6、13	24	23、24

完成设备组间的连接后，需要进一步定义工件的路径。首先在 Excel 中制作好工序流程表，并将其导入到 Flexsim 中；发生器负责模拟工件从外部流入到系统的过程，在工件生成时为其贴上标签，记录它下一工序的序号，主要使用的函数有 addlabel(involved, labelnum)、setlabelnum(involved, labelnum, newvalue)、colored(item)；每道工序完成后，在相应设备的输出缓存区中为其标签加 1，使工件可以进入下一加工步骤；通过函数 getlabelnum(item, "nextprocedure") 读取输出缓存区的工件标签值，获得下一工序序号，通过函数 gettablenum("order", labelnum, 1) 读取导入的工序流程表，确定该工序对应的设备号，将工件送到下一加工设备处。

3. 设备故障间隔时间及修复时间设置

在 MTBF MTTR 设定设备故障间隔时间和修复时间的分布函数类型及参数。

4. 仿真时间窗设置

整个系统的仿真时间可以通过两种方式设定：通过菜单栏设置系统终止时间；或者在吸收器处设定应完成工件总数量并记录工件完成情况，然后在工件完成数达到目标时停止仿真。

利用 Flexsim 实现的 TRC Fab 模型如图 11.4 所示。

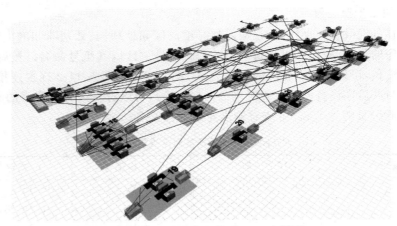

图 11.4　Flexsim 实现的 TRC Fab 模型

11.2.3　生产控制策略实现

1. 投料策略实现

1）投料间隔时间呈 exponential 分布

在发生器的 parameters 窗口的 source 分页上，选择 arrival style 为 inter-arrival time；然后在下方 inter-arrival time 的具体策略选择处选择 statistical distribution，并打开位于该行最后的代码编辑按钮，在 return 函数后面写上 exponential 函数，并根据需要的产量水平设定相应的均值。

2）固定间隔投料策略

在半导体生产实践中，固定间隔的投料方法被普遍使用，其原则是以某固定的速率进行投料，即每隔固定的时间间隔，就投放一个或一定数量的原料进入生产系统。在本仿真实验中，为了取得更加平滑和稳定的投料率，采取每隔 r 时间投放一卡(Lot)晶圆进入 Fab。仿真实现时具体操作与 exponential 分布相仿，只需在最后一步设定 return 之后的函数为 uniform（即均匀分布函数），并设定为固定的间隔时间。

2. 工件分派规则实现

1）先入先出（FIFO）

先入先出的工件分派策略是最简单也是被广泛使用的分派规则，排队时间越长的工件具有越高的加工优先级。在 Flexsim 仿真软件中，经过临时存储区的货物默认的分派规则即为先入先出的方式。

2）最短剩余加工时间（shortest remaining processing time，SRPT）

根据 SRPT 规则，在设备前排队等待加工的工件，剩余加工时间最短的工件具有最高的加工优先级。仿真实现时，对每组设备的输入临时存储区进行设定，由于本仿真模型考虑的是单产品，并且产品在各台设备上具有固定加工时间，因此，在多个工件同时排队的情况下，完成工序越多的工件，即标签值越大的工件，就具有越短的剩余加工时间，于是便具有更高的加工优先级。在 Flexsim 中可以在 on collecting end 触发器中选择 sort by labelnum

实现 SRPT。

11.3 实验结果分析

通过 TRC 模型，我们将仿真两种投料策略（呈 exponential 分布的投料间隔时间和固定间隔的投料策略）和两种工件分派规则（FIFO 和 SRPT）的效率。考察它们之间 4 种组合关系下的系统特性曲线。

TRC 的 Flexsim 仿真模型每次仿真时间长度为 125 000 个单位时间，其中开始的 25 000 个单位时间被设定为 warm up 时间，warm up 时间后的 100 000 个单位时间的仿真输出作为结果分析的数据。每个仿真点的结果是 5 次仿真重复的平均值。

为了使用全局表获得工件的加工周期，可以在发生器 source 的触发器 on exit 中添加如下代码：

```
double timein=time();                        //获取工件生成时间
settablenum("timeRecord",itemNum,1,timein);  //将 timeRecord 表第 itemNum 行第一列
                                              赋值为工件生成时间,工件的序号和
                                              timeRecord 表的行号是一一对应的
```

记录工件的处理结束时间，并通过计算得到工件的处理时间，这些代码需要写入吸收器的触发器 on entry 中，代码如下：

```
int total=10;                                //仿真的工件总数
int itemnum=getlabelnum(current, "num")+1;   //记录完成处理的工件数,需要在吸收器的
                                              OnReset 触发器中为吸收器自身添加 num
                                              标签,并设初始值为 0
double timein=gettablenum("timeRecord",itemnum,1);
double timeout=time();
double timebetween=timeout - timein;
double timetotal=0;
double timeaverage;
setlabelnum(current,"num",itemnum);          //将完成处理的工件数量写入自己的 num 标签中
                                              //将加工结束和加工周期写入每个工件对应的行中
settablenum("timeRecord",itemnum,2,timeout);
settablenum("timeRecord",itemnum,3,timebetween);
```

这样便实现了对每个工件流入系统、流出系统和加工时间的记录，接着将此表导出到 Excel 中即可计算平均生产周期。

11.3.1 投料策略对系统特性曲线的影响

表 11.3 给出在各投料策略和工件分派规则下的平均产出、平均加工周期以及平均在制品库存水平。

表 11.3 仿真结果

投料策略	工件分派规则	平均产出（卡数）	平均加工周期	平均在制品库存（卡数）
固定间隔(300)	FIFO	333.2	979.9	3.3
(150)	FIFO	666.6	1048.5	7.0
(125)	FIFO	800.6	1104.5	8.8
(110)	FIFO	908.8	1235.8	11.2
(102)	FIFO	980.2	1568.0	15.4
(300)	SRPT	333.6	980.9	3.3
(150)	SRPT	667.6	1046.4	7.0
(125)	SRPT	800.2	1122.9	9.0
(110)	SRPT	910.0	1258.4	11.5
(102)	SRPT	979.2	1709.1	16.7
指数分布(300)	FIFO	336.4	1002.1	3.4
(150)	FIFO	673.4	1163.2	7.8
(125)	FIFO	772.6	1343.2	10.4
(110)	FIFO	887.8	2063.1	18.3
(102)	FIFO	940.0	3562.6	33.5
(300)	SRPT	332.6	996.6	3.3
(150)	SRPT	659.6	1138.2	7.5
(125)	SRPT	810.8	1308.4	10.6
(110)	SRPT	890.0	1699.3	15.1
(102)	SRPT	962.6	2698.8	26.0

图 11.5 和图 11.6 通过系统特性曲线分别比较了工件分派规则为 FIFO 和 SRPT 下的投料策略性能。指数分布的投料时间间隔代表了随机投料的情况。由于固定间隔的投料策略很大程度上减少了投料过程为系统带来的不确定因素，因此与指数分布的投料策略相比，固定间隔投料显著改善了系统性能指标，在取得相同的产出水平的情况下，固定间隔投料可以减少平均加工周期和平均在制品数量。在工件分派规则为 FIFO 时，指数分布投料的平均加工周期比固定间隔投料增长了 2%～127%（图 11.5），在 SRPT 下，该增长幅度为 2%～58%（见图 11.6）。

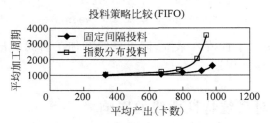

图 11.5 FIFO 工件分派规则下的投料策略比较

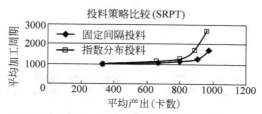

图 11.6　SRPT 工件分派规则下的投料策略比较

11.3.2　工件分派规则对系统特性曲线的影响

图 11.7 和图 11.8 比较了 FIFO 和 SRPT 所取得的系统特性曲线。在固定间隔投料策略下,FIFO 和 SRPT 所得的系统性能指标彼此非常接近。当产出水平较高时,FIFO 略好于 SRPT。在指数分布投料策略下,SRPT 的效果好于 FIFO。

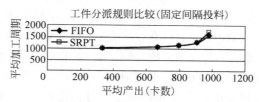

图 11.7　固定间隔投料策略下工件分派规则比较

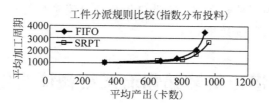

图 11.8　指数分布投料策略下工件分派规则比较

小结与讨论

本章描述了用 Flexsim 对半导体晶圆制造生产线进行仿真的过程,并分析了两种投料策略(即指数分布间隔投料和固定间隔投料)和两种工件分派规则(FIFO 和 SRPT)的性能。仿真结果显示了投料策略对于系统性能指标的影响较工件分派策略更强,在所考察的两种投料策略中,固定间隔投料优于指数分布间隔投料,而两种工件分派规则的性能较为接近,并且工件分派策略的相对性能会受投料策略的影响。

习题

通过 Flexsim 实现本章所描述的半导体晶圆制造生产线仿真实验。

第 12 章 港口集装箱物流系统仿真

随着我国港口吞吐量的不断增长和集装箱船舶的大型化发展,港口现有的吞吐能力已是制约港口生产的"瓶颈"。在现有的港口规模下,如何挖掘潜力,改进管理水平,提高港口吞吐能力,是港口管理者面临的共同问题。集装箱码头的堆场管理在集装箱运输中占有极为重要的地位,其中堆场堆放集装箱的方式和设备配置直接关系到集装箱的装卸效率。如何制定合理的集装箱码头装卸工艺流程,包括堆场规划、装卸机械调配等,提高码头堆场利用率,提高装船作业效率,从而提高港口吞吐能力,这是港口集装箱物流系统面临的重要课题。港口集装箱物流系统是一个复杂系统,涉及集装箱搬运策略、堆场规划、装卸机械调配、集装箱堆位配置、人员作业调度等因素,很难通过一个简单的数学模型得到最优方案。只有利用计算机仿真工具,通过对港口集装箱物流系统进行仿真,分析不同情况下港口集装箱物流系统的各种性能指标,才能为老港口改造扩建及新港口规划设计提供科学合理的决策依据。物流系统仿真作为一种研究和分析港口集装箱物流系统的有效工具和技术手段,已经越来越被港口管理人员所接受和重视。

12.1 港口集装箱物流系统概述与仿真目的

12.1.1 港口集装箱物流系统概述

集装箱码头的基本组成主要分为码头设施和装卸搬运设备。集装箱码头设施主要是提供集装箱运输、堆放及装卸搬运的场所、通道和相关的基础设施;集装箱装卸搬运设备是集装箱码头作业的主要承载体,是集装箱码头物流作业必不可少的重要工具与装备。

集装箱码头通常应具备的主要码头设施有:泊位、码头前沿、集装箱堆场、货运站、控制室、检查口、维修车间等,它们的作用分别如下:

(1) 泊位:是指在港内为了进行装卸,给船舶停泊靠岸,并有一定长度岸壁的地方。船舶靠岸或离泊时,所需岸壁线的有效长度一般为船舶长度的 1.2 倍。

(2) 码头前沿:是指沿码头岸壁线,从码头岸壁到堆场这一部分的码头面积。考虑到岸桥轨距不同,集装箱码头前沿宽度一般为 30~60 m。

(3) 堆场:是指集装箱码头内,所有堆存集装箱的场地。堆场分为前方堆场和后方堆场。前方堆场主要是堆放出口的集装箱,其面积占堆场总面积的比例较大,面积大小根据装卸工艺系统、堆放层数和堆存期不同而不同;后方堆场主要堆放中转箱、进口重箱、空箱与危险箱。堆场面积是港口规划的重要组成部分,也是集装箱码头所必须考虑的一个制约因素,在设计或扩建港口时,所需的堆场面积由下列因素决定:年吞吐量、装卸方式、堆场布局、机械配备、堆场管理等。

(4) 集装箱货运站:主要用于装拆箱作业,一般建于码头后方、靠近码头外公路或铁路的区域。

(5) 控制室:一般设置在办公楼的高层,以便于看到整个码头上各作业现场。

(6) 检查口:俗称道口、闸口或检查桥,是集装箱码头的出入口。

(7) 集装箱维修车间:一般设置在不影响集装箱码头作业的后方。

集装箱码头通常应具备的装卸搬运设备主要有:岸桥、场桥(分为轮胎式龙门起重机和轨道式龙门起重机)、跨运车、叉车、集装箱拖挂车等。它们的作用分别如下:

(1) 岸桥:称桥吊、装卸桥,是集装箱码头用的最大型的、价值最昂贵的装卸机械。它是码头装卸设备的龙头,负责装卸集装箱船舶。

(2) 集装箱起重机:可分为轮胎式龙门起重机和轨道式龙门起重机。轮胎式龙门起重机,俗称龙门吊,承担堆场的装卸和堆码作业,在堆场内可以自由转向,因此活动范围广,灵活机动。轨道式龙门起重机承担堆场的装卸和堆码作业,轨道式龙门起重机不如龙门吊灵活,但跨度大,堆箱高度较高,能更有效地利用堆场的面积。

(3) 集装箱叉车:又称铲车,主要负责拆装箱作业和空箱堆码作业。

(4) 集装箱拖挂车:俗称集卡,承担从码头前沿至堆场、堆场内箱区间的水平运输。集卡由拖头和拖架(又称拖车)两部分组成,拖头专职拖拉,拖架专职承载集装箱。在堆场上出现的集卡,有的是从码头外部进来提箱的,负责集装箱由堆场往外部的搬运;有的是负责集装箱由堆场往出口码头的搬运。为了区分,前者叫外部集卡(简称外卡),后者叫内部集卡(简称内卡)。

(5) 集装箱跨运车:可以承担码头前沿与堆场之间的集装箱水平运输,以及堆场的堆码和进出场集装箱拖车的装卸作业,但其堆高高度有限,运行速度也不快。

作为一个配套设施齐全的港口码头,主要建筑有码头、堆场、仓库、商务区及其各类配套建筑设施。现代港口进行布局时,要充分考虑港区作业的特点,尽可能使布局有利于工作的开展。集装箱重箱堆场可以布置在港口最前方,即紧邻码头的前方堆场处,空箱堆场则应布置在重箱堆场之后靠近集装箱维修车间的位置。典型的集装箱码头现场实景图如图12.1所示。

图 12.1 集装箱码头实景图

由于集装箱码头在物流运输系统中的特殊地位,决定了码头装卸企业生产的一些特点:

(1) 生产的连续性。码头装卸生产通常是昼夜 24 小时连续作业的。通过码头的集装箱,其目的不是要逗留在码头内,而是要尽快地转运出去,交给货主。作为服务性行业的集装箱码头,其生产本身就要求迅速、准确、及时,以满足船公司和货主的需要。因此,为缩短货物在码头的逗留时间,其生产必须保持连续性。

(2) 组织的协作性。集装箱码头是集装箱水陆运输的枢纽,是各种运输方式的汇聚点,其本身又是一个复杂的组合体。从外部来说,其生产组织要同一关三检、边防、船公司、租箱公司、外贸公司、船舶供应、保险等多部门协作;从内部来说,码头生产要协调作业人员、机械、堆场、理货等部门各工种的作业,使其形成一个有机的整体,一环脱节,就会严重影响整个码头的作业效率。所以,集装箱码头生产组织是多部门、多环节、多工种、内外协作的过程,具有鲜明的协作性。

(3) 生产任务的不平衡性。这是运输企业遇到的一个共同问题,而在集装箱码头企业尤为突出。主要表现在:集装箱进出口箱量在时间上的不平衡性,进出口集装箱在种类箱型上的不平衡性,船舶抵港时间和抵港船舶航线的不平衡性,到港船型的不平衡性。总之,集装箱生产的不平衡性是绝对存在的。因此,码头操作部门要不断克服这种不平衡性,努力实现泊位、码头机械、堆场以及人力的均衡使用。

一般来讲,衡量一个集装箱码头的整体性能和作业效率需要有一个完善的指标体系,指标体系的各项指标是在进行集装箱码头规划设计及码头使用过程中需要关注的重要因素,直接影响集装箱码头的效率和效益,同时也是对集装箱码头进行仿真时需要考虑的重要参考指标。集装箱码头的主要评价指标有:

(1) 集装箱吞吐量。它是指经由水路运进、运出港区范围,并经装卸的箱量,是反映港口船舶装卸任务量的指标。计算单位为 TEU。不论是船到船直接转口,或是经过堆场后再装船转口,均分别按进口卸船和出口装船,各计一次吞吐量。一般以年为一个统计期间。国际标准集装箱是以箱的外形尺寸大小来划分箱型,一般分为 20 ft、40 ft 箱等。国际标准集装箱 20 ft 箱为一个标箱,简称 1TEU,一个 40 ft 箱为 2TEU。

(2) 箱位比。它是指标准箱数与自然箱数的比值,可以粗略反映箱型结构变化情况。比值越大说明大箱的比重越大,反之则越小。箱位比=标箱换算箱数/自然箱数。

(3) 船舶停泊艘次数。它是指统计期内在港停泊船舶艘数的累计数。一艘船舶从进港时起到出港时止不论单装、单卸或又装又卸双重作业,不论是否移泊或移泊次数多少,均只计一次船舶停泊艘次。

(4) 船舶平均每次在港停时。它是指船舶从进港时起到离港时止,平均每艘船在港停泊时间数。计算单位为:h/艘次。船舶平均每次在港停时(h/艘次)=船舶停泊艘时/船舶停泊艘次数。

(5) 泊位利用率。它是指统计期泊位占用小时数占泊位日历小时数的比重(或指统计期实际停泊长度和时间占可供停泊长度和时间的比重),反映泊位综合利用程度。泊位利用率(%)=(泊位占用小时数/泊位日历小时数)×100%。泊位利用率并非越高越好,泊位利用率过高,容易压船,导致船舶平均每次在港停时过长。

（6）堆场容量。它是指同一时间内最大安全堆存箱量。计算单位为 TEU。

（7）平面箱位。它是指不考虑堆放层高的集装箱箱位个数。计算单位为 TEU。

（8）堆存箱数。它是指统计期内进入堆场的集装箱量的总和。它是反映堆存工作量的指标，但有一定的局限性。计算单位为 TEU。

（9）平均堆存期。它是指统计期内每箱平均在堆场堆存的天数。它反映集装箱在堆场内的滞留时间，即堆存时间长短的平均指标。计算单位为天。平均堆存期=堆存箱天数/堆存箱数。在计算平均堆存期时，统计期的时期长度应适当扩大，否则当集装箱跨时期堆存时，计算的平均堆存期会比实际堆存时间要短。平均堆存期短，说明箱的流转快，滞留时间短，避免港口堵塞，提高码头吞吐能力。

（10）平均每天堆存箱数。指统计期平均每天堆存的箱数量，计算单位为 TEU。一般来说，平均每天堆存箱数越接近平均容量，说明堆场利用相对较好，但还需结合平均堆存期指标综合分析，如果平均堆存期长，虽然利用率高，但有可能导致堆场积压，影响码头通过能力。

（11）堆场利用率。指统计期内平均每天堆存箱数与堆场容量的比值。它是反映堆场容量利用程度的指标。堆场利用率(%)=(平均每天堆存箱数/堆场容量)×100%。堆场利用率太高将会导致过高的翻箱率，并且当船舶集中到达时，还会造成堆场堵塞，使船舶在港作业时间延长，导致不良的关联后果。因此码头企业应将堆场利用率控制在一定水平，通常认为 60% 较为合理。

（12）机械利用率。是指在装卸机械日历总时间中机械工作时间所占的比重，反映装卸机械的利用程度。

12.1.2 港口集装箱物流系统仿真的目的

目前对复杂的港口集装箱码头装卸工艺进行规划设计的一个重要方法就是仿真。在设计新的码头设施或对原有的码头设施进行改造之前，把港口集装箱码头装卸系统模型转换成仿真模型，通过运行模型，港口管理者可对几种不同的装卸工艺方案进行仿真预演，并根据评价指标体系对设计方案进行综合评价，从中选择最合理的方案，从而避免了资金、人力和时间的浪费。随着计算机技术的发展，系统仿真技术被广泛地应用到港口设计、规划工作中，并取得了许多成果。系统仿真技术也被公认为是解决复杂港口集装箱装卸系统规划设计和管理决策的先进而行之有效的技术手段之一。

集装箱码头仿真的目的主要是在 Flexsim 的仿真软件平台上建立一个针对集装箱码头的作业系统仿真平台；对集装箱装卸设备对象库以及集装箱搬运规则所涉及的关键技术进行研究；根据设计的码头设施配备情况和一些预测参数，通过模拟集装箱到港靠泊、装卸船，以及堆场中的装卸作业等方面的动态过程，对港区道路交通流量、通过能力及年吞吐量等重要参数进行综合分析评定。利用设备对象库快速地建立有针对性的系统模型，通过三维模型的动态显示可以给建模者以启发从而对实际的工作有更好的指导作用。

12.2 港口集装箱物流系统的作业流程

12.2.1 港口集装箱物流系统的描述

一个港口集装箱物流系统由数个相互关联的物流系统组成,其系统构成如图12.2所示。它一般可以分解为4个系统:前沿装卸系统、水平运输系统、堆场装卸系统和大门检查系统。

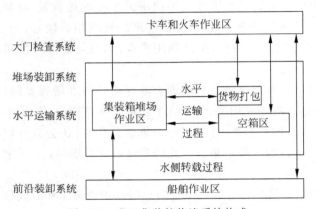

图 12.2 港口集装箱物流系统构成

4 个子系统的功能分别是:

(1) 前沿装卸系统:岸桥将集装箱从船舶上卸载,并在前沿码头对集装箱进行分类,放入各自的缓存区,等待集装箱叉车提取;或者将集装箱从内卡装载到船舶上;

(2) 水平运输系统:集装箱叉车或集卡在码头前沿、堆场区之间进行集装箱的运输;

(3) 堆场装卸系统:集装箱的存放、集装箱起重机对集装箱的装卸搬运作业以及集装箱的管理等;

(4) 大门检查系统:对于进出集装箱码头的空车或满车进行检查。

港口集装箱物流系统的每个子系统中都由一些主要的设备构成,这些设备是实现系统功能的主要因素。根据各个子系统的功能需求,设计港口集装箱物流系统的总布局如图 12.3 所示。

4 个子系统的设备如下:

(1) 前沿装卸系统主要设备有:装船、卸船码头各一个;一座常规岸桥,用于出港码头装船;一条集装箱分类输送线;这里将泊位和船舶类型也包含在该系统中。其中分类输送线有四个类型出口,分别对应重箱、空箱、冷冻箱、危险箱。

(2) 堆场装卸系统主要设备有:堆场、轮胎式龙门起重机。其中堆场按集装箱的类型分为 4 个区域,分别是重箱区、空箱区、冷冻箱区、危险箱区。重箱区约占整个堆场面积 1/2,为两个四层的集装箱堆场区;空箱区约占整个堆场面积的 1/5,为五层的集装箱堆场区;冷冻箱区约占整个堆场面积的 1/5,为四层堆场;危险箱区约占 1/10,为四层堆场;每个

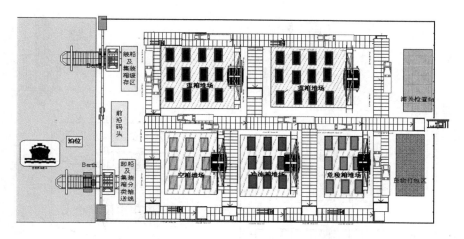

图 12.3　港口集装箱物流系统总体布局图

堆场区由一个独立的轮胎式龙门起重机负责集装箱在该堆场内的装卸搬运。堆场和道路衔接处为集装箱缓存区。

(3) 水平运输系统主要设备有：5 辆集装箱叉车和若干辆集卡。集装箱叉车主要负责把从船上卸载并分好类的集装箱运往堆场缓存区，其中一辆负责空箱的搬运，一辆负责冷冻箱的搬运，一辆负责危险箱的搬运，两辆共同负责重箱的搬运。集卡分为内卡和外卡，内卡负责集装箱由堆场往出口码头的搬运，外卡负责集装箱由堆场往外部的搬运。

(4) 大门检查系统主要设备有：大门设备，主要检查集卡和集装箱的信息，在集装箱码头物流系统的仿真过程中，大门检查系统可以不予考虑。

12.2.2　港口集装箱物流系统的作业流程

港口集装箱物流系统的总体流程如图 12.4 所示。它由 5 个子流程组成，它们相互衔接，相互关联，共同完成港口集装箱物流系统的各项功能。这 5 个子流程分别是：进港卸船、集装箱分类、堆场运作、货物集卡外运、装船出港。这 5 个子流程在图中已用数字标示。

各个子流程的具体操作如下：

(1) 进港卸船：如果有一艘船舶到港，则岸桥对该船舶进行卸载操作，把卸载的集装箱放在集装箱分类输送线上，等待分类，卸载后的空船离港；如果出现几艘船舶集中到港，由于该港口只有单泊位，只允许同时对一辆船舶进行卸载，所以其他船舶必须在锚地排队等待，码头船舶作业次序依照先来先服务的原则。

(2) 集装箱分类：通过集装箱分类输送线，把 4 类不同的集装箱分别传送到 4 个指定的集装箱缓冲区等待负责该类集装箱搬运的叉车对其进行搬运，集装箱叉车把集装箱由分类缓冲区搬运到堆场的缓冲区。

(3) 堆场运作：如果堆场缓冲区不为空，堆场的集装箱起重机按就近原则把缓冲区的集装箱有序地存入堆场。如果有集卡来堆场提取集装箱，则起重机负责提取堆场的集装箱把它装载到集卡上。

(4) 货物集卡外运：外卡到达港口，并去指定的堆场提取集装箱，之后离开港口。

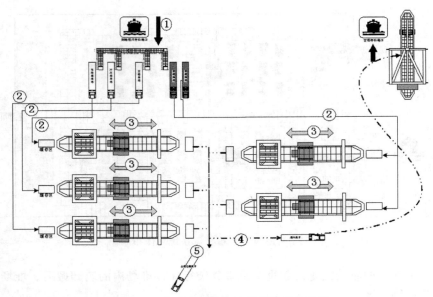

图 12.4　港口集装箱物流系统的总体流程

(5) 装船出港：内卡把从堆场提取的集装箱运至出港码头的缓冲区，待空船舶到港后，由岸桥对船舶进行装船，装载完成后船舶出港，岸桥对船舶的操作次序仍然按照先到先服务的规则。

12.2.3　港口集装箱物流系统的离散模型分析

集装箱码头物流系统工作环节多，其作业受到许多随机因素的影响，它是一个典型的离散事件系统。它由两个典型的排队系统组成：一个是到港船舶的排队系统，另一个是堆场集卡的排队系统。

集装箱码头到港排队系统中，系统服务的对象是到港船舶，系统的服务台是码头泊位。当船舶到达港口后，若有泊位空闲，则立即接受服务；否则在锚区停泊排队等待。当一个码头泊位的服务结束后，若队列中有等待的船舶，按先到先服务的原则为其服务。

根据集装箱班轮运输特点和船舶到港原始资料分析，集装箱船舶到港规律基本上符合泊松分布，τ 单位时间内到达 n 个客户的泊松概率分布为

$$P_n(\tau) = \frac{(\lambda\tau)^n}{n!} e^{\lambda\tau}, \quad \tau > 0$$

船舶到港的时间间隔 T 服从负指数分布，即

$$F_T(t) = 1 - e^{-\lambda t}, \quad t \geq 0$$

式中，λ 为单位时间内到达船舶的平均数。排队规则是单队列，先到先服务。

码头对每艘船的服务时间 v 服从负指数分布，分布函数是

$$F_v(t) = 1 - e^{-\mu t}, \quad t > 0$$

式中，μ 表示单位时间内能被服务完的船舶数，即平均服务率。

12.3 港口集装箱物流系统的仿真模型

12.3.1 港口集装箱物流系统布局模型设计

按照集装箱码头物流系统的组成结构,本仿真案例设计了一个由5部分区域组成的典型的集装箱码头物流仿真系统,它的5个功能区域为:装船进港区、分类码头区、堆场运作区、装船出港区和货物集卡外运区。该集装箱物流系统的全景布局图如图12.5所示。

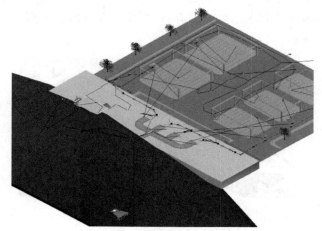

图 12.5 集装箱码头全景布局

(1) 装船进港:这是仿真的事件源和起点。用4个源对象(source)按一定比例产生出集装箱,模拟集装箱到达;一个源对象产生出船舶,然后通过合成器对象(combiner)关联后模拟集装箱装船后进港。

(2) 分类码头:到港船舶卸船,通过分类码头把到港集装箱分类,再由叉车运往相应堆场。在仿真中设置了4种不同类型的集装箱:重箱、空箱、冷冻箱和危险箱,通过不同的颜色加以区分。

(3) 堆场运作:在布局模型中设置有5个堆场,其中两个重箱堆场、一个危险箱堆场、一个空箱堆场和一个冷冻箱堆场。进堆时,先由叉车运到相应堆场缓存区,再由堆场起重机把集装箱按照设定的堆场码放原则放在相应货位。出堆时,由起重机把集装箱按照设定的堆场出堆原则放在集卡上,再由集卡运出堆场或是运往出港码头。

(4) 货物集卡外运:堆场集装箱起重机把集装箱放在集卡上,集卡再把集装箱外运出港口到吸收器对象(sink)。

(5) 装船出港:先将集卡运来的集装箱由合成器放在缓存区内,再由岸桥设备装船后出港。

12.3.2 港口集装箱物流系统的设备建模

通过港口物流系统的功能分析和流程描述,确定了集装箱码头物流系统仿真布局模型,随后最重要的工作就是设备建模,即对集装箱码头物流作业系统中的关键设备进行仿真实体模型的构造。在本仿真案例中,关键的设备模型有如下几种。

1) 岸桥

岸桥是码头装卸设备的龙头和核心,负责装卸集装箱船舶。由于 Flexsim 的对象库中没有对于岸桥的仿真对象实体,本仿真中通过自定义 operator 对象来重新建立岸桥的仿真模型,同时,为了能形象地模拟岸桥,通过加载 3D 外形和引入适当的动作模式实现形象的装船动作,并能动态从集卡吊装货物至缓存区,再由缓存区吊装至到岸的船只上。自定义的岸桥模型如图 12.6 所示。

图 12.6 岸桥模型

2) 集装箱起重机

集装箱起重机分为轮胎式龙门起重机和轨道式龙门起重机两种,但在 Flexsim 对象库中使用同一种对象进行模拟,只不过在对象的运行轨迹上要进行不同的处理。在 Flexsim 中有两种方法建立集装箱起重机模型:一是利用 Flexsim 自带的起重机(crane)模型来模拟集装箱起重机的动作;二是在 Flexsim 4.0 及更高的版本中可以导入集装箱港口(container terminal)模型库,此模型库中含有集装箱起重机实体,可直接使用。在此我们选择第一种。集装箱起重机对象如图 12.7(a)所示。

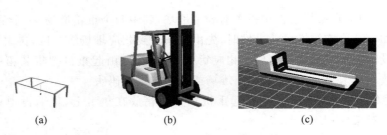

图 12.7 各种物流设备的仿真对象
(a) 集装箱起重机对象;(b) 集装箱叉车对象;(c) 集卡对象

3) 集装箱叉车

集装箱叉车模型可直接使用 Flexsim 模型库中的叉车(transporter)。若想要得到外观更接近于实际的模型,可以将叉车的3D外观换成与实际相似的模型,如图12.7(b)所示。

4) 集卡

在本仿真系统中,将托盘的外形换为集卡的形象,利用一个隐藏的合成器(combiner)来实现集装箱起重机将集装箱吊放在集卡上的动作,便可以设计出一集卡。调整集装箱的摆放位置是这里的难点,需要耐心调整参数。集卡沿着两个流节点(flownode)规定的路径在港口和堆场间移动,集卡的模型如图12.7(c)所示。

5) 其他设备对象

该物流系统中涉及的其他设备及实体将采用如下对象进行定义:

船舶:由发生器(source)生成的临时对象,需对其三维外形进行自定义和改造,使其类似于船的外形;

集装箱:由发生器(source)生成的临时对象,需对其三维外形进行自定义和改造,使其类似于集装箱的外形;

传输线:由输送线(conveyor)对象进行定义;

集装箱缓存区:由缓存区队列(queue)对象进行定义;

堆场:由货架(rack)对象进行定义。

12.3.3 港口集装箱物流系统的仿真

在对港口集装箱物流系统设备进行建模的基础上,现在可以构造整体的仿真模型,仿真的全景图如图12.8所示。

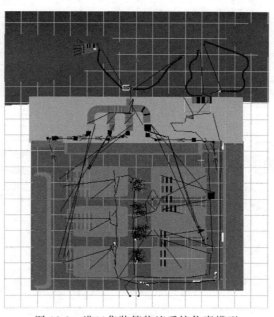

图12.8 港口集装箱物流系统仿真模型

由于仿真模型涉及的仿真对象较多,为叙述方便起见,按照港口集装箱物流系统的流程设计,本仿真案例给出了一个由5部分组成的集装箱码头物流仿真系统,仿真系统的总体流程图如图 12.9 所示,它分为 5 个具体的区域:装船进港区、分类码头区、堆场运作区、货物集卡外运区和装船出港区,下面对这些区域的仿真模型及参数设置的具体情况进行详细阐述。

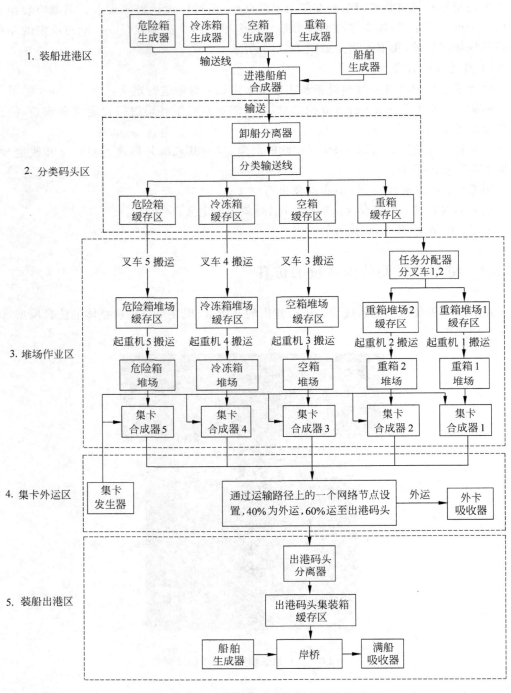

图 12.9 港口集装箱物流系统仿真总体流程图

1. 装船进港区

这是仿真的事件源和起点。它由 5 个发生器(source)、1 个合成器(combiner)、5 条输送线(conveyor)构成。其中,source_ship 生成船舶;其他发生器分别按设定的时间间隔生成 4 种类型的集装箱,以不同的颜色区分其类型。合成器 combiner1 把船舶和 4 种集装箱进行绑定,4 种集装箱的数量分布服从一定的比例,用来模拟一条满载的进港船舶。4 条输送线 conveyor1~4 负责集装箱的输送;一条输送线 conveyor5 用来运输装好集装箱的船,模拟船进港的航行路线。主要对象的参数设置说明如表 12.1 所示。

表 12.1 装船进港区仿真对象

名 称	说 明	参 数 设 置
source_ship	船舶发生器	船舶采用自定义的 3D 外形,到达时间符合参数为(0,10,1)的指数分布,这 3 个参数分别为位置参数、尺度参数、随机流数
source_empty source_heavy source_freeze source_danger	集装箱发生器	到达时间:按固定时间间隔到达,它们设置的时间分别为 15 s、30 s、45 s、40 s
combiner1	进港船舶合成器	合成模式:打包;输入端口:1 为船舶,2 为空箱,3 为重箱,4 为冷冻箱,5 为危险箱

装船进港区的仿真模型如图 12.10 所示。

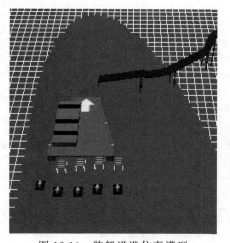

图 12.10 装船进港仿真模型

2. 分类码头区

该区域仿真布局用来模拟卸船及集装箱分类。该区主要由 1 个分离器(separator)、5 条输送线(conveyor)和 4 个队列(queue)、1 个吸收器(sink)构成。分离器 separator1 模拟船舶的卸载过程,把船舶和集装箱分离,sink1 吸收卸载后的空船。集装箱进入输送线,送到不同的队列,等待搬运。主要对象的参数说明如表 12.2 所示。

表 12.2　分类码头仿真对象

名　称	说　明	参 数 设 置
separator1	卸船分离器	作业时间：为固定时间 10 s；作业类型：unpack
conveyor6~10	分类输送线	输送端口：根据临时实体的类型送往相应的端口
queue1~4	卸载集装箱缓存区	最大容量：10；勾选：使用运输工具

分类码头的仿真模型如图 12.11 所示。

3. 堆场运作区

该区模拟叉车把集装箱运往堆场及堆场内部的运作。由 5 辆叉车（transporter）、1 个任务分配器（dispatchar）、5 个缓冲区（queue）、5 个货架（rack）、5 个集装箱起重机（crane）构成。transporter1~2 共同负责重箱的搬运，并由 dispatchar1 对其分配任务。transporter3~5，分别负责空箱、冷冻箱、危险箱的搬运。combiner2~6 放在堆场出口负责集装箱出堆场时与集卡的合成。主要对象的参数设置如表 12.3 所示。

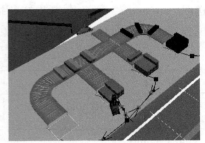

图 12.11　分类码头的仿真模型

表 12.3　堆场主要仿真对象

名　称	说　明	参 数 设 置
transporter1~2	重箱叉车	搬运能力：每次 4 个；加速度：1；减速度：1；最大速度：2
transporter3~5	分别为空箱、冷冻箱、危险箱叉车	搬运能力：分别为 5，3，1；其他参数设置如上
dispatcher1	负责 transporter1、2 的任务分配器	分配给第一个可用的对象；排队规则：按任务序列的优先级
queue5~10	堆场集装箱缓存区	最大容量：10
rack_heavy1,2	重箱堆场仓库	规格：11 排 4 列 4 层
rack_empty rack_freeze rack_danger	分别为空箱、冷冻箱、危险箱堆场仓库	规格分别为：11 排 3 列 5 层，10 排 2 列 4 层，10 排 2 列 4 层
crane1~5	分别对应重箱1、重箱2、空箱、冷冻箱、危险箱堆场的集装箱起重机	工作能力(capacity)分别为：2，3，2，1，1；其他参数设置保持默认
combiner2~6	集装箱出堆时的合成器	作业时间：为固定值 10 s

集装箱堆场的仿真模型如图 12.12 所示。

4. 货物集卡外运区

该区模拟集卡把集装箱外运的过程。由 1 个发生器（source）、1 个吸收器（sink）构成。source6 生成集卡，此处的集卡既可以用作内部装载至码头的集卡，又可用作外卡。sink2 吸收满载而出的集卡，参数设置如表 12.4 所示。货物集卡外运区的仿真模型如图 12.13 所示。

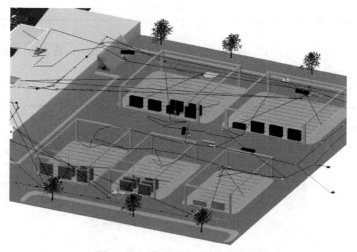

图 12.12　集装箱堆场仿真模型

表 12.4　货物集卡外运仿真对象

名　称	说　明	参　数　设　置
source6	集卡发生器	临时实体类型;集卡到达时间:固定时间间隔150 s;离开时间间隔服从参数为(1,5)的均匀分布

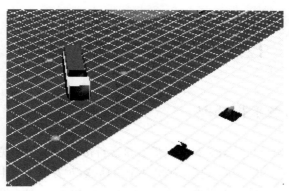

图 12.13　货物集卡外运仿真模型

5. 装船出港区

该区模拟集卡把集装箱运往出港码头并装船出港的过程。由 1 个分离器(separator)、1 个缓存区(queue)、1 座岸桥(operator)、1 个发生器(source)、1 个吸收器(sink)构成。由货物集卡外运区的集卡发生器 source6 生成的集卡分别负责把 4 类集装箱运至出港码头;separator2 负责卸载集卡上的集装箱,放至出港码头的缓存区;source7 生成进港欲装载的船舶,sink3 吸收装载后的船舶。主要对象的参数设置如表 12.5 所示。装船出港区的仿真模型如图 12.14 所示。

表 12.5 装船出港对象

名 称	说 明	参 数 设 置
separator2	出港卸载集卡分离器	分离方式：解包(unpack)输送端口，保持默认
queue10	出港码头缓存区	最大容量：1000
source7	欲装船舶发生器	临时实体类型：船舶；到达时间：固定时间间隔 2000 s
operator166	岸桥	自定义对象

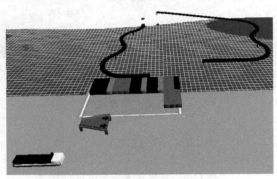

图 12.14 装船出港区仿真模型

通过上述集装箱码头各区域仿真布局和设备建模，进一步设定设备对象的参数和设备之间的连接关系，从而建立起整个港口集装箱物流系统的仿真模型。经编译无误后，就可运行仿真模型了。

12.4 仿真运行及数据分析

12.4.1 仿真运行及数据处理

设置仿真时间为 10 000.00 s，编译通过后直接运行仿真系统。要观察仿真统计数据，可以单击 statistic→report and statistics 选项，弹出一个对话框，对各个选项卡进行设置，选择所需要的数据类型，在 full report 选项卡里选择 generate report，Flexsim 便会生成统计数据报告。

对上述的总体运行的数据进行进一步的分析处理，可以得到以下性能指标。

1. 集装箱叉车

仿真中 5 辆集装箱叉车的作业状态百分比统计如表 12.6 所示。

表 12.6 集装箱叉车运行状态   %

状态 对象	空 闲	空车运行	装载运行	空车运行偏移	装载运行偏移	利用率
transporter1	58.21	17.71	22.19	0.58	1.31	41.79
transporter2	58.78	17.08	22.37	0.41	1.36	41.22
transporter3	81.5	7.92	8.15	0.88	1.55	18.5
transporter4	69.39	13.89	14.12	1.2	1.4	30.61
transporter5	59.91	19.05	19.16	1.09	0.79	40.09

图 12.15 显示了 5 个集装箱叉车的利用率的对比。从图中可以看到，transporter1、transporter2 的利用率较高，而 transporter3 的利用率最低。

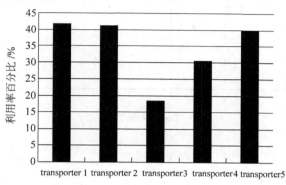

图 12.15　集装箱叉车利用率对比图

2. 泊位利用率

本仿真中可以利用进港码头设置的分离器的工作状态来模拟实际泊位的工作状态。根据仿真统计，分离器的状态图如图 12.16 所示，从图中可以看出，泊位的利用率为 14.4%。

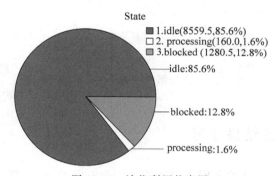

图 12.16　泊位利用状态图

3. 堆场

堆场的仿真数据如表 12.7 所示。表中数据说明了堆场堆存量、出入堆场的情况以及集装箱在堆场的停留的状况，表 12.8 整理出了一些有用的评价港口集装箱物流系统的指标。图 12.17 显示了冷冻箱堆场的堆存量随着时间的推移而变化的过程。

表 12.7　堆场堆存量状态

对象	当前数量	最小值	最大值	平均值	输入	输出	最短停留时间/s	最长停留时间/s	平均停留时间/s
rack_heavy1	50	1	50	35	79	29	72	6031.8	2874
rack_heavy2	143	0	143	44	227	84	4.3	4339.6	1621.5
rack_empty	140	1	140	63	160	20	451.6	7970.9	3231.7
rack_freeze	107	1	107	52	126	19	24.5	7834.6	4695.0
rack_danger	23	1	25	14	47	24	1574.8	4938.7	3404.6

表 12.8　堆场堆存指标

对　　象	平均堆存期/h	平均每天堆存箱数	堆场利用率/%
rack_heavy1	0.8	35	19.9
rack_heavy2	0.5	44	25
rack_empty	0.9	63	38.1
rack_freeze	1.3	52	65
rack_danger	0.9	14	17.5

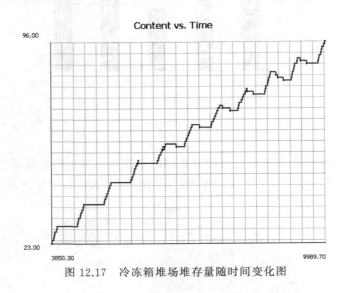

图 12.17　冷冻箱堆场堆存量随时间变化图

12.4.2　仿真数据的结果分析

由以上各个集装箱叉车的利用率对比图 12.15 可以看出，集装箱叉车运行的效率普遍不高，其中 transporter3，即负责空箱搬运的叉车的利用率最低。众多因素影响了集装箱叉车的利用率，如进入堆场集装箱的数量分布、堆场离港口的距离等。这时我们可以对原本的模型进行一些优化，根据以上的仿真数据，可以考虑 transporter3 负责空箱和冷冻箱的搬运，去掉 transporter4。这样一来在满足该港口作业需求的同时，提高了机械设备的利用率，减少了设备购置成本。

泊位的利用率为 14.4%，是个比较低的状态，这说明港口有进一步扩大业务的可行性。另一方面，得出的较低的泊位利用率与模型中分离器的作业时间设置有直接的相关性，该模型中设置的作业时间比较短，为 10 s，实际作业过程中时间可能要长得多，因此，在扩大业务之前必须经过充分调研，收集实际运行的数据，这样的仿真结果才是可靠并且有用的。

仿真模型运行一段时间，我们看到 rack_freeze 即冷冻箱堆场出现堆满的情况，其堆存量大于货架的最大容量，说明该堆场容量设置不合理。同时，从表 12.8 中可以看到，重箱场 1 和危险箱堆场的利用率比较低。这时可以考虑调整堆场的分布，扩大冷冻箱堆场在整个堆场的比例，缩小危险箱和重箱在整个堆场的比例，从而使堆场的安排和分布更加合理。

小结与讨论

目前，对港口集装箱物流系统进行规划设计和运行分析的一个重要方法就是系统仿真。本章仿真案例设计了一个由 5 部分区域组成的典型的集装箱码头物流系统，它的 5 个功能区域为：装船进港区、分类码头区、堆场运作区、装船出港区和货物集卡外运区，并对其总体布局进行了设计。随后对集装箱码头物流系统的 5 个子流程：进港卸船、集装箱分类、堆场运作、货物集卡外运、装船出港分别进行了阐述。在此基础上，通过 Flexsim 仿真平台，利用设备对象库和自定义对象建立了集装箱码头物流系统的仿真模型，并分别对 5 个区的仿真对象和仿真流程进行了详细的描述。最后，利用仿真结果对集装箱叉车的利用率进行了对比分析，同时，对泊位利用率、堆场堆存量、出入堆场的情况以及集装箱在堆场的停留状况进行了分析说明，给出了一些合理化建议。

习题

1. 将表 12.2 中的卸船分离器 separator1 的作业时间设置为 10 s，其他条件保持不变，通过仿真考察泊位利用率的变化情况，并进行解释说明。

2. 若将重箱区占整个堆场面积的比例改为 2/5，冷冻箱区占整个堆场面积的比例改为 3/10，重新仿真察看堆场堆存指标的变化情况。

第 13 章 物流配送中心仿真

随着现代物流技术和配送中心的发展,产品的多样化和需求的个性化不断对配送中心的规划和设计提出更高的要求。在配送中心规划设计的前期方案论证过程中,需要对配送中心进行全面深入的分析研究,对方案进行正确的评估和论证;在建成之前,需要对不合理的规划和设计进行修正,避免资金、人力和时间的浪费;在运行阶段,也需要正确合理的计划安排。系统仿真技术正是帮助配送中心工作人员实现上述目标的重要手段。随着系统仿真技术的不断发展和完善,仿真在配送中心研究中的应用范围也不断扩大。

13.1 物流配送中心概述与仿真目的

13.1.1 物流配送中心简介

配送是物流中一种特殊的、综合的活动形式,是商流与物流的紧密结合,包含了商流活动和物流活动,也包含了物流中若干功能要素。从物流的角度来看,配送几乎包括了所有的物流功能要素,是物流的一个缩影或在某种范围内物流全部活动的体现。配送系统集装卸、仓储、分拣、包装、运输于一身,通过这一系列活动将货物送达目的地。特殊的配送则还要以加工活动为支撑,所以包括的内容更广。但是,配送的主体活动与一般物流却有本质的不同,一般物流仅完成运输及保管,而配送还需完成分拣配货等作业。分拣配货是配送的独特要求,也是配送特有的活动。准确地将货物发送到目的地是配送的最终结果。因此,通常也可将配送视为一种特殊的货物输送方式。

配送是从发货、送货等业务活动发展而来的。它不同于过去的送货服务,它要求在全面配货的基础上,完全按客户要求,包括种类、品种搭配、数量、时间等方面的要求而进行运送。是"配"和"送"的有机结合,是一种"门到门"的服务。

由图 13.1 可以看出,建立共同的配送中心后有利于资源、人员的统筹利用,并且配送路线也相应缩短。另外,由于多品种、少批量、多批次的订货及多频次的配送,要求商家具有快速反应处理订货和出货的能力。通过建立配送中心,可以减少交货时间,提高交货频率,降低缺货率,以提高服务质量。

从配送中心在世界各国的发展历程来看,配送中心基本上都是在仓储、运输、批发等企业基础上发展而来的,因此,配送中心不仅具有储存、集散、衔接等传统的物流功能,而且在物流现代化的进程中,配送中心还在不断地强化分拣、加工、信息处理等功能。配送中心的

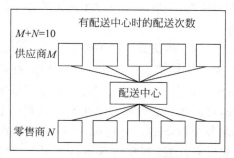 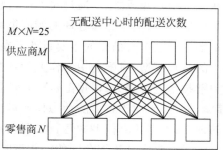

图 13.1　有配送中心和无配送中心的配送次数

功能如图 13.2 所示。

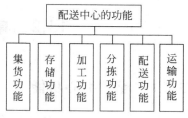

图 13.2　配送中心的功能

　　配送物流中心功能模块主要包括集货、仓储、流通加工、分拣、配送等功能模块。这些功能模块由统一的信息管理中心进行集成、管理、调度。分拣作业是指根据得到的商品零售户的订单需求数据,把订单中列出的商品从仓库取出来,按订单拣货、配单,集中、分类放置。分拣、配货及送货是配送中心的主要职能,而送货是在配送中心之外进行,所以分拣货物就成了配送中心的核心工序,也是配送中心最耗费人力和时间的作业,它的效率直接影响着配送中心的作业效率和经济效益,也直接影响着配送中心的服务能力和服务水平。

　　对物流配送中心来讲,通过仿真来研究的主要问题有:配送中心设施设备数量与通过能力的关系,设施设备数量与机械利用率的关系,管理调度方案比较与优化,设备配置的优化,配送中心出货能力,仓库存货能力,存货的方式等。仿真模型的构造应该紧紧围绕仿真目标展开,研究的目标不同,对仿真的细节要求不一样,建立的模型也不同。一般来说,常见的模型有以下几类:自动化仓储仿真模型、配送中心内部运输调度模型、分拣模型、人力资源调度模型、运输路径仿真优化模型。只要能达到仿真目标,应尽可能地简化模型,一方面可以减少工作量,另一方面可以减少因不必要的干扰引起的误差。以分拣系统仿真模型为例,仿真目标不一样模型也不一样。如果仿真目标是研究拣选对分拣效率的影响,那么建模的重点就应该放在拣选形式、拣选方式和路径的仿真上面,对于进货、储存、车辆调度、分拣设备的选用和运行等环节只要简单的描述即可;如果仿真目标是研究分拣设备对分拣效率的影响,那么建模的重点就应该放在对分拣设备选用、分拣通道的设置和分拣机速度的选择等方面的仿真研究上,至于选用什么样的拣选方式、仓库的出货快慢等就变得不重要了。

13.1.2　物流配送中心仿真目的

　　对物流配送中心系统进行仿真研究,其目的是了解配送中心作业过程中的各种统计性能,帮助管理者提高配送中心规划与管理的水平。配送中心的规划设计阶段,在没有实际系统的情况下,把系统规划转化成仿真模型,通过运行仿真模型,评价规划方案的优劣,修改和弥补方案的不足之处,以保证系统既能完成预定的任务,又具有很好的经济性、可靠性和适应性。在配送中心建成之后,通过对调度过程的仿真,调度人员可以了解系统在不同的调度策略下的性能,从而采取比较合理的调度策略。

本章案例配送中心仿真的主要目的是在 Flexsim 的仿真软件平台上建立一个针对商业配送中心的仿真模型;对配送中心作业设备配置及使用情况以及出入库、分拣、补货规则所涉及的关键技术进行研究;根据配送中心设备配备情况和一些预设参数,通过模拟配送中心入库、存储、分拣、出库等方面的动态作业过程,对配送中心的库存水平和机械利用率进行一个综合的评价;根据仿真模型的运行状况,协调各个设备的运行情况,提高整个系统的运行效率;另外,通过改变分拣缓存区的补货策略和设备配置,观察仿真运行情况并对结果进行对比分析,对配送中心的分拣环节进行优化和改进。

13.2 配送中心的作业流程描述

13.2.1 配送中心功能

商业配送中心与生产企业的配送中心不同,所实现的主要是"集散"功能,是将来自生产企业和运输企业的整批货物入库,分类保存后,再根据客户的订单将货物分拣出库。所以,商业配送中心最主要的功能板块有整理入库、存储、分拣和出库。

本案例研究的商业配送中心接收上游 3 个供应商的 3 种产品,入库时在入库口进行检验。货架为自动化立体仓库货架,产品按种类区分,分别放在 3 个不同的货架上,并且为了提高入库的效率,实现托盘化的管理,即入库的时候对产品进行组盘操作,然后再把托盘放入自动化立体仓库货架的货格中。对货架的库存进行自动控制,当货架的库存小于一个设定的最低值时,向供应商发出供货请求;当库存量达到一个设定的最大值时,停止供应商供货。托盘的出入库服从先进先出的规则。

配送中心的分拣环节配有一个拣货缓存区,用来存储拆盘后的以"箱"为单位的货物。拣选人员采用摘果式的拣选方法,即按订单需求拣选相应数量的产品,实现按订单分拣的功能。同时,拣选暂存区也有自动的库存控制;当其库存量小于一个设定的最低值时,向立库发出补货需求,并进行拆盘补货;当其库存量达到一个设定的最大值时,停止拆箱补货。这样,通过立体仓库货架的库存控制和拣货缓存区的库存控制来调控整个配送中心的库存量,以实现按订单需求进行分拣配送的运作模式。最后通过对订单分类传输,运至相应的出库口出库。配送中心按功能可以划分为 4 个区:入库区、存储区、分拣区、出库区,它们的功能分别如下:

(1) 入库区:主要负责配送中心的产品入库,包括产品的入库检验和组盘。
(2) 存储区:主要负责以托盘为单位的产品存储,对货架的库存进行控制。
(3) 分拣区:主要负责拆盘,分拣区补货,按订单分拣、打包。
(4) 出库区:主要负责将按订单打包好的货物进行分类出库。

按照配送中心的功能分区,配送中心的整体布局如图 13.3 所示。
在整体布局中,各个区域的设备配置如下:

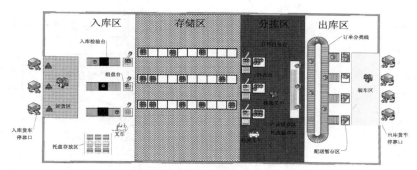

图 13.3　配送中心整体布局图

（1）入库区：由 3 个入库口、3 个入库检验台、3 个组盘台、3 个组盘机械手、1 个总的托盘存放区、1 辆叉车组成。每个托盘上放 8 箱产品。整个配送中心一共有 300 个托盘，一辆叉车负责把空托盘由存放区运至入库组盘台。

（2）存储区：由 3 个货架、3 台堆垛机组成。一台堆垛机负责一个货架的出入库操作。3 个货架均为十行十列，每个货格存储一个托盘。每个货架最多存储 100 个托盘，当库存小于 10 个托盘时要求进行实时补货。

（3）分拣区：由 3 个拆盘台、3 个拆盘机械手、3 个托盘缓存区、3 个产品缓存区、1 辆托盘叉车、1 辆拣选叉车、1 个订单打包台组成。拆盘机械手负责拆盘，并把产品放在该类型的产品缓存区，把拆卸的空托盘放入托盘缓存区，并由叉车把卸载的空托盘运至入库区的托盘存放区。拣选时叉车按订单从 3 个产品缓存区拣选相应数量的产品，放在订单打包台上进行打包。每个缓存区的容量设置为 10。

（4）出库区：由 1 个订单分类线、4 个配送暂存区和 4 个出库口组成。

13.2.2　配送中心系统流程

该配送中心的总体运作流程可分为两个环节：入库存储、分拣出库，分别如图 13.4(a) 和图 13.4(b)所示。

要实现配送中心自动入库、分类保存、分拣出库等几个基本功能，各功能区域要互相配合，协调作业，将各功能模块连接起来形成一个有机整体。由上述流程图可以看出，该配送中心实现了按订单分拣的运作模式。

配送中心的工作流程可以分为 4 个子流程：入库流程、存储流程、分拣流程、出库流程，具体说明如下：

（1）入库流程：配送中心接收由上级供应商供应的 3 种产品，对其进行入库操作，首先通过入库检查台检查入库，然后把物品传至组盘台，托盘叉车也会从托盘存放区搬运空托盘至组盘台，等待组盘，组的形式为一个托盘上存放 8 个单位的产品。

（2）存储流程：组盘后的货物由堆垛机运至其对应类型的立体货架上进行存储。同时对货架进行库存控制，当货架的库存达到 100 托盘时，停止供应商的供货；当货架的库存小于 10 托盘时，重新请求供应商供货。如果分拣缓存区要求拆盘补货，则堆垛机负责把托盘产品运至拆盘区。托盘产品的出入库服从先进先出原则。

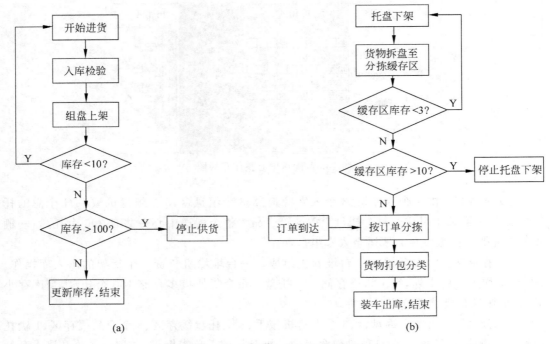

图 13.4 配送中心总体运作流程
(a) 入库存储流程；(b) 分拣出库流程

(3) 分拣流程：出库的托盘产品在拆盘台由拆盘机械手进行拆盘，拆下的空托盘放入托盘缓存区，由一辆专门的叉车负责把它们运回托盘存放区，实现托盘的回收利用；拆下的产品按类型放入 3 个不同的分拣缓存区，等待分拣叉车的拣选。订单是随机产生的，每个订单包括若干个 3 类产品，每类的个数为 0~10。分拣叉车按订单进行拣选，采用摘果式的拣选方式，把拣选好的订单运至订单打包台进行打包。分拣缓存区也存在容量控制，它的实现过程是，当分拣缓存区产品数量达到 10 时向堆垛机发出停止出库拆盘的命令；当数量小于 3 时，向堆垛机发出出库拆盘的请求。

(4) 出库流程：将按订单打包好的货物，按照不同的运输路线分类，通过分类器，运输至其出库暂存区，等待装车出库。

13.3 配送中心的仿真模型

13.3.1 配送中心仿真的布局模型设计

按照商业配送中心的组成结构，本仿真案例设计了一个由 4 个区域组成的典型的商业配送中心，它的 4 个功能区域为：入库区、存储区、分拣区、出库区。该配送中心的仿真全景布局如图 13.5 所示。

4 个功能区域的功能和作用分别为：

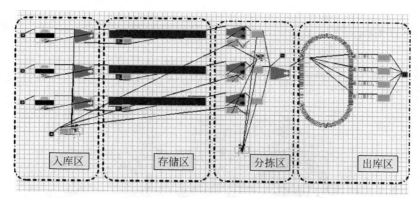

图 13.5　配送中心仿真全景布局图

（1）入库区：主要完成配送中心的入库作业。包括到货发生器、入库检查台、托盘缓存系统、机械手自动码盘系统。

（2）存储区：主要完成货物以托盘为单位的存储方式。由货架和堆垛机组成。

（3）分拣区：主要完成拆盘、按订单分拣和打包。由拆盘区、分拣缓存区、打包台组成。

（4）出库区：主要将按订单打包好的货物按配送路线进行归类，并放置到配送暂存区暂存。由环形分类线和配送暂存区组成。

13.3.2　配送中心的设备建模

在本案例中涉及的配送中心的实体设备皆可以在 Flexsim 中找到其仿真模型对象，而不需要用户自定义模型。配送中心实体设备和 Flexsim 中的仿真模型对象的对应关系如表 13.1 所示。

表 13.1　配送中心实体与仿真对象对应表

实体设备	Flexsim 中仿真模型对象
货物、托盘、包装箱	由发生器（source）生成的临时实体：textured colored box、pallet、tote
入库检验台	处理器（processor）
组盘台、订单打包台	合成器（combiner）
拆盘台	分离器（separator）
机械手	机械手（robot）
缓存区	缓存区（queue）
叉车	叉车（transporter）
货架	货架（rack）
堆垛机	堆垛机（ASRSvehicle）
订单分类线	分类输送线（mergesort）
输送线	输送线（conveyor）

13.3.3 配送中心的仿真

在对商业配送中心设备进行建模的基础上,现在可以构造整体的仿真模型。仿真的全景图如图 13.6 所示。

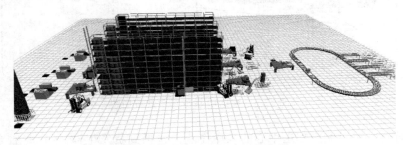

图 13.6 配送中心仿真运行全景

下面根据仿真的布局模型和流程,分别介绍各个区域的仿真对象组成和参数设置情况。

1. 入库区

由 4 个发生器、3 个处理器、1 个缓存区、1 辆叉车、3 个合成器、3 个机械手组成。source1~3 分别产生 3 种不同类型的箱装商品,送往相应的处理器(processor1~3)模拟入库检验过程。source4 产生一定数量的托盘放入托盘存放区(queue1),由叉车(transporter1)负责把暂存区的托盘运往组盘台(combiner1~3),货物经过入库检验也进入相应的组盘台由机械手(robot1~3)进行组盘操作。

实体对象之间的连线关系是:source1~3 分别与对应的 processor1~3 用 a 键连接,processor1~3 和对应的 combiner1~3 用 a 键连接,processor1~3 和对应的 robot1~3 用 s 键连接,source4 和 queue1 用 a 键连接,queue1 和 combiner1~3 用 a 键连接,queue1 和 transporter1 用 s 键连接。参数的设置如表 13.2 所示。

表 13.2 入库区对象

名 称	说 明	参 数 设 置
source1~3	集装箱发生器	临时实体类型:到达时间间隔分别服从 0、4、1 的指数分布;生成的类型分别为:1、2、3
source4	托盘发生器	临时实体类型:托盘(pallet);到达类型:按计划在仿真开始时生成 300 个
processor1~3	入库检验台	工作时间:1
queue1	托盘存放区	最大容量:300;使用运输工具
transporter1	托盘叉车	运载能力:每次搬运一个;最大速度:2
combiner1~3	组盘台合成器	合成模式:打包;打包件数:8
robot1~3	组盘机械手	保持默认设置

入库区仿真模型如图 13.7 所示。

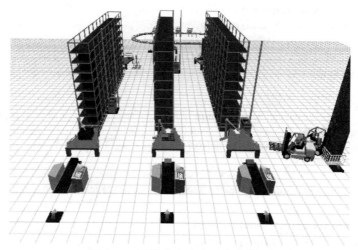

图 13.7 配送中心入库区仿真模型

2. 存储区

由 3 个货架和 3 个堆垛机组成。堆垛机作为货架的运输工具,负责该货架的出入库功能。其参数设置如表 13.3 所示。实体对象之间的连线关系是:rack1~3 和对应的入库区的 combiner1~3 用 a 键连接,VSRSvehicle1~3 和对应的 rack1~3 用 s 键连接,VSRSvehicle 和对应的入库区的 combiner1~3 用 s 键连接。

表 13.3 存储区对象

名 称	说 明	参 数 设 置
rack1~3	货架	存放规则:每个货格存储一个托盘,先进先出;列:10;行:10;最大容量:100
VSRSvehicle1~3	货架堆垛机	参数保持默认设置

库存控制的实现:库存控制的策略是当货架的库存达到 100 个托盘时,关闭该类型的产品发生器的输出端口;当货架的库存小于 10 个托盘时,重新打开该类型的产品发生器的输出端口。通过货架向相应的箱装商品发生器发送消息,来完成端口的开关控制。

以 rack1 向 source1 发送消息为例,具体的操作是,首先在 rack1 的参数窗口的 racktriggers 选项卡的 on entry 里写入如下代码:

```
fsnode * item=parnode(1);
fsnode * current=ownerobject(c);
fsnode * source1=node("/Source1",model());
unsigned int port=(unsigned int) parval(2);
if(
 content(current)>=100
)
sendmessage(source1,current,1,0,0);
return 1;           //如果当前货架的库存达到 100 时,则向 source1 发送消息,传递的值为 1
```

然后在 on exit 里写入如下代码:

```
fsnode * item=parnode(1);
```

```
fsnode * current=ownerobject(c);
fsnode * source1=node("/Source1",model());
unsigned int port=(unsigned int) parval(2);
if(
 content(current)<10
)
sendmessage(source1,current,2,0,0);
return 2;              //如果当前货架的库存小于10,则向source1发送消息,传递的值为2
```

最后在 source1 的 sourcetriggers 的 on message 里写入如下代码:

```
fsnode * current=ownerobject(c);
unsigned int uservalue=(unsigned int) msgparam(1);
switch(uservalue){
case 1: closeoutput(current); break;
case 2: openoutput(current); break;
default: break;
}              //接收消息传来的值,如果是1,则关闭当前对象(source1)的输出端口;如果是2,则打开
               当前对象的输出端口。同理 rack2 向 source2、rack3 向 source3 传递消息也是相似的
               设置
```

存储区的仿真运行图如图 13.8 所示。

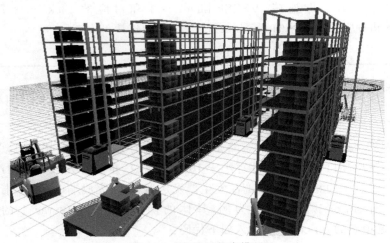

图 13.8　存储区仿真模型

3. 分拣区

由 3 个分离器、3 个机械手、6 个缓存区、1 辆叉车、1 个合成器、1 个发生器组成。它们的参数如表 13.4 所示。实体对象之间的连线关系是：separator1～3 和对应的存储区的 rack1～3 用 a 键连接，separator1～3 和对应的 robot4～6 用 s 键连接，queue2～7 和其对应的 separator 用 a 键连接，combiner4 和 source5、queue5～7 用 a 键连接，transporter2 和 queue2～4 用 s 键连接，transporter3 和 queue5～7 用 s 键连接。

表 13.4　分拣区对象

名　称	说　明	参 数 设 置
separator 1～3	拆盘分离器	使用运输工具即机械手，其他参数按默认设置
robot 4～6	拆盘机械手	作为 separator 的搬运工具，通过 s 键连接
queue 2～4	托盘缓存区	最大容量：5
queue 5～7	分拣缓存区	最大容量：10；容量控制范围(10,3)；分拣区的容量控制和存储区的相似
transporter 2	托盘叉车	运载能力：单次搬运最大量 10
transporter 3	分拣叉车	运载能力：单次搬运最大量 30；最大速度：0.4
source 5	包装箱发生器	到达方式：按到达时间，固定时间间隔为 1；生成触发：设置生成类型按(1,74)的均匀分布
combiner 4	订单打包合成器	合成方式：join；作业时间：15；输入端口 1：包装箱发生器，输入端口 2：queue5～7

值得说明的是，为了模拟按订单分拣，必须依次完成模拟订单生成、订单导入、订单执行 3 个步骤。订单生成的实现方法是：首先在 Excel 里生成一张 3 行 74 列的表格，表格内存有自动生成的 0～10 的随机数，保存该表为 order.csv，相当于 1 个订单表，包含 74 个订单。订单导入的实现方法是：单击 Flexsim 工具栏 toolbox，在 global table 里单击 add，系统便会自动生成一个空表；然后单击 Edit 进入该表的编辑界面，取名为 order，单击界面上的 advance，进入 table configurator 界面，单击 import table data，选择刚才创建的 order.csv，单击打开；然后回到 table configurator 界面，单击应用，关闭。再回到 order 表的设置界面，单击应用，则 order.csv 中的数据就会导入到全局表 order 中，并且自动更新其行列数。订单执行的实现方法是：combiner4 的输入端口 1 为 source4，输入端口 2、3、4 分别为分拣缓存区，工作的方式是 join，把由端口 2、3、4 流入的临时实体装入由 source 产生的包装箱中。然后在 combiner4 参数的 processor trigger 选项卡中 onentry 下拉菜单里选择 uptate component list，把默认的 tablename 改为 order，则合成器会按照 order 里的数量关系进行合成。这样就实现了模拟按订单分拣的功能。

分拣区的仿真模型如图 13.9 所示。

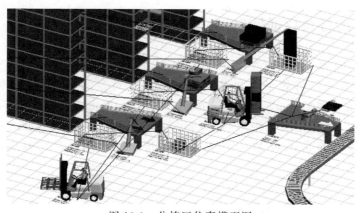

图 13.9　分拣区仿真模型图

4. 出库区

由1个环形的分类线、4条输送线、4个缓存区、1个吸收器组成。它们的参数设置如表13.5所示。实体对象之间的连线关系是：mergesort1 和分拣区的 combiner4 用 a 键连接，mergesort1 和 conveyor1～4 用 a 键连接，conveyor1～4 和 sink1 用 a 键连接。

表 13.5 出库区对象

名 称	说 明	参 数 设 置
mergesort1	订单分类分拣线	4个输出端口；运行速度：0.1
conveyor1～4	分类后的订单输送线	选择临时实体流类型范围。conveyor1：0～10；conveyor2：11～20；conveyor3：21～30；conveyor4：31～74；运行速度：0.1
queue8～11	配送暂存区	最大容量：10
sink1	出库吸收器	默认设置

出库区的仿真模型图如图 13.10 所示。

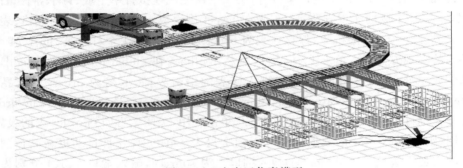

图 13.10 出库区仿真模型

13.4 仿真运行及数据分析

13.4.1 仿真运行及数据处理

设置仿真时间为134 000.00，假设仿真时间的一个时间单位相当于实际的1 s。运行仿真模型，观察其运行效果。如果要获取各仿真对象的运行数据，则在运行模型之前，单击 Flexsim 工具栏里的 stats→stats collecting→all objects on，这时运行的仿真对象显示绿色的边框，表明已被选中，然后运行模型。通过 stats→standard report 或者各个仿真对象的属性中的 stats 获取运行数据。对其数据进行一定的整理，结果如表 13.6 所示。

表 13.6 仿真运行指标

项目指标		仿真数值
库存水平	货架容量	2400 箱
	平均存货量	1310 箱
	货物吞吐量	0.2 箱/s
	货物平均存放时间	11 786.3 s
设备利用率/%	托盘存放区叉车利用率	20.8
	堆码机械手平均利用率	19.5
	货架平均利用率	54.5
	堆垛机平均利用率	15.7
	拆码机械手平均利用率	24.5
	托盘缓存区叉车利用率	53.2
	拣选叉车利用率	57
	订单打包台利用率	46.1
订单完成效率	完成订单的平均时间	139.5 s

13.4.2 仿真数据结果分析

在建立模型并设定参数值后,运行模型并观察模型的运行状况。看到货架上基本没有存货,托盘从入库区装盘进入货架后,马上就被运出拆盘。平均存货量和货架平均利用率皆在一个很低的状态。出现这样的现象的原因在于入库速率赶不上订单分拣的速率,也就是出库速率过高。

经过分析,发现了一些参数设置上的不合理。相对于入库作业,分拣作业设置的速率过快,不符合实际情况。同为叉车,但是不同功能的叉车因为其作业复杂度不一样,其运行速度也是不一样的,不能统一按默认设置设定。例如分拣叉车的作业要比空托盘叉车繁忙,而在进行参数设置时,我们没有考虑到这样的实际因素,而设置同样的速率,这是不合理的。这就需要我们在设定参数的时候更多地考虑到一些实际因素,并且在这之前进行足够的数据调研。另外参数的调试是一个复杂耗时的过程,因为模型中对象的运行都是相互关联的,改变了某个对象的参数会影响其他对象的运行,要综合考虑。

分拣环节是配送中心的关键环节,而订单完成效率是评估该配送中心的重要指标之一。对分拣环节的设备运行参数或者设备配置进行调整,对订单完成效率的提高有一定的作用。

(1) 单个订单的打包时间对订单完成数的影响。分别将打包台的单个订单的打包时间参数设置为 60、30、15、5,对比订单完成数和打包台的利用率,结果如表 13.7 所示。

表 13.7　改变单个订单的打包时间结果对比

单个订单的打包时间	订单完成数	打包台利用率/%
60	1032	46.1
30	1274	26.6
15	1433	15
5	1524	5.3

由表 13.7 可以看出,单个订单的打包时间越短,打包台利用率越低即有效工作时间越短,一定时间内完成订单数越多。

(2) 打包台数量对订单完成数的影响。分别设置 1 个和 2 个打包工作台,得到的仿真统计结果如表 13.8 所示。

表 13.8　改变打包台数量结果对比

打包台数量	订单完成数	打包台	打包台利用率/%	分拣叉车利用率/%
1	1032	打包台1	46.1	57
2	1306	打包台1	27.5	85.6
		打包台2	27	

从表 13.8 可以看出,通过增加打包台的数量,也可以提高订单的完成效率,但是单个打包台的利用率降低,这是由于打包负荷由两个打包台分担造成的,但是叉车的利用率大幅提高,这是因为叉车需要在两个打包台之间不停转换。

(3) 分拣叉车的数量对订单完成数的影响。分别设置 1 个和 2 个分拣叉车,得到的仿真统计结果如表 13.9 所示。

表 13.9　改变叉车数量结果对比

叉车数量	订单完成数	打包台利用率/%	分拣叉车	分拣叉车利用率/%
1	1032	46.1	分拣叉车1	57
2	1080	45.1	分拣叉车1	51.8
			分拣叉车2	52.3

从表 13.9 中可以看出,增加分拣叉车的数量可以适当提高订单的完成效率,但是效果并不如增加打包台时的效果明显,因此,可以判断系统的主要"瓶颈"在打包台的数量上。

13.4.3　系统优化

由模型的运行和数据分析,我们可以知道配送中心的整体性能跟分拣缓存区的补货策略及分拣区各个设备的协调运作都有直接的关系。下面分别从分拣缓存区的补货策略和设备配置两个方面来对配送中心性能进行优化分析。

1. 改变分拣缓存区的补货策略

在原来的模型中,分拣缓存区的容量为10,补货策略是当分拣缓存区的库存小于3时要求拆盘补货,当达到其最大容量10时停止补货。现在我们考虑两个实验方案,方案一是当分拣缓存区的库存小于10时开始补货,达到10时停止补货;方案二是扩充分拣缓存区的容量为20,当库存小于20时开始补货,达到20时停止补货。各方案得到的统计结果对比如表13.10所示。

表13.10 原始方案和方案一、二的对比

方 案	订单完成数	打包台利用率/%	分拣叉车利用率/%	分拣缓存区平均库存	分拣缓存区货物平均停留时间/s
原始方案	1032	46.1	57	8.0	226
方案一	1102	46.2	53.2	8.5	232
方案二	1106	46.2	53.2	18.55	498

从表13.10可以看出,方案一相对于原始方案订单完成效率有一定的提高,然而继续改变为方案二时,订单完成效率并没有显著的提高,而且此时分拣缓存区的平均库存和货物的平均停留时间都增加了,这对于系统的优化是不利的,所以并不是分拣缓存区的缓存货物越多越好。

2. 改变分拣区的设备配置

在原来的模型中,分拣区只有一辆叉车负责分拣,一个打包台进行打包,通过上面数据分析可以看出单方面的增加叉车或打包台的数量有利于提高订单的完成效率,另一方面也看到订单提高的效果不是很明显。方案三同时增加分拣叉车和打包台的数量,得到的统计结果如表13.11所示。

表13.11 原始方案和方案三的对比

方 案	订单完成数	打包台	打包台利用率/%	分拣叉车	分拣叉车利用率/%
原始方案	1032	打包台1	46.1	分拣叉车1	57
方案三	1445	打包台1	30.5	分拣叉车1	78.2
		打包台2	29.9	分拣叉车2	78

从表13.11可以看出,同时增加分拣叉车和打包台的数量,订单完成效率有显著的提高,这说明有时为了优化系统的整体性能,单靠改变某一局部环节,效果往往非常有限,必须综合考虑各环节的影响及协调,才能达到系统整体性能的优化和改进。

小结与讨论

对物流配送中心系统进行仿真研究,其目的是了解配送中心作业过程中的各种统计性能,辅助管理者对配送中心的设备配置及作业流程进行优化,以提高配送中心的工作效率和管理水平。本章仿真案例设计了一个由4个区域组成的典型商业配送中心,它的4个功能

区域为：入库区、存储区、分拣区、出库区，并对其总体布局进行了设计。随后对配送中心的4个工作子流程：入库流程、存储流程、分拣流程和出库流程分别进行了阐述。在此基础上，通过Flexsim仿真平台，利用设备对象库建立了该商业配送中心的仿真模型，并分别对各个功能区的仿真对象和仿真流程进行了详细的描述。最后，利用仿真结果对配送中心的库存水平、设备利用率及订单完成效率等性能指标进行了分析，并从分拣缓存区的补货策略和设备配置两个方面来对配送中心的性能进行了优化，给出了改进意见和建议。

习题

1. 将分拣叉车数量分别增加到3、4、5个，重新运行仿真模型，将结果与表13.9的结果进行对比，分析并解释打包台及分拣叉车利用率的变化情况。

2. 为了模拟按订单分拣，必须先模拟订单的产生过程，除了本章所介绍的从Excel表格里导入随机订单的方式，请思考还有没有其他的方式可以模拟订单的产生过程？如果有，请按新的订单模拟方法重新进行仿真，观察仿真结果有何变化？

第 14 章　智慧工厂仿真及数字孪生

随着德国工业 4.0 战略、美国工业互联网战略的提出,中国政府于 2015 年提出"中国制造 2025"的国家发展战略。该战略以促进制造业创新发展为主题,以推进智能制造为主攻方向,促进传统制造业向智能制造的转型升级,实现我国由制造大国向制造强国的历史性转变。智能制造已成为未来制造业发展的趋势,这对自动化、信息化、网络化和智能化技术的发展提出了更高要求。智慧工厂作为制造业智能化的重要体现,也是"中国制造 2025"第一阶段要实现的重要目标。智慧工厂深度融合了自动化、物联网、机器人、网络与通信和人工智能等多种技术,通过整合制造企业所有生产单元,实现实时监控、精准调度、科学决策,提高企业的生产效率和管理水平。建立智慧工厂对实现智能制造非常重要。智慧工厂是一个由人、机、料、法、环等多主体在智能制造共融空间中形成的互相关联、业务协同的复杂系统,伴随着物联网、大数据、云计算与人工智能技术的应用,智慧工厂中物理实体与信息系统的交互更加频繁和紧密。在智能制造和信息物理系统深度融合背景下,仿真技术的发展已经从纯粹的分析优化转变为可实时互动、反馈执行、科学指挥的集成决策支持工具。数字孪生的兴起正顺应了这一时代发展潮流。数字孪生代表了下一代建模、仿真和优化技术的新方向、新浪潮,它在虚拟信息空间中实时再现了实际的物理系统,并实现了虚拟仿真模型和实际物理系统的实时信息交互,为实现智能制造提供了有力的保障。

14.1　智慧工厂及数字孪生的概念

14.1.1　智慧工厂

智慧工厂是在制造业一系列科学管理实践的基础上,深度融合自动化技术、信息通信技术和智能科学技术,结合数据、信息和知识建立核心竞争力的新一代制造企业及其生态系统。制造工厂自动化和信息化发展的高级阶段就是智慧工厂,智慧工厂和智能制造也是工业 4.0 战略的两大主题。

智能制造和智慧工厂你中有我,我中有你,密不可分。智能制造的基础是智慧工厂,智慧工厂的终极目标是智能制造。智慧工厂之所以"智慧",其核心就是智能性,具体包含几个层次:设备智能性、管理系统智能性和大数据分析智能性。设备智能性主要是指智慧工厂的主要硬件设备应是智能设备,如码垛机器人、AGV 智能车、智能生产线等;管理系统智能性是指智慧工厂的各种管理系统软件应具有一定智能算法，如智能调度、智能导航及智能分拣等算法；大数据分析智能性是指智慧工厂的运营数据可以通过智能化的工具和算法进行分析、评估和优化。三个层面的智能性最终可实现智慧工厂的执行智能化、管理智能化和决策智能化。

智慧工厂是一个复杂的综合系统，需要通过物联网技术、自动化技术、网络与通信技术和人工智能技术等，把人、机、物、环境有机联系起来，实现生产与管理的统一集成。因此，智慧工厂的建立和运行管理是一个复杂的系统工程，其设计、运行监控及决策调度都需要借助仿真技术来进行评估和优化。但是，传统的仿真是一种"离线"仿真，仿真模型和实际物理系统缺少实时的信息交互，仿真更多的是强调对真实系统的"模拟"，而不是"再现"，这显然已不能满足智慧工厂运行监控和管理决策的要求。数字孪生的出现为实现智慧工厂和智能制造提供了有力的支撑和保障。

14.1.2 数字孪生

"数字孪生"（digital twin，DT）这一概念由密西根大学 Michael Grieves 教授在 2003 年提出，他在产品生命周期管理课程中引入了"等价于物理产品的虚拟化数字化表示或数字化双胞胎"的概念，这一概念后来被称为数字孪生。数字孪生是以数字化方式创建物理实体的虚拟模型，对物理实体对象的特征、行为、形成过程和性能等进行描述和建模，并借助虚拟模型模拟物理实体在现实环境中的行为，通过虚实交互反馈、数据融合分析、决策迭代优化等手段，为物理实体增加或扩展新的能力。数字孪生主要由 3 部分组成：物理空间的物理实体、虚拟空间的虚拟实体、物理空间与虚拟空间之间的数据和信息交互接口。数字孪生反映了物理实体和虚拟模型之间的双向动态映射和交互：一方面，数字孪生都是物理实体的虚拟化，来自物理世界的数据通过传感器感知并传输到虚拟模型，以完成仿真、验证和动态调整；另一方面，数字孪生也是虚拟模型的实体化，以虚拟方式监控判断、分析、预测和优化之后，数字孪生科学指导物理过程精准执行。值得注意的是，数字孪生之所以能实现物理实体和虚拟模型之间的双向动态交互，关键在于物理实体和虚拟模型之间的数据和信息交互接口，这一数据和信息交互接口使物理实体和虚拟模型之间可进行实时通信，从而使传统的仿真从"离线"的模拟变成"在线"的实时监控，为实现真正意义上的智能制造奠定坚实的基础。

基于数字孪生的理念，就可以建立智慧工厂数字孪生系统，如图 14.1 所示。智慧工厂数字孪生系统将智慧工厂中的实体模型及业务过程转化为虚拟工厂的信息模型，并通过各种通信接口建立虚拟工厂与实体工厂之间低延时、高保真的虚拟镜像，从而利用基于数字孪生的智慧工厂仿真计算能力，仿真模拟产品设计、生产制造、物流仓储、分销配送的制造全过程。智慧工厂数字孪生系统可实现如下功能目标：从虚拟工厂的维度实现对实体工厂的生产要素、生产计划以及生产过程控制进行管理；通过实体工厂与虚拟工厂的双向映射与实时交互，实现实体工厂及虚拟工厂的全要素、全流程以及多业务数据的融合，最终构建生产管控工业互联网平台，使工厂具备虚实联动、数据驱动生产的能力，基于数字孪生进行过程管控、智能排产及优化调度，进而形成工厂智能生产和智能管控的最优运行模式，赋能传统制造，全面提升企业的智能制造能力和智能管理水平。

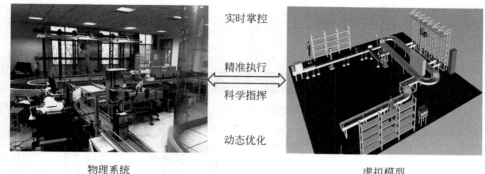

图 14.1 智慧工厂数字孪生系统

14.2 智慧工厂模型及作业流程描述

14.2.1 智慧工厂的概念模型

本章案例以华中科技大学人工智能与自动化学院物联网研究中心的智慧工厂为研究对象,该智慧工厂是一个校企联合建立的智慧工厂实践教学和科研平台,它围绕"一横一纵"两条主线,横向以企业生产流程为核心,围绕原材料仓储管理、生产计划与控制、物流仓储、拣选配送等业务环节,实现产品生命周期管理;纵向以物联网技术为核心,从泛在感知、全面互联、智能处理等不同技术层面,实现在各业务环节的全面信息采集、信息互通和智能应用,最终建立一个基于制造物联网的智慧工厂。智慧工厂主要包括 5 个功能子系统:原材料仓储管理系统、生产管理与控制系统、自动化立库系统、基于电子标签的拆零拣选系统和产品质量安全溯源系统。这 5 个子系统以产品生产制造为核心,将原材料供应、生产过程管理、产品自动化仓储、拆零拣选及安全溯源管理等业务功能有机结合,同时在每一环节也综合应用各种物联网技术,从而构成一个整体功能布局如图 14.2 所示的智慧工厂模型。同时,为使智慧工厂能在虚拟空间中实时在线运行,还运用三维仿真软件建立起智慧工厂的虚拟模型,并通过数据接口将智慧工厂的物理模型和虚拟模型连接起来并进行实时通信,从而建立智慧工厂数字孪生系统,使智慧工厂实现"在信息空间开创制造和管理未来",体现新的智能制造模式和管理模式。智慧工厂的实际场景如图 14.3 所示,其 5 个子系统功能如下:

(1) 原材料仓储管理系统。原材料仓储管理系统主要对生产所需的原材料进行分类管理,并按类别赋予唯一的条码标识,并与存储货架的货位对应,在生产线前端进行可视化的原材料仓储管理,为产品质量安全溯源奠定基础。原材料仓储管理系统的主要硬件设备包括存储货架、条码打印机和条码识别器。

(2) 生产管理与控制系统。生产管理与控制系统是智慧工厂的核心子系统,主要对生产过程进行管理和控制,如生产计划制定、产品生产及赋码、质量检测、机械手组盘、托盘 RFID 识别等。特别是在机械手组盘环节,需将单个产品上的条码和托盘上的 RFID 标签进行信息关联,为后续的溯源管理打下基础。生产管理与控制系统的主要设备有:生产线、激

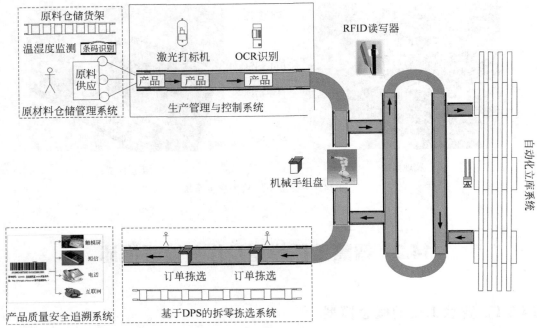

图 14.2　智慧工厂总体结构布局

图 14.3　智慧工厂实景图

光打码机、OCR 识别器、码盘机械手、RFID 读写器等。

（3）自动化立库系统。产品进行自动化入库与出库管理，通过智能货位分配算法对出入库托盘进行最优货物分配，并通过优化调度算法对堆垛机进行合理的作业调度，同时辅以可视化的电子货位图进行可视化操作管理。自动化立库系统主要由环形分拣线、立体货架和堆垛机组成，由 PLC 控制并与生产线控制系统、码盘机械手进行实时通信和联动。自动化立库系统前端和生产管理与控制系统对接,接受生产系统组好的托盘进行托盘入库;后端完成托盘出库后,与拆零拣选系统的散件出库货物进行合流,实现"整托+散件"的混流出库模式,以更贴近实际工业应用真实场景的方式完成出库操作。

(4) 基于电子标签的拆零拣选系统。将 LED 电子标签安装于货架储位上,拣货人员通过 LED 电子标签指引进行摘果式拣货,大大提高拣货效率,降低拣货差错率。基于电子标签的拆零拣选系统主要设备包括:流利式货架、作业报警三色指示灯、LED 电子标签、LED 电子标签控制器。

(5) 产品质量安全溯源系统。在生产制造环节的末端,考虑产品在流通环节的质量与安全追溯需求,设计开发了产品质量安全溯源系统,通过手机 App 自动识别产品条码,查询产品的生产批次、原材料批次、生产环境及物流路径等信息,实现不同条件下产品溯源查询和安全追溯。

14.2.2 智慧工厂运作流程

智慧工厂工作流程可分为 3 个子流程:产品生产及赋码流程、机械手组盘入库流程和产品出库流程。

(1) 产品生产及赋码流程。订单下达后,生产管理系统接到订单后自动制定生产计划,并根据 BOM(bill of material)表启动原材料仓储管理系统进行备料。生产工作人员根据订单需要的产品类型,从原材料货架中拣选相应原材料进行组装,生产的产品通过传送带送到激光打码机进行打码,赋码后的产品经检测器检验不合格的,通过剔除通道剔除,进行回收处理;检验合格的产品,传送到机械手处按照每托盘 6 个产品进行组盘,同时,托盘上的 RFID 标签和每个产品上的条码信息会进行关联。产品生产及赋码流程如图 14.4 所示。

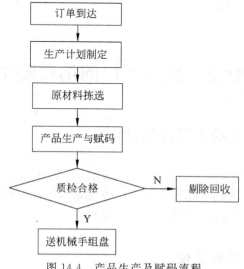

图 14.4 产品生产及赋码流程

(2) 机械手组盘入库流程。机械手自动抓取传送带送过来的产品,将产品放到托盘中,当装满指定数量的产品后,将托盘送到环形输送线,并通过环形输送线送到自动化立库,由堆垛机核验托盘 RFID 号后将其放到存储货架,并将托盘的 RFID 号和相应的货位号进行绑定并存储到后台数据库中。机械手组盘入库流程如图 14.5 所示。

(3)产品出库流程。产品出库过程由整托盘出库和零拣出库合并完成。在订单下达时,系统根据订单所需产品数量计算出需要出库的托盘数以及零拣产品数量。产品出库时,整托盘出库由自动化立库来完成,零散产品按照数量由拆零拣选系统来完成,最后,整托盘出库产品和零拣出库产品通过拣货输送线进行汇合,送出库暂存区,满足订单需求。产品出库流程如图 14.6 所示。

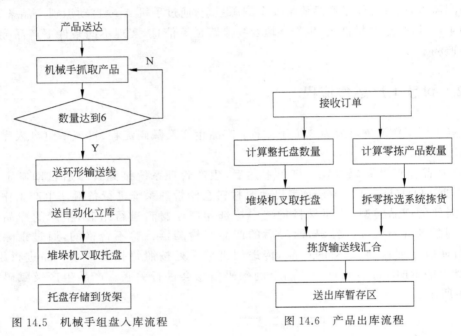

图 14.5 机械手组盘入库流程　　　　图 14.6 产品出库流程

14.3 智慧工厂的仿真模型

14.3.1 智慧工厂仿真的布局模型设计

依据上述智慧工厂的总体布局模型和工作流程,使用 Flexsim 软件对其进行建模,所有的实体都能在 Flexsim 自带的实体库中找到。直接将实体从实体库中拖出并按照工作流程进行连接,得到如图 14.7 所示的智慧工厂仿真模型。

14.3.2 智慧工厂的设备建模

智慧工厂仿真模型中使用到的模型元素及其对应的实体元素和功能描述如表 14.1 所示。

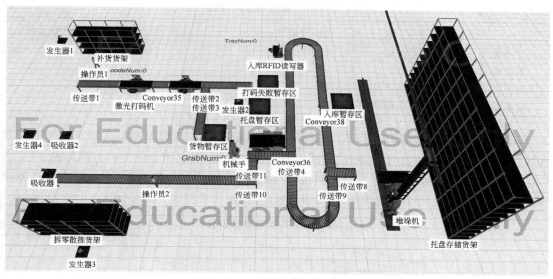

图 14.7　智慧工厂仿真模型

表 14.1　智慧工厂仿真模型元素及其实体表

模型元素	实体元素	功能描述
flowitem	酒瓶	生产的产品
source	产生酒瓶	可以设置产品的产生速率
sink	回收酒瓶	设置产品的最终去向
conveyor	传送带	模拟生产线、输送线等输送设备
rack	货架	3 个 rack 分别对应原材料存储货架、自动化立库托盘存储货架、拆零拣选货架
processor	处理器	模拟激光打码机、检测器、RFID 读写器
robot	机械手	抓取产品进行组盘
queue	暂存区	存放剔除的产品、待组盘的产品、待入库的产品
ASRSvehicle	堆垛机	进行托盘出入库操作
operator	操作员	分别执行原材料补货、产品拆零拣选作业
source	socket 通信的收发器	在物理模型与虚拟仿真模型之间建立通信接口,实现数字孪生
visualtool	可视化工具	显示打码信息、机械手抓取产品数量以及 RFID 组盘信息等

在确认各个模型实体之间的连接无误后,需要给每一个实体设置具体的参数,以得到最好的仿真效果。各模型实体参数设置如下。

(1) 发生器 1、发生器 2、发生器 3 分别用来产生原材料、托盘和零拣产品,发生器 4 用来在物理模型与虚拟仿真模型之间建立通信接口,其参数设置如表 14.2 所示。

表 14.2　发生器参数设置

功能		流体类型(flowitem class)	到达时间(inter-arrival time)
发生器 1	产生原材料	box	exponential(0, 5, 0)
发生器 2	产生托盘	pallet	exponential(0, 25, 0)
发生器 3	产生零拣产品	box	exponential(0, 5, 0)
发生器 4	充当通信接口	box	by expression: 1

通过设置发生器的间隔时间,指定原材料、托盘和零拣产品的产生速度。经过多次测试,以上参数设置的仿真效果最理想,既不会产生产品堆积,又不会使生产过程间断。

(2) 3 个处理器分别代表激光打码机、检测器和托盘 RFID 读写器,它们分别给产品赋码、检测产品是否合格以及读取托盘 RFID 号,其参数设置如表 14.3 所示。

表 14.3　处理器参数设置

	启动时间(setup time)	处理时间(process time)
激光打码机	no setup time(return zero)	by expression: 3
检测器	no setup time(return zero)	by expression: 2
RFID 读写器	no setup time(return zero)	by expression: 1

3 个处理器的最大容量都设置为 1,使其一次只能对一个临时实体进行处理。另外,将 3 个处理器的加工时间设置为不同的值,以表示不同操作的加工时间。激光打码机和 RFID 读写器的输出端口都指定为第一个可用端口。检测器为了模拟实际生产中产品可能存在不合格的情况,输出端口设置为按百分比输出,第一个端口代表产品合格的流向,设置为 90%;第二个端口代表不合格被剔除的流向,设置为 10%。通过这种方式表示产品的合格率为 90%,更能模拟实际生产情况。在入库 RFID 读写器的 on exit 触发器中设置触发程序,给每个经过 RFID 读写器的托盘附上 RFID 号,并通过可视化工具在模型中显示出来。RFID 读写器的 on exit 代码如下:

```
treenode item =parnode(1);
treenode current =ownerobject(c);
int port =parval(2);
setlabelnum(current,"label1",trayNum);   //trayNum 是托盘的 RFID 号,label1 是可视
                                         化标签
trayNum+=1;                              //每给一个托盘打上 RFID 号,trayNum 加 1
```

(3) 3 个货架分别代表原材料补货货架、托盘存储货架和拆零拣选货架,3 个货架都需要使用运输工具(transporter),原材料存储货架和拆零散拣货架使用操作员(operator)搬运产品,托盘存储货架使用堆垛机(ASRSvehicle)搬运托盘。每个货架根据实际需要设置行列数及最大容量。

(4) 4 个暂存区分别是合格品暂存区、不合格品暂存区、托盘暂存区、入库暂存区。前两个暂存区分别用来存储合格和不合格的产品,托盘暂存区用于存放空托盘,入库暂存区存储等待进入自动化立库的托盘。这 4 个暂存区都要设置最大容量,为了仿真效果流畅,这里都设置为 1000。合格品暂存区和入库暂存区需要使用运输工具,合格品暂存区通过机械手转移产品,进行组盘;入库暂存区通过堆垛机转移托盘,存入自动化立库的托盘存储货架

里面。

（5）合成器用于实现产品组盘，设置为每个托盘放 6 个产品，托盘装满产品后，通过传送带输送给堆垛机。

（6）堆垛机用于将入库暂存区中的托盘转移到自动化立库的货架，每个托盘在货架内的存储位置随机分配，每个托盘在货架内的存储位置随机分配。经过多次运行仿真实验发现将抬举速度设为 1，初始抬举高度设为 3，每次转移的托盘数设为 1，最大运行速度设为 2，其他参数设置为缺省值，可以使入库暂存区不会有过多托盘堆积，同时入库过程不间断。用户可视具体情况调整参数设置。

（7）机械手用于将检测合格的产品放入合成器上的托盘中，完成组盘操作。经过多次仿真实验发现将 X 和 Y 方向的旋转速度都设置为 50，抓取速度设置为 2，每次抓取的产品数量为 1，最大运行速度为 2，其他参数设置为缺省值，可以使合格品暂存区不会有过多产品堆积，同时机械手组盘过程不间断。为实时记录机械手的抓取数量，并通过可视化工具在模型中显示出来，需要在机械手的 on load 触发器中设置触发程序，具体代码如下：

```
treenode item =parnode(1);
treenode current =ownerobject(c);
treenode station =parnode(2);
setlabelnum(current,"label1",grabNum);    //grabNum 是机械手抓取的产品数量，label1
                                            是可视化标签
grabNum++;                                //每抓取一个产品，grabNum 加 1
```

（8）仿真模型中用到了多条传送带，每条传送带的流向都不一样，有流向剔除方向的不合格产品传送带，有流向组盘入库方向的合格品传送带，还有环形的传送带等。为了使模型美观并贴近现实，可以根据需要设置传送带的形状与长度，并结合实际情况设置传送带的运行速度。

（9）3 个可视化工具分别用于显示产品条形码、机械手抓取产品数量以及 RFID 组盘信息。

14.3.3 智慧工厂的仿真

1. 全局变量设置

全局变量就是整个仿真模型中所有实体都能访问到的变量。由于在仿真过程中，模型中有一些信息会被多个实体使用，这些实体需要通过一个共同的媒介来传递和共享信息，因此，需要定义一些全局变量来实现这一功能。例如，codeNum 变量代表的是产品条形码，它是由激光打码机赋给产品的，同时，在仿真模型中可通过一个可视化工具来实时显示产品的条码信息，因此，可视化工具也会用到 codeNum 这个信息，这时，就需要将 codeNum 设置为全局变量，供激光打码机和可视化工具共同使用并传递产品条码信息。在 Flexsim 仿真模型中 tools 工具栏下面的 global variables 选项里定义好全局变量，其定义及含义如表 14.4 所示。

表 14.4 全局变量表

变量名称	含义	功能描述
num2	Socket 序号	用来指定对应的 Socket 连接标识
racknum	存储货架中的托盘数量	自动化立库存储货架中托盘库存数
receivemsg	接收消息	仿真模型从物理模型接收到的消息
pickingnum	拣选数量	需要拆零拣选的产品数量
productnum	生产数量	产品生产数量
codeNum	打码编号	每个产品对应一个条码
qualifiedNum	合格数	检测合格的产品数量
unqualifiedNum	不合格数	检测不合格的产品数量
outnum	托盘出库数	需要从自动化立库出库的托盘数量
trayNum	托盘 RFID 标签	每个托盘对应一个 RFID 标签
grabNum	抓取数量	机械手抓取的产品数量

2. 出库产品数量控制

产品出库过程由两部分组成：整托盘出库和零拣产品出库。当仿真模型从物理模型接收到出库消息时，通过运算求出需要出库的托盘数量并发送给托盘存储货架，需要零散拣选的数量转发给拆零拣选货架。在本仿真模型中，规定每托盘存放 6 个产品，因此，出库产品总数除以 6 后得到的商即为出库托盘数，而余数则为零散拣选产品的数量。为了实现出库产品数量控制，需要通过程序代码对整托盘出库和零拣产品出库过程进行设置。

1) 整托盘出库

托盘存储货架 on message 触发程序设置如下：

```
treenode current =ownerobject(c);
int value =/**/msgparam(1)/**/;
outnum =value;                        //outnum 保存需要出库的托盘数
openoutput(current);                  //打开货架输出端口
```

上述程序接收需要出库的托盘数量并保存到全局变量 outnum 里面，然后此时打开其输出端口，这时堆垛机开始出库操作。然后在托盘存储货架 on exit 触发器设置如下程序：

```
treenode item =parnode(1);
treenode current =ownerobject(c);
int port =parval(2);
outnum--;                             //每出库一个托盘,outnum 减 1
if(outnum==0) {                       //判断托盘出库是否完成,完成则关闭输出端口
    pt("picking over");
    closeoutput(current);
}
racknum--;                            //每出库一个托盘,库存托盘数 racknum 减 1
string str1=numtostring(racknum);
clientsend(num2,concat("racknum","=",str1));   //将当前库存托盘数发送给物理模型
clientsend(num2,"\n");
```

托盘存储货架每出库一个托盘,则将 outnum 减 1,直到 outnum 减为 0,此时,托盘存储货架的输出端口关闭,托盘出库操作完成。同时,托盘存储货架上的托盘数 racknum 通过 Socket 通信通道,传送给物理模型,将实时库存托盘数显示在物理模型的控制界面上。同理,在托盘存入托盘存储货架时,将 racknum 加 1,实时库存托盘数也通过 Socket 通信通道发送给物理模型显示。

2)零拣产品出库

拆零拣选货架 on message 触发程序设置如下:

```
treenode current =ownerobject(c);
int value =msgparam(1);
pickingnum =value;              //需要拆零拣选的产品数量保存在 pickingnum 里
openoutput(current);            //打开拆零拣选货架输出端口
```

上述程序将需要拆零拣选的产品数量保存到 pickingnum 里,然后打开拆零拣选货架的输出端口,拆零拣选操作员开始拣选。拆零拣选操作员的 on unload 触发程序设置如下:

```
treenode item =parnode(1);
treenode current =ownerobject(c);
treenode station =parnode(2);
treenode rack =centerobject(current,1);
pickingnum--;                   //拆零拣选操作员每拣选一个产品,pickingnum 减 1
if(pickingnum ==0) {
    closeoutput(rack);          //拣选完成,关闭货架输出端口
}
```

这个程序在拆零拣选时被调用,每拣选一个产品 pickingnum 减 1,等于 0 时代表拆零拣选过程完成,拆零拣选货架的输出端口关闭。以上整托盘出库和零拣产品出库均完成代表整个出库流程完成。

3. 生产数量控制

生产数量控制流程和拆零拣选数量控制流程类似,首先在原材料存储货架的 on reset 里写入如下代码:

```
treenode current =ownerobject(c);
closeoutput(current);
```

使仿真模型在重置时关闭原材料存储货架的输出端口。然后在原材料存储货架的 on message 写入如下触发程序:

```
treenode current =ownerobject(c);
int value =msgparam(1);
productnum =value;              //物理模型发来的生产数量
openoutput(current);
```

该程序接收物理模型控制程序发送的订单产品数量并保存到变量 productnum 里面,然后打开其输出端口,原材料拣选操作员开始拣选。同拆零拣选操作员一样,对原材料拣选操作员的 on unload 方法进行类似的设置就能实现原材料拣选数量的控制。

4. 传送带速度监控

在传送带 on message 中设置如下触发程序：

```
treenode current =ownerobject(c);
treenode source =centerobject(current,1);
{int value =msgparam(1);
switch(value){
case 100: {
    int speed =getvarnum(current,"speed");     //获取传送带的速度
    sendmessage(source,current,speed); }       //将当前速度发送给物理模型的控制程序
    break;
default: changeconveyorspeed(current,value);   //根据物理模型中实际值改变传送带速度
break; }
}
```

传送带通过 getvarnum( ) 函数获取自身速度，并通过 sendmessage( ) 函数将当前速度发送给物理模型的控制程序；另外，传送带还可以根据物理模型中实际值，通过 changeconveyorspeed( ) 函数改变自身的速度。

5. 产品检测流向控制

在仿真模型中用两个处理器分别代表激光打码机和检测器，经激光打码机打码之后，每个产品有自己独立的条形码，再经检测器检验，不合格的产品流向剔除方向的传送带，暂时存放在打码失败暂存区等待再次加工或者回收；检验合格的产品则经传送带流向机械手组盘方向，进行组盘入库操作。在这个仿真模型中，激光打码机将自动给每个产品打印唯一条码，在其 on exit 中设置如下触发程序：

```
treenode item =parnode(1);
treenode current =ownerobject(c);
int port =parval(2);
setlabelnum(current,"label1",codeNum);         //codeNum 是产品条形码编号
codeNum+=1;                                    //每完成一个产品打码,条形码编号加 1
pt(numtostring(codeNum));
string str1=numtostring(codeNum);
clientsend(num2,concat("codeNum","=",str1));   //将产品条形码发送给物理模型的控制
                                                 程序
clientsend(num2,"\n");
```

codeNum 为打码机的打码编号，在产品经过打码机时，自动完成打码操作，并将所打条形码编号写入 Socket 通道并发送给物理模型控制程序。在本仿真模型中，打码流程和检测流程由 Flexsim 虚拟仿真模型自动完成，在检测器流选项卡中，输出端口选择按百分比输出，第一个端口设置 90％，第二个端口设置为 10％，模拟产品合格与不合格的比例。

14.4 智慧工厂数字孪生

14.4.1 智慧工厂数字孪生模型

智慧工厂数字孪生系统如图 14.8 所示，它主要由 3 部分组成：智慧工厂的物理模型（物理实体及其控制程序）、智慧工厂仿真模型（虚拟实体）、物理模型与仿真模型之间的信息交互接口。值得注意的是，为了实现对物理模型的控制以及与仿真模型的信息交互，物理模型中通常会包括一个控制程序，以便实时监控数字孪生系统的运行状况。

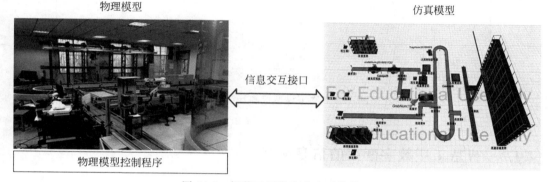

图 14.8　智慧工厂数字孪生系统模型

为了方便对智慧工厂数字孪生系统模型进行操作演示，本章案例设计了一个物理模型控制程序，采用一个简单图形用户界面（graphical user interface，GUI）来展示交互情况。该程序基于 Java 语言开发，以 Eclipse 作为开发工具，利用 AWT 中的控制组件进行设计开发。物理模型控制程序的全部代码均包含在一个 Java 文件中，其中每个函数及其功能如表 14.5 所示。

表 14.5　物理模型控制程序文件中的各函数及其功能

函　数　名	功　　能
Demo( )	控制程序界面（GUI）设计与实现
ActionPerformed( )	控制程序界面上各按钮处理方法
Action( )	物理模型与 Flexsim 仿真模型进行通信的处理方法

物理模型控制程序的运行界面如图 14.9 所示，它主要包括如下功能：生产流程启动、通信服务启动、仿真模型的监测、仿真模型的控制。生产流程启动是通过单击"开始生产"按钮实现，启动智慧工厂开始运行；同时，需启动通信服务器，建立物理模型和仿真模型之间的通信连接。建立通信连接后，物理模型控制程序可监测仿真模型中的产品生产信息、托盘库存信息、传递带速度及入库产品数量；同时，物理模型也可向仿真模型发送控制指令，如设置仿真模型传送带运行速度、设定仿真模型中出库产品数量，使仿真模型的数据与物理模型的实际数据保持一致。这体现出数字孪生的核心理念，即仿真模型不仅仅只是对物理模型的

简单"模拟",更是物理模型在数字空间的实时"再现"和"映像"。

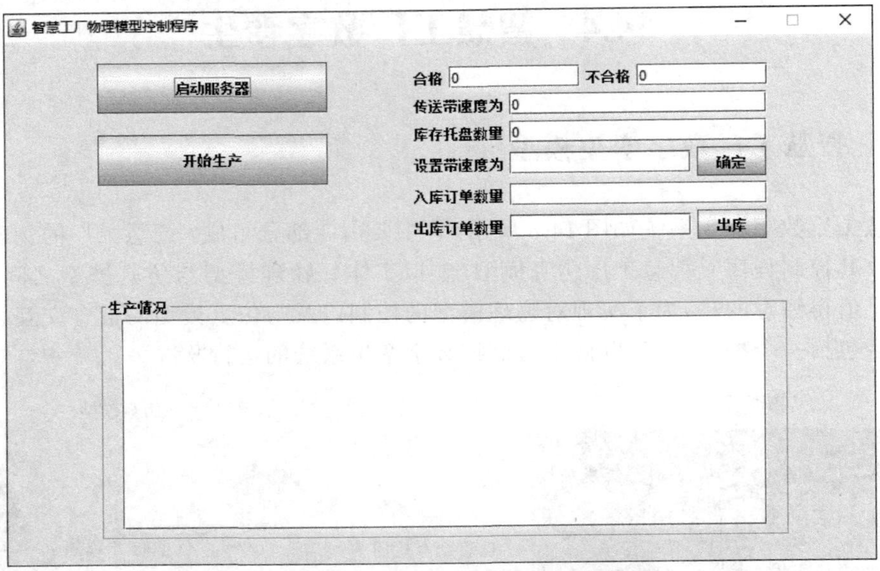

图 14.9　物理模型控制程序运行界面

14.4.2　智慧工厂数字孪生的信息交互

1. 信息交互的底层 Socket 通信机制

在智慧工厂数字孪生系统中,物理模型和仿真模型要进行实时通信,必须要有通信机制。在本章案例中采用的通信机制是 Socket 通信技术。Flexsim 软件支持通过 Socket 通信机制和外部程序进行交互。计算机要实现 Socket 通信,必须具备 3 个参数:IP 地址、端口和协议。根据这 3 个参数,可以唯一地标识出一个网络进程,计算机程序可以通过参数找到这个网络进程建立连接并进行通信。Flexsim 软件通过 Socket 类实现网络进程间的通信,通过调用 Socket 类的构造方法,就可以在特定的端口号创建一个与指定主机之间的 Socket 通信连接。一般来说,建立 Socket 连接需要经过以下几个环节:

(1)服务器监听。指定服务器监听的端口之后,服务器端会一直处于监听状态,实时监听指定端口。

(2)客户端请求。当客户端需要进行连接操作时,会从客户端套接字发出连接请求。客户端需要指定所要连接主机的 IP 地址和端口号,然后再发出连接请求。

(3)连接确认。当服务器端监听到客户端的连接申请时,会进行响应,并创建一个新的进程,把服务器端的套接字发送给客户端,客户端确认之后便正式创建了通信连接。

为了在仿真模型与物理模型之间建立 Socket 通信连接,应该首先在仿真模型中搭建 Socket 通道,将物理模型作为服务器端,仿真模型作为客户端,进行通信。每次通信前,物理模型控制程序先启动通信服务器,仿真模型先初始化 Socket 通道,这在模型重置时进行操作。在 tools 工具栏下 model triggers 里的 on reset 中写入如下代码,该代码会在模型重置时运行。

```
Clientclose(num2);              //先将指定端口的客户端口关闭,保证连接不发生端口冲突
Socketinit();                   //初始化一个新的 Socket 通道
Num2 = clientcreate();          //新建一个遵循 TCP/IP 协议的通信端口
If (clientconnect(num2, "127.0.0.1", 9988))    //进行连接
{ Pt("Flexsim 客户端连接成功"); }
```

仿真模型重置后,clientconnect( )函数会根据 Socket 序号、服务器端 IP 地址和端口号将指定端口与服务器对应端口连接起来,这样,便建立了仿真模型与物理模型之间的 Socket 通信通道,可以进行消息接收与发送。

2. 消息接收与发送

建立了仿真模型与物理模型之间的 Socket 通信通道后,就可以在两者之间进行数据交换。当物理模型需要向仿真模型发送消息时,物理模型控制程序会把需要发送的消息写进通信通道中,仿真模型每隔固定时间读取一次通道中的信息,接收来自物理模型的消息。同理,仿真模型需要向物理模型发送消息时也采用同样的方式。在本仿真案例中,物理模型向仿真模型发送的消息包括:入库产品数量、出库产品数量、传送带速度设定值;仿真模型向物理模型发送消息包括:仿真模型中生产的合格产品数、不合格产品数、传送带速度。在数字孪生的信息交互过程中,具体收发何种信息可视实际情况灵活确定。

值得注意的是,由于仿真模型中可能会有多个实体需要和物理模型进行信息交互,如果为每个实体都建立一个 Socket 连接,那么系统会变得比较复杂。为了便于系统实现和维护,在物理模型和仿真模型间只需建立一个 Socket 连接即可,所有的信息交互都通过这个 Socket 连接来完成,具体做法是:在 Flexsim 仿真模型中添加一个消息转发器,即上文中的发生器 4,一个消息吸收器,即吸收器 2,并且在它们之间建立 a 连接。这样,消息转发器充当了仿真模型与物理模型之间的消息转发媒介,仅需建立消息转发器与物理模型间的 Socket 通道,即可实现仿真模型与物理模型之间的信息交互。在消息转发器(发生器 4)的源选项卡中设置一定隔时间,同时在 on exit 中编写触发程序,接收物理模型发送的消息。这样,仿真模型就可以定时读取 Socket 通道中从物理模型传来的信息。

消息转发器 on exit 中触发程序控制逻辑为:首先,消息转发器通过 clientreceive( )函数接收物理模型发送的消息并保存在全局变量 receivemsg 里,然后通过 stringsearch( )函数判断物理模型中发送消息的实体,最后,通过 sendmessage( )函数将消息数据发送给仿真模型中对应的实体。消息转发器 on exit 的核心代码如下:

```
receivemsg = clientreceive(num2,NULL,100,1);     //保存从物理模型接收到的信息
if(stringsearch(receivemsg, "rack03",0) != -1)   //出库数量
{
    string num = stringcopy(receivemsg, 7, 2);
    double param1 = stringtonum(num);
    int outnum = param1/6;                        //托盘数
    double picknum = param1%6;                    //拣选数
    sendmessage(rack03,fromobject,picknum);
    sendmessage(outStore,fromobject,outnum);
}
if(stringsearch(receivemsg, "rack01",0) != -1)   //生产数量
```

```
    {
        pt(receivemsg);
        string num =stringcopy(receivemsg, 7, 2);
        double param1 =stringtonum(num);
        sendmessage(rack01,fromobject,param1);
    }
    if(stringsearch(receivemsg, "convey",0) !=-1 )        //设置传送带速度
    {
        pt(receivemsg);
        string num =stringcopy(receivemsg, 7, 2);
        double param1 =stringtonum(num);
        sendmessage(convey,fromobject,param1);
        condition =false;
    }
    if(condition)
    {
        sendmessage(convey,fromobject,100);
    }
```

在消息转发器的 on message 中设置触发程序，先将需要发送给物理模型的数据发给消息转发器，消息转发器再通过 clientsend( ) 函数转发给物理模型。仿真模型发送给物理模型的数据包括：传送带速度、产品合格数量和不合格数量。消息转发器 on message 的核心代码如下：

```
treenode current =ownerobject(c);
int value =msgparam(1);
//以下为向物理模型转发各种消息
clientsend(num2,concat("conveyspeed","=",numtostring(value)));
                                                    //发送传送带速度
clientsend(num2,concat("qualifiedNum","=",numtostring(qualifiedNum)));
                                                    //发送合格品数量
clientsend(num2,concat("unqualifiedNum","=",numtostring(unqualifiedNum)));
                                                    //发送不合格品数量
```

14.4.3　智慧工厂数字孪生的实现

建立了仿真模型与物理模型之间的 Socket 通信通道后，就可以在两者之间进行信息交互。在 Flexsim 仿真模型中，是通过创建消息转发器代表仿真模型进行 Socket 通信的；同样地，在物理模型这端，也需要有物理模型控制程序来负责处理 Socket 通信。物理模型控制程序在数字孪生中起着非常重要的作用。一方面，它对物理模型进行状态监测和实时控制，充当物理模型的神经中枢；另一方面，它代表物理模型与仿真模型进行通信，充当物理模型的"信使"。图 14.9 展示了智慧工厂物理模型控制程序的运行界面，物理模型控制程序既可实现对仿真模型的控制，也可对仿真模型的运行状况进行实时监测。以下是物理模型控

制程序向仿真模型发送控制指令的代码：

```java
public void actionPerformed(ActionEvent e) {
    //判断是哪个按钮被点击,及其相关处理方法
    if(e.getActionCommand().equals("startserver"))   //单击启动服务程序按钮
    {
        action();                                    //开始 Socket 通信
        jta.append("服务器监听端口成功!!!" +"\r\n");
    }
    else if(e.getActionCommand().equals("startproduce"))  //单击开始生产按钮
    {
        String s =jtf6.getText();                    //设置生产数量
        pw.println("rack01" +s);                     //将生产数量写入 Socket 通道
        //JTextArea 文本域对象中显示提示信息
        jta.append("生产数量为:" +s +"\r\n");
    }
    else if(e.getActionCommand().equals("confirm"))  //单击确定按钮
    {
        String s =jtf5.getText();                    //设置的传送带速度
        pw.println("convey" +s);                     //将传送带速度写入 Socket 通道
        jta.append("传送带速度为:" +s +"\r\n");
    }
    else if(e.getActionCommand().equals("outstore")) //单击出库按钮
    {
        String s =jtf7.getText();                    //设置出库数量
        pw.println("rack03" +s);                     //将出库数量写入 Socket 通道
        //JTextArea 文本域对象中显示提示信息
        jta.append("出库数量为:" +s +   "\r\n");
    }
}
```

这段代码的主要功能是根据用户按下图 14.9 中的按钮处理相应事件。通过 if 语句判断选择的按钮,通过 getActionCommand( )函数得到命令值,并将相应的命令写入 Socket 通道发送给仿真模型,仿真模型执行相应的操作。例如：得到的命令值是"confirm",则将传送带速度设定值发送给仿真模型,仿真模型接收后按设定值调整仿真模型相应传送带的速度。

物理模型控制程序也可对仿真模型的运行状况进行实时监测。以下是建立 Socket 连接并对仿真模型进行状态监测的核心代码：

```java
public void action()
{
    new Thread(new Runnable() {
        public void run() {
            ServerSocket ss=new ServerSocket(9988);//建立上位机的 Socket
            Socket s=null;
```

```
            boolean f =true;
            while(f){
                 s =ss.accept();              //等待 flexsim 的连接,如果没有获取连接
                 jta.append("flexsim客户端连接成功!" +"\r\n");
                 f =false; }
            //获取 Socket 的输入流,用来接收从 flexsim 发送过来的数据
            InputStreamReader isr=new InputStreamReader(s.getInputStream());
            BufferedReader br=new BufferedReader(isr);
            //获取 Socket 的输出流,用来向 flexsim 发送数据
            pw=new PrintWriter(s.getOutputStream(),true);
            while(true){
                //接收从 flexsim 发送过来的数据
                String str =  br.readLine();
                String[] strArr =str.split("=");
                if(strArr[0].equalsIgnoreCase("conveyspeed"))
                    {jtf3.setText(strArr[1]); }       //监测传送带速度
                if(strArr[0].equalsIgnoreCase("qualifiedNum"))
                    {jtf1.setText(strArr[1]); }       //监测合格产品数量
                if(strArr[0].equalsIgnoreCase("unqualifiedNum"))
                    {jtf2.setText(strArr[1]); }       //监测不合格产品数量
            }
        }
    }
```

这段代码的主要功能是创建 Socket 连接,ServerSocket( )函数将物理模型控制程序设置为服务器端,监听端口为 9988。执行这行代码之后,服务器进入监听等待状态,监听客户端即仿真模型的连接。一旦客户端连接成功,则程序往下执行。通过 while 循环,服务器一直读取 Socket 通道中仿真模型发来的消息,包括传送带速度、合格产品数量、不合格产品数量。同时,物理模型控制程序也可以通过 PrintWriter( )函数向 Socket 通道中写入数据,以向仿真模型发送控制命令。

14.5　智慧工厂数字孪生运行控制

　　智慧工厂数字孪生模型建立后,一旦物理模型与仿真模型成功建立 Socket 通道,就可正式运行智慧工厂数字孪生系统。物理模型控制程序是数字孪生系统运行的总指挥,它既监控物理模型的运行,同时也通过 Socket 通信通道对仿真模型进行远程监控,并可保持物理模型和仿真模型的同步。

　　数字孪生系统运行由启动服务器开始,它首先会打开 Socket 通信通道建立通信连接。物理模型控制程序作为通信服务器进入监听状态,一旦 Flexsim 仿真模型重置运行,就会向通信服务器发送连接请求,Socket 连接参数匹配成功后,物理模型控制程序和仿真模型便连接成功。单击"开始生产"按钮,物理模型开始生产。同时,仿真模型也同步启动运行,开始生产。这一过程中仿真模型会将合格和不合格产品数、传送带速度、库存托盘数量和打码

信息写入 Socket 通道，物理模型控制程序读取这些消息，并显示在对应文本框中，从而实现物理模型对仿真模型的状态监测，如图 14.10 所示。另外，物理模型也可将仿真模型的运行状态数据和实际运行数据进行对比分析，及时发现问题，不断改进和优化实际系统运行。

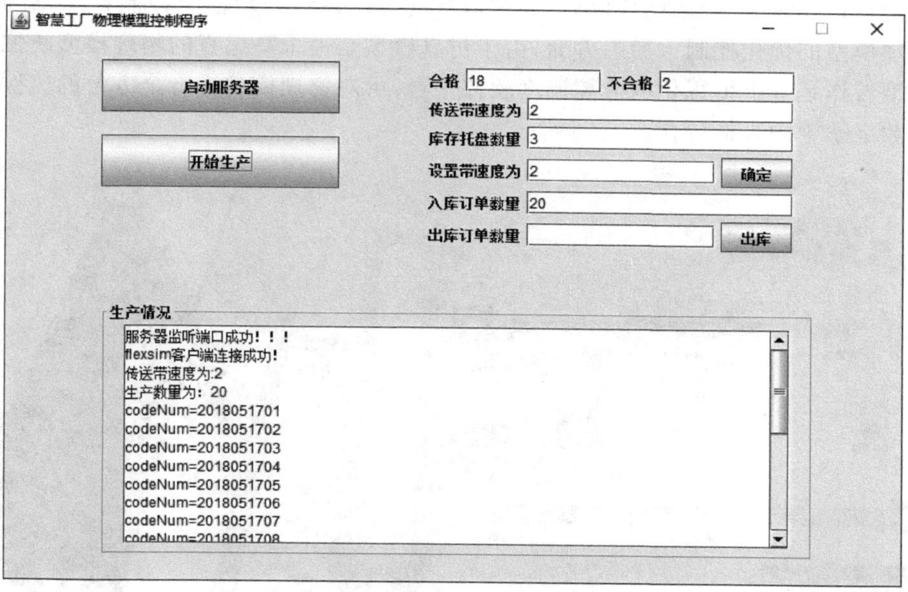

图 14.10　物理模型对仿真模型进行状态监测

物理模型也可对仿真模型进行实时控制，如图 14.11 所示。在物理模型控制程序中设置出库产品数量，仿真模型会根据出库产品数量计算得到应出库的托盘数和拆零拣选产品数，并据此完成整托盘出库和拆零拣选出库，并将信息反馈给物理模型控制程序，从而实现仿真模型与物理模型的实时交互。出库流程完成标志着整个智慧工厂生产过程仿真结束。

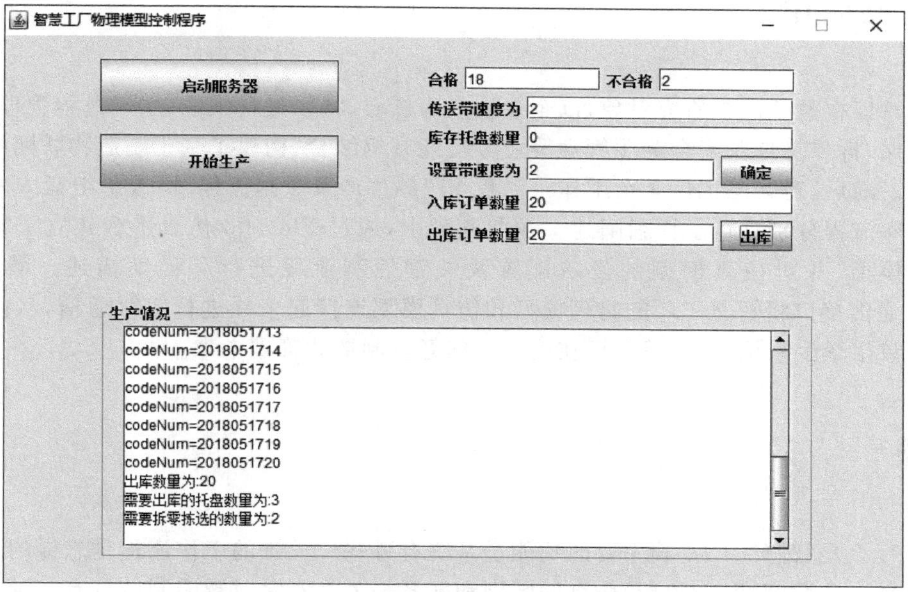

图 14.11　物理模型对仿真模型进行实时控制

图14.12显示了仿真模型的运行情况。值得注意的是,数字孪生系统中,不论仿真模型的初始设置如何,都可以通过和物理模型控制程序的交互来改变仿真模型的运行参数,使仿真模型保持与真实的物理模型一致。因此,物理模型中的参数配置和策略可以事先在仿真模型中进行仿真测试,验证优化以后,通过信息交互反馈给物理模型控制程序,进而实现对实际物理模型的优化控制。另一方面,由于仿真模型是一个高保真的物理模型映像,也可将仿真模型看作是一个可视化的监控调度软件平台,可对物理模型进行全方位的监控与分析,这也是数字孪生的真谛所在。

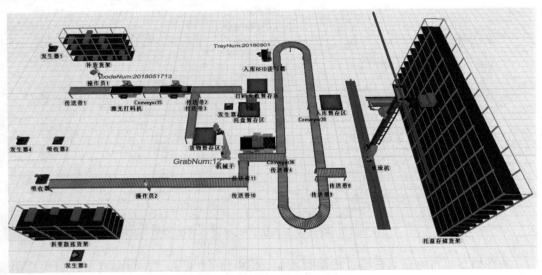

图14.12 仿真模型运行情况

小结与讨论

本章以智慧工厂为研究对象,以企业生产为核心,将原材料供应、生产过程管理、产品自动化仓储、拆零拣选及安全溯源管理等业务功能有机结合,构建了基于制造物联网的智慧工厂模型。随后,对智慧工厂3个工作子流程:产品生产及赋码流程、机械手组盘入库流程和产品出库流程分别进行了详细阐述。在此基础上,通过Flexsim仿真平台建立了智慧工厂的仿真模型,并对仿真模型的设备配置及关键控制流程进行了详细描述。最后,通过Socket通信接口将智慧工厂的物理模型和仿真模型连接起来并进行实时通信,从而建立智慧工厂数字孪生系统,使智慧工厂在信息空间开创制造和管理未来。

习题

1. 什么是智慧工厂?其主要的功能子系统有哪些?关键的工作流程是怎样的?
2. 什么是数字孪生?它和仿真的区别和联系是怎么?它对智能制造具有何种意义?

3. 在智慧工厂仿真模型中，使用了较多全局变量，其作用和意义是怎么？如果不使用全局变量，试问还有无其他可替代方式？

4. 在仿真模型和物理模型建立 Socket 通信的过程中，为什么要使用消息转发器？其作用是什么？在进行消息收发时，分别应重置消息转发器的何种触发程序？

5. 在智慧工厂数字孪生系统中，要保持物理模型和仿真模型同步运行，应采取哪些措施？

6. 在智慧工厂数字孪生系统中，能否通过仿真模型对实际物理模型进行实时监控？如果能，其现实意义是什么，并举例说明；如果不能，请说明理由。

参考文献

[1] 吕佑龙,张洁. 基于大数据的智慧工厂技术框架[J]. 计算机集成制造系统,2016,22(11):2692-2697.

[2] 彭瑜,王健,刘亚威. 智慧工厂:中国制造业探索实践[M]. 北京:机械工业出版社,2016.

[3] 褚乐阳,陈卫东,谭悦. 虚实共生:数字孪生(DT)技术及其教育应用前瞻——兼论泛在智慧学习空间的重构[J]. 远程教育杂志,2019,22(5):3-12.

[4] 李欣,刘秀,万欣欣. 数字孪生应用及安全发展综述[J]. 系统仿真学报,2019,31(3):385-392.

[5] 陶飞,刘蔚然,刘检华. 数字孪生及其应用探索[J]. 计算机集成制造系统,2018,24(1):1-18.

[6] 刘进,赵玉兰,张新生,等. 基于数字孪生的智能工厂建设[J]. 现代制造工程,2019,9:68-75.

[7] 冯惠军,冯允成. 一个面向对象的仿真建模框架[J]. 系统工程理论与实践,1999,19(5):61-66.

[8] 孙国勇,刘浙. 工程可视化仿真技术应用和发展[J]. 计算机仿真,2006,23(1):176-179.

[9] 朱陆陆. 蒙特卡罗方法及应用[D]. 武汉:华中师范大学,2014.

[10] 陈国栋. π的蒙特卡罗模拟及方差缩减技术探讨[J]. 统计与决策,2013,2:7-9.

[11] 王琮. 自动化立体仓库系统与ERP系统接口设计研究[D]. 上海:同济大学,2006.

[12] 王红卫. 建模与仿真[M]. 北京:科学出版社,2002.

[13] 王正中. 系统仿真技术[M]. 北京:科学出版社,1986.

[14] 徐常凯,郭全成. 现代生产物流系统研究[M]. 物流科技,2002,25(6):3-5.

[15] 王维平,朱一凡,华雪倩,等. 离散事件系统建模与仿真[M]. 长沙:国防科技大学出版社,1997.

[16] 熊光楞,肖田元,等. 连续系统仿真与离散事件系统仿真[M]. 北京:清华大学出版社,1991.

[17] 丁立言,张铎. 物流系统工程[M]. 北京:清华大学出版社,2000.

[18] 王长琼. 物流系统工程[M]. 北京:中国物资出版社,2004.

[19] 蔡临宁. 物流系统规划——建模及实例分析[M]. 北京:机械工业出版社,2003.

[20] 谢如鹤,罗荣武,张得志. 物流系统规划原理与方法[M]. 北京:中国物资出版社,2004.

[21] 方仲民. 物流系统规划与设计[M]. 北京:机械工业出版社,2003.

[22] 杨海荣. 现代物流系统与管理[M]. 北京:北京邮电大学出版社,2003.

[23] 张晓萍,刘玉坤,石伟. 物流系统仿真原理与应用[M]. 北京:中国物资出版社,2005.

[24] 张晓萍. 现代生产物流及仿真[M]. 清华大学出版社,1998.

[25] 张晓萍,石伟,刘玉坤. 物流系统仿真[M]. 北京:清华大学出版社,2008.

[26] 钟登华,郑家祥,刘东海. 可视化仿真技术及其应用[M]. 北京:中国水利水电出版社,2002.

[27] 王亚超,马汉武. 生产物流系统建模与仿真Witness系统及应用[M]. 北京:科学出版社,2006.

[28] 傅培华,彭扬,蒋长兵. 物流系统模拟与仿真[M]. 北京:高等教育出版社,2006.

[29] 隽志才,孙宝凤. 物流系统仿真[M]. 北京:电子工业出版社,2007.

[30] 李晓梅,黄朝晖. 科学计算可视化导论[M]. 长沙:国防科技大学出版社,1996.

[31] 郎东,王青,王述英. 论物流系统中生产物流的管理与控制[J]. 经济经纬,2007,24(5):122-125.

[32] 张志刚,曹西京,刘昌祺. 自动化立体仓库系统仿真的研究[J]. 计算机仿真,2005,22(7):115-117.

[33] 郑鹏飞,田启华. 典型生产物流系统及其建模技术的研究[J]. 重庆工学院学报,2006,20(5):148-151.

[34] 金凤花. 典型制造业生产物流系统仿真[D]. 长春:吉林大学,2006.

[35] 孙单智,牟能冶,陈达强. 仿真在生产物流系统中的应用[J]. 物流科技,2006,29(3):36-37.

[36] 肖锋. 基于Flexsim集装箱码头仿真平台关键技术研究[D]. 武汉:武汉理工大学,2006.

[37] 师向丽. 面向自动化立体仓库的仓储管理系统的研究[D]. 太原：华北工学院,2004.
[38] 张跃刚. 生产物流系统的计算机仿真应用研究[J]. 煤矿机械,2007,28(7)：80-81.
[39] 宋建新,徐菱,宋远卓. 现代生产物流系统仿真研究[J]. 物流科技,2007,30(3)：93-95.
[40] 李永先,胡祥培,熊英. 物流系统仿真研究综述[J]. 系统仿真学报,2007,19(7)：1411-1416.
[41] 朱耀明. 自动化立体仓库优化调度研究[D]. 济南：山东大学,2006.
[42] 肖田元,张燕云,陈加栋. 系统仿真导论[M]. 北京：清华大学出版社,2000.
[43] 齐欢,王小平. 系统建模与仿真[M]. 北京：清华大学出版社,2004.
[44] 张卫德. 基于Flexsim的虚拟生产线的研究和实现[D]. 南京：东南大学,2006.
[45] 王守海. 制造车间绿色生产物流决策模型及其仿真研究[D]. 武汉：武汉科技大学,2007.
[46] AMIRY A P. The simulation of information flow in a steelmaking plant[M]//HOLLINGDALE, ed. Digital simulation in operational research. London：English University Press, 1965：347-356.
[47] BAZJANAC V. Interactive simulation of building evacuation with elevators[C]//GEES, HEIER, BEROSIK. Proceedings of the Ninth Annual Simulation Symposium. New York：IEEE, 1976：15-29.
[48] BELL P C, O'KEEFE P F. Visual interactive simulation-History, recent developments, and major issues[J]. Simulation, 1987,49(3)：109-115.
[49] BELL P C, TASEEN A A, KIRKPATRICK P F. Visual interactive simulation modelling in a decision support role[J]. Computers and Operations Research, 1990,17(5)：447-456.
[50] BISHOP J L, BALCI O. General purpose visual simulation system：A functional description[C]//BALCI, SADOWSKI, NANCE. Proceedings of the 1990 Winter Simulation Conference. New York：IEEE,1990：504-512.
[51] FIDDY E, BRIGHT J G, HURRION R D. SEE-WHY：interactive simulation on the screen[C]//Proceedings of the Institute of Mechanical Engineers,1981, C293/81：167-172.
[52] HOLLOCKS B. Simulation and the Micro[J]. Journal of Operational Research Society, 1983,34：331-343.
[53] HURRION R D. The design, use and required facilities of an interactive visual computer simulation language to explore production planning problems [D]. London：University of London, England, 1976.
[54] HURRION R D, SECKER R J R. Visual interactive simulation. An aid to decision making[J]. Omega, 1978, 6：419-426.
[55] HURRION R D. An interactive visual simulation system for industrial management[J]. European journal of operational research, 1980a,5：86-93.
[56] HURRION R D. Visual interactive (computer) solutions for the travelling salesman problem[J]. Journal of operational research society,1980b, 31：537-539.
[57] HURRION R D. Graphics and interaction[M]//PIDD. Computer modelling for discrete simulation. New York：John Wiley & Sons, 1989：101-119.
[58] KIRKPATRICK P, BELL P C. Simulation modelling：a comparison of visual interactive and traditional approaches[J]. European journal of operational research, 1989,39(2)：138-149.
[59] LAW A M, KELTON W D. Simulation modeling and analysis[M]. 3rd Ed. New York：McGraw-Hill, 2000.
[60] O'KEEFE R M. What is visual interactive simulation? (And is there a methodology for doing it right?) [C]//THESEN, GRANT, KELTON. Proceedings of the 1987 Winter Simulation Conference. Piscataway, NJ：IEEE,1987：461-464.

[61] PALME J. Moving pictures show simulation to user[J]. Simulation,1977, 29:204-209.

[62] PAUL R J. Visual simulation: Seeing is believing [M]//SHARDA, GOLDEN, BALCI, STEWART. Impacts of recent computer advances on operations research. New York: North-Holland, 1989: 422-432.

[63] ROOKS M. A unified framework for visual interactive simulation[C]//NELSON, KELTON, CLARK. Proceedings of the 1991 Winter Simulation Conference. New York: IEEE, 1991: 1146-1155.

[64] WEIN L W. scheduling semiconductor wafer fabrication[J]. IEEE transactions on semiconductor manufacturing, 1988, 1(1): 36-46.

[65] WELCH P D. The computer performance modeling handbook [M]. New York: Academic Press,1983.